守望者 The Catcher

阅读 你的生活

列城志 04

CAIRO:
THE CITY VICTORIOUS

开罗的辉煌与不朽

[美]马克斯·罗登贝克 著
（Max Rodenbeck）

葛爽 译

浴火凤凰

中国人民大学出版社
·北京·

不要相信希罗多德（Herodotus）和那些关于埃及的传说，它们仅是为娱乐编造的寓言，并不符合史实。仔细研究发现，真实历史来自古埃及祭司们的活动记录，我们应将其详尽陈述给世人。

——狄奥多鲁斯·希库鲁斯（Diodorus Siculus），
《历史丛书》（*The Library of History*），公元前 1 世纪

译者序

开罗是世界眼中的文化沃土，记录这座城市的不乏精彩游记和瑰丽文章，以前通过文字读开罗，如同见到一张蒙着面纱的美丽脸庞，让人想一探究竟。直到身临这片土地，认识她的人民、细数她的支线、了解她的沧桑，才惊叹于其世界独有的无数个奇迹，被这里曾经的辉煌和沉重的历史烙印深深打动。

岁月不居，这座城市一如既往、不慌不忙地向人们讲述着她的故事，一处处由远古而来的遗迹慢慢浮现，一座座历史建筑隐没在现代城区中，仿佛在告诉全世界：这就是开罗，一座王城、一座要塞，一座最古老的伊斯兰之都、一个世界交通枢纽，也是一个文化冲突与交融之地，一个无法征服之地。

尽管我为这段旅程想好了一百种可能，以为自己可以从容走进她的世界，来到之后却发现她赫然闯入我的世界，以第一百零一种方式打开了。她的目光扫视着我，街道和人群围绕着我，她的酷夏灼烤着我，她的沙尘布满我的窗台……经常走着走着被一条条小巷引得南辕北辙，经过羊群、狗群、骆驼群，几次因施工墙拦截而折返，可当看到尼罗河上金红色的日落和晚霞时，还是忍不住拿出相机来记录。尽管我的全部旅程无法用"美好"来形容，甚至有时是无奈的，可与她相处的时光却充满诗意和趣味，犹如涉过沙漠遇见葱茏绿洲，拨开云雾看到满天繁星。

在埃及工作和生活的经历使我对这里悠久灿烂的文明满怀敬畏，也逐渐读懂了开罗的务实、包容和热情。对于同样拥有几千年文明的中华民族来说，虽然这个遥远的文明还有些许陌生，却与我们有着强烈的共鸣。这片土地与人类文明的发源和人类话语的构塑有着密切而深刻的关联，同中华大地一样，孕育了最早期的繁荣盛世，塑造了世代传承的民族文化。而今，我们有幸通过马克斯·罗登贝克先生大量的研究[①]以及他在埃及多年的见闻和感受领略开罗风貌，相信这将让中国读者看到一幅无比具象的超写实画。从史前到当代，讲述属于这里的一切，她的肢体和皱纹被展开，她的符号被识别，她的语言被读懂。

开罗被描绘于神话之中，其本身也是一部神话。

站在海与沙漠之间，站在时间的起始点，开罗的怀抱是高岸深谷，目光是丰饶之地，记忆是斗转星移。一座城市在一本书中再次建

[①] 本书英文版成书时间较早，因此书中部分所引数据时效性有所减弱，但仍具有价值和参考意义。

造起来，这一砖一瓦记录着不同的时代；城市真正的建造者也在书中鲜活起来，他们的一举一动记录着各个时代的风土人情。站在伊本·白图泰街和金字塔大街的交汇处，路尽头是闪闪发光的金字塔群，繁忙的车辆和人群穿行在大街小巷，和我们一样，成为这座城市无数阅读和记录者中的一部分，也成为她的一部分。

葛爽
2022 年 4 月

序言

> 伦敦书店里关于埃及的旅行指南虽泛滥成灾，却仍不及每年尼罗河岸沉积的层层泥沙之多，着实令人感叹。
> ——托马斯·戈尔德·阿普尔顿（Thomas Gold Appleton），
> 《尼罗河杂志》（*A Nile Journal*），1876 年

当一个朋友劝我写一本关于开罗的书时，我并不以为然。阿普尔顿先生说得没错，开罗不是普通的城市，很少有人真实地还原它的神秘不凡。但我觉得，关于城市的书有两种，不是写游记就是谈历史，对一座有积淀、有故事的城市来说，写游记只流于表面，说历史又无法避免平庸。

开罗的"丰厚"使我无从落笔，是从 14 个世纪前穆斯林征服埃及在此设都写起，还是从数千年前尼罗河三角洲兴起而后衰落的古老

城市写起？写了又如何结尾？我发现，这个我从幼时起就一直熟悉的地方其实瞬息万变，我生怕刚对其描绘一番，她就变了模样。我对这里太过熟悉，依诺贝尔文学奖作家纳吉布·马哈福兹（Naguib Mahfouz）所言，如遇见多年的爱人，我是否该提起她的皱纹、她的口气、她的骄纵和她过去所有的坏习惯？若金字塔、方尖碑和开罗的灯红酒绿值得让人长篇大论，故事里也一定少不了她的尘土飞扬和杂乱无章。

12年光景，我在这里度过的大部分时光是美好的。如今，我对开罗却百感交集；这里的变化令人不安，这里的生活愈加艰难，离我脑海中的开罗渐行渐远。

※[1]

年仅两岁时，我第一次来到开罗。

印象中，开罗是彩色的，这里有凤凰花的火红、三角梅的殷红和蓝花楹的浅紫，还有希腊市场里橄榄的油黑。街头咖啡店里传来人们噼啪的下棋声、动物的叫声，还有车水马龙的嘈杂声。我记得在一座富丽堂皇的剧场看《阿拉伯的劳伦斯》（*Lawrence of Arabia*）公映，记得苏莱曼·帕沙街的地铁站，还记得动物园有趣的游乐项目——向大河马嘴里抛土豆。印象中，公园景色宜人，有彩色的石子小径，荷塘旁有卖柠檬汽水的茶歇亭。西边的地平线上，金字塔好

---

[1] 此标识为环形城墙围绕的十字路口，代表开罗。

像卡通片里的山,还有破旧的白色出租车,永远放着当红歌手乌姆·库勒苏姆(Umm Kulsoum)的歌,夕阳余晖透过滨河大道郁郁葱葱的榕树丛,歌声中轻唱着"你是我的生命,我被你的光芒照亮"。

我那时并不知道这句歌词的含义,直到我再次来此研学阿拉伯语,又成了记者,才终于被这片埃及人称为"世界起源"的土地史诗般的壮丽宏阔深深吸引了。开罗是复杂而多层面的,时间不足以度量她,她养育着古老而神秘的民族,历史与现实在她的羽翼下交融,来自不同地域的文化在她的怀抱中汇集。去阿兹巴基亚花园门口的书摊,你就可以了解全世界:在这里可以找到恩维尔·霍查(Enver Hoxha)的书、普契尼(Puccini)的音乐、亚美尼亚人写的健身指南,当然还有《一千零一夜》(*The Thousand and One Nights*)。大街上鱼龙混杂:赤脚的焚香人挨家挨户"化缘";喝着白兰地的左翼分子在咖啡馆里聚会,取笑对面抽着水烟的秘密警察、夜总会里出卖劳动力的非洲难民;还有以色列特务、德国工程师、尼泊尔背包客……14世纪建造的清真寺里,那镀金镶嵌的天花板下,一位裹着头巾的谢赫(伊斯兰教教长)坐在早已风化的大理石地面上打盹;一对对年轻的小情侣在格罗皮(Grpppi)约会;还有些穿着长筒袜的异乡来客,游走于大街小巷,沉浸在自己的世界里,早已忘却了回家的路,他们用带有黎凡特口音的法语讲述着40年代的开罗,侍者转过身去,他们便把桌上的方糖塞进自己破烂的爱马仕包里。这些人已经是开罗的一部分,对这里的一切似乎比本地人还要熟悉。

1952年革命后,在开罗就几乎看不到这些外来客了。一切都变了,河边的榕树丛因道路的拓宽而被砍伐,秘密警察留起胡须、穿起长袍，他们再也不用担心那些酗酒的左翼分子了，因为一批更狂热的暴力分子正带着虔诚和愤怒要把这座古城掀翻，而当地政府听之任之，对此毫无作为。

我更加仔细地观察起这座城市，她看起来正在衰退，名胜古迹慢慢破损，集市上的商品不再琳琅满目。我曾经最喜欢去的市中心咖啡馆变成了牛仔裤商店和汉堡店。二战期间提供色情服务的国家宾馆酒吧如今也被一家投资公司所取代。如果不是金字塔还在，那片区域恐怕早已是一个巨型停车场。

不只我一个人对此感到忧伤，我所熟识的熨衣店老板舒克里、裁缝艾哈迈德、牙医萨布里皆有同感：这里的空气前所未有地潮湿，街上到处破旧不堪，这座城市已经失去了原有的生机。人们变得贪婪、粗俗，却又假装圣洁，只能称之为"活着"吧。尴尬的是，外国使领馆门外聚集着移民大军，我的老朋友机修工乌斯塔·马哈茂德也去了新泽西。他说，宁可去那里喂养流浪猫也不愿留在这里。

熬过一个酷暑后，我也终于选择逃离。

埃及有句老话，"倘饮尼罗水，他日必重来。"三年后，我果然回来了，当飞机降落在开罗机场，当我呼吸到专属于这座城市夜晚的炎热空气，当我看到机场走廊的欢迎广告、在机场出口招揽生意的出租车司机和茫然的旅人……这些画面如潮水般向我涌来，强烈的归属感油然而生。开罗仍然破旧而杂乱，却又如旧鞋一般合脚。

我当即决定，要把这本书写出来。

希腊神话中，斯巴达王墨涅拉俄斯（Menelaus）从特洛伊战场回来的路上在尼罗河边流连，荷马说，奥德修斯的朋友不愿返回斯巴达，是因为对那里心存亏欠。某种意义上，我对开罗也有相似的亏欠，尽管她不完美，可她给了我如此多的故事，她的人民如此善良。

短暂的离开也让我重新认识了开罗。其他城市或许整洁、安静、舒适，但相比开罗却少了些什么。这里的人随和、漫不经心，他们既理性又感性，既睿智又好骗。开罗还蕴藏着另一个神秘世界，其中有法老文明和中世纪辉煌的过去，还有疗愈岁月伤痛的尼罗河。

其实历史反复告诉人们，开罗永远不会衰落，我却还在担心她的将来，这想法显得多么可笑。这片伟大的土地，说它会衰亡何其愚蠢。其实，在开罗五千年历史中，人们世世代代都在担忧此地的衰落，但这座城市依然屹立不倒。

连斯芬克斯（Sphinx，狮身人面像）也曾被黄沙埋没。三千年前在它爪子上刻下的文字写道，它曾出现在一位年轻王子的梦里，王子狩猎劳顿，在它脚下睡着了。梦中斯芬克斯对王子说："我看起来失去了四肢，因为我被黄沙埋没了。"狮身人面像应许王子，如果帮忙拂去脚上的黄沙，它将把神赐的王国送给王子。王子拂去了斯芬克斯脚上的黄沙，斯芬克斯信守承诺，这位王子就是后来的图特摩西斯四世（Tutmosis Ⅳ）。

中世纪的开罗充满感伤，那时这里是最大的穆斯林城市。一位名叫谢赫·巴德尔·丁·扎伊图尼（Sheikh Badr al-Din al-Zaytuni）的诗人抱怨苏丹（统治者）关闭了城墙外供市民赏秋夜游的时令湖：

> 鸦片用来忘却烦恼,
> 美酒催人欢闹。
> 你我在月下斟满酒杯,
> 诗人吟唱柔和的曲调。
> 愉快的时光一去不返,
> 眼角落泪,内心煎熬!
> 寻回往日开罗,唯有虔诚祈祷。

20世纪初,法国小说家皮埃尔·洛蒂(Pierre Loti)认为这座城市发展得太快,失去了《一千零一夜》里所说的魅力:"这里还是开罗吗?这里变得比尼斯、里维埃拉(法国)和因特拉肯(瑞士)还要庸俗,在这个所谓的大城市,人们出卖尊严和灵魂,世界上的闲人和暴发户都跑到这来度假……"

洛蒂太武断了。

开罗的发展进程是历史必然,而对于城市品位的好与坏难以一时下定论。如法国美术学院和布鲁塞尔欧洲区的新伊斯兰建筑,这些在洛蒂看来是庸俗的东西如今已成为宝贵的遗产。这座城市在资本积累中或许肆意妄为、暴殄天物,但它从未出卖自己的尊严或灵魂。毕竟,这里是世界古老文明的发源地,是凤凰涅槃神话的诞生地。

赫里奥波里斯是开罗最古老的前身,据说一只神鸟每五百年回到这里一次,落在太阳神庙燃烧的祭坛之上,将自己化为灰烬又重新展翅翱翔。开罗也一次又一次地从废墟中崛起,虽然历经无数次的入侵、饥荒、瘟疫和灾难,但她依然屹立于此,印证了其阿拉伯语名字"Al Qahira"(胜利之都)的寓意,这是一座凯旋之城。

序言

介绍开罗并非易事，我希望以一种温和的方式去表达，既不是写游记也不是说历史，而是将两者融合，以这座城市的视角，通过她特有的古老神话、石灰岩和编年史，通过有史以来喜欢或讨厌这里的人之口来讲述开罗。如果这本书内容冗杂、重复又有时离题，那大概开罗原本就是这样吧。

✺

在开罗的共和国大街，老牌谢福德酒店门口有一个加油站，小巴在酒店门前鸣笛，十分拥挤，几个年轻司机探出车门，大声叫着"奇巧！奇巧！"他们指的不是河对岸的"奇巧"船屋夜总会，而是邻近的小巴路线终点站，一座同名的清真寺。

一百年，只是开罗历史长河中的短短一瞬，也只够衔接一个故事的结束和下一个故事的开始。

百年后，谢福德酒店是外籍人士和上流人士经常光顾的场所。英国军官们在开罗盖吉拉运动俱乐部的马球场玩累了，就在酒店的沿街酒廊消磨时光。戴着土耳其帽的巴夏[①]们也常在这里谈论棉花价格或是调侃政治。酒馆的努比亚服务员少言寡语，只能听到他们的缎面长衫在桌间窸窣作响，一会儿给英国军官送去威士忌苏打，一会儿给土耳其官员端上木槿茶。这座维多利亚时代的建筑就在"帝国渔船队"的停靠港附近，年轻的女"船员"每年冬天从英国

[①] 巴夏（pasha）：奥斯曼帝国官衔，埃及1922年建立王国时，这个头衔被广泛授予杰出的政治家、商人等，该头衔在1952年革命后被废除。

出发，沿途"拖网捕鱼"，到开罗后就在这里歇脚，然后去看望她们的丈夫和家人。

我的曾祖母阿芙蕾达也曾是其中之一。

1895年春天的一个午后，阿芙蕾达·埃普斯和姐妹约瑟芬相约骑着毛驴去谢福德酒店喝下午茶。她们是来自弗吉尼亚的娇贵淑女，离开詹姆士河边的家族庄园踏上了旅途，几个月下来，她们或许有所收获，但这种"脚不沾地"的旅行恐怕只是走马观花，难以深入。这天，酒店门前人群拥挤，可把两位美丽的女士吓坏了。她们被留着胡须的小贩围挤在中间，小贩们叫卖着各种纪念品、珠子、檀木盒、河马皮带、马尾掸子、鳄鱼标本、土耳其帽和一些劣质的古神像仿制品，还有活的豹子和蟒蛇。

谢福德酒店佩戴手枪的高大的黑山人保安此时也只能远远地看着，没法护送女士们进来（七年后，这位保安因向得了传染病的人群放空枪而被逮捕）。忽然阿芙蕾达的裙摆把毛驴绊住了，于是她的骄傲在众目睽睽之下，同她一起跌进了尘土里。

好在救援及时赶到，一位勇敢的英国小伙子赫伯特经过，他从印度经开罗回家途中偶然看到了这一幕，马上跑过去脱下太阳帽，小心翼翼地把她扶起来，一段浪漫的爱情就此产生。赫伯特穷追不舍，与她的父亲进行了一番艰难争取，阿芙蕾达就成了印度女皇陛下钦任大臣的妻子，随赫伯特去了孟买。

其实我曾祖父母的"毛驴情缘"究竟是发生在谢福德还是金字塔并不确定，赫伯特说她是从驴背上摔下来的，阿芙蕾达则称自己敏捷地跳了下来，给赫伯特留下了深刻的印象。无论如何，我的存

序言

在看来都要归功于开罗的一头毛驴了。由衷之情,始于"毛驴",相信劝我写这本书的朋友们一定知道开罗于我的意义了。

⊗

斯蒂芬·哈贝尔一直催我,没有他的鼓励就没有这本书;威廉·李斯特花了很多精力帮助我;安东尼·萨丁和卡罗尔·詹维也给了我许多指点;我要感谢我的父母约翰和伊丽莎白带我到开罗生活,感谢他们对开罗的热爱;感谢迈克尔·琼斯在古埃及地理和语言方面给我的帮助;感谢哈桑·阿布赛达、齐阿德和黛西·巴哈艾丁;感谢穆罕默德·本·艾哈迈德、爱丽丝·布林顿、阿德尔·法米、保罗·盖迪、玛丽亚·歌莉娅、比尔·汉密尔顿、马莱斯·希拉和埃什托里尔的员工;感谢索娜拉·易卜拉欣、巴里·艾弗森、赛奥娜·詹金斯、哈桑·哈利勒博士和夫人、马吉迪·米特瓦利、米娅·蒙娜斯特里、萨米尔·莫克斯、特雷弗·内勒、萨米尔·拉法特、哈索纳·萨巴博士、穆娜·萨巴、阿德尔、马哈茂德·萨拜特、诺伯特·席勒、兰达·沙斯、哈尼亚·舒卡米、大卫·西姆斯、皮埃尔·西奥斐、尼哈尔·塔姆拉兹、特蕾西·图里斯和梅赛德斯·沃莱特;感谢格里隆的夜班工人。

我还要向前人和学者们致敬。因为有了他们的详尽阐述,我规避了许多问题。我也希望读者能发现更多有关开罗的故事,比如读一读小说家詹姆斯·奥尔德里奇(James Aldridge)早年写下的开罗档案、珍妮特·阿布·卢格霍德(Janet Abu Lughod)的城市历史研究，以及安德烈·雷蒙德（André Raymond）、苏珊·斯塔法（Susan Staffa）写的中世纪城市社会历史，也可以读一读黛安娜·辛格曼（Diane Singerman）、大卫·阿亚隆（David Ayalon）以及加斯顿·威特（Gaston Wiet）的作品。关于开罗，优秀的作品数不胜数，我有幸参考一二，谨在本书最后详细列出。

最后，感谢卡里玛·哈利勒一直以来的支持，他的智慧穿越沙漠和绿洲，与我同在，与本书同在。

1997 年 11 月于开罗

目录

第一章　启程 / 001

第二章　殘毀的城市 / 027

第三章　亡灵之城 / 057

第四章　繁华与开放的都市 / 089

第五章　失落的中世纪 / 123

第六章　笼中之凰 / 153

第七章　碰撞中的"美好年代" / 183

第八章　冲突与融合 / 221

第九章　信仰永存 / 257

第十章　上流社会与底层生活 / 289

第十一章　开罗之声 / 343

参考文献 / 385

第一章

启　程

第一章　启程

埃及最为辉煌的孟斐斯城（Memphis）① 即已建立……奥西曼迪亚斯（Osymandias）国王的第八代后裔发现了这块宝地：尼罗河三角洲形成于此，通往埃及之路经过于此，所有与上游国家的经贸往来汇集于此。

——狄奥多鲁斯·希库鲁斯，《历史丛书》，公元前 1 世纪

伊斯兰教纪元 725 年，回历 7 月的第二天，阿布·阿卜杜拉·穆罕默德·伊本·白图泰（Abu Abdallah Muhammad Ibn Battuta）从丹吉尔启程，年仅 22 岁的他坚毅过人，据其后来回忆说，那时他无比虔诚，满腔热血地奔赴朝觐圣地麦加和麦地那，从四千英里

---

① 孟斐斯城：古埃及城市，位于尼罗河三角洲南端，今开罗南 25 千米。

外的家乡徒步而行，用了足足一年半的时间，穿越直布罗陀海峡，来到阿拉伯的穆斯林圣地。即使完成了朝圣之旅，伊本·白图泰对旅行的渴望也依然强烈。

伊本·白图泰已经离开故乡三十年，他曾游历耶路撒冷、大马士革和巴格达等阿拉伯城市，亲临基督教皇都君士坦丁堡；沿着非洲海域的珊瑚礁航行，到达奴隶贸易集散地桑给巴尔岛；驾着雪橇穿越金帐汗国的冰天雪地，到达辉煌之城布哈拉和撒马尔罕；翻越兴都库什山脉，踏上印度河与恒河的湿地平原。他曾担任马利基教（Malikite）[①] 大法官，并代表暴虐无常的苏丹（sultan）出使中国——经由锡兰到达季风肆虐的苏门答腊，最终踏上熙熙攘攘的广州。伊本·白图泰不愿留在老家丹吉尔安然度日，向北，他游历了穆斯林小镇安达卢西亚，那里惬意却衰败；向南，他穿越了撒哈拉沙漠到达廷巴克图，那里神奇又富饶。他想跨越空间，到达地球上的每一个角落，他要周游世界，了解地球上的每一种文明。

这长达七万五千英里的发现之旅中，伊本·白图泰从未走过回头路，但唯独有一城令他流连忘返，到访五次有余。彼时，此地既是商都又是王城，繁华而强盛，还地处商贸和朝觐线路的交叉口，贯通南北东西。

开罗，这个令伊本·白图泰格外着迷的城市，这个万众瞩目的世界中心，正如他向助手伊本·尤扎伊（Ibn Juzayy）所赞美的：

> 她是一片辽阔之地、一座丰饶之城，楼宇厅厦鳞次栉比，

[①] 伊斯兰教中的派别。

第一章　启程

尽显壮丽与辉煌。她庇护着人之于社会的一切可能，睿智与昏庸、庄重与俗媚、高贵与卑贱、审慎与荒唐……她如翻腾不息的海浪，载着人潮汹涌，催动万物生长。岁月漫长，她却青春永驻，她是璀璨的明星，永远居身在充满福祉的殿堂。

1326 年，伊本·白图泰首次到访开罗，正值这里繁荣富庶之时。那时开罗作为世界最大的穆斯林城市已达三个世纪之久，而在伊斯兰教传入这里以前，它的历史早已源远流长。四千年前开始，城市在这里不断发展、繁荣、衰败、更迭。它可能比我们想象的还要古老——人们甚至觉得在更远古的时代，这就是创世之地。

在今天看来，这里被人们称作"生命源点"之处不免有些奇怪，它位于开罗市北郊，靠近一座地铁的终点站，错综而建的工业厂房和各式住宅，那些不加修饰的红砖墙头晒满衣物。人们仿佛对往事毫不知情，也漠不关心，一如既往地在肉铺和西瓜堆前讨价还价，整条街道充满烟火气，而道路尽头是一片栅栏围着的沙土地。在这座寸土寸金的城市里，也有着令人绝望的冷漠和空虚。

这是一座古城"安"① 的遗址，数千年后，唯一留存下来的只有一根巨大的浅红色花岗岩石柱——方尖碑，赫然耸峙于碎石之中。四千年前，一条笔直的大道通向这里的主神庙，大道两侧的方尖碑庄严肃穆地排列着。它们命途多舛，有的被推倒、被打碎成为石料，有的作为战利品被运走，有的则被称为"克里奥帕特拉之

---

① 《圣经》中的开罗被称作"安"（On），古埃及人读作"优努"（Yunu），意为通道。

针",沿着尼罗河穿越海洋,被运往哈德逊河与泰晤士河沿岸那些美丽的未来之城。

再向前追溯,在时间的起点,没有开罗,世界也尚未形成。古埃及人认为那时没有尼罗河,宇宙是一片无形无色的混沌。后来,这其中有了尘土,它膨胀成一个土丘,这座土丘被称为"本本石"(Benben)①,后塑化成为金字塔。

造物神阿图姆(Atum)化作太阳从本本石中升起,其形态难以具象,他可能是金字塔尖一个闪光的球体、一只燃烧的凤凰,或是一团"人形"火焰。阿图姆屹立在宇宙中,他的光芒使一切空虚混沌化为乌有。祭司们在西岸的金字塔为他刻下墓志铭:阿图姆同自己结合,生下一双儿女。他的气息化作风神舒(Shu),唾沫化作雨神泰芙努特(Tefnut,其名字在阿拉伯语中意为"吐口水")。舒和泰芙努特结合,生下了天空之神努特(Nut)和大地之神盖布(Geb),他们又生下古埃及九位主神中的其余神祇:奥西里斯(Osiris)、伊西斯(Isis)和妹妹奈芙蒂斯(Nephthys),还有意外从努特子宫里跑出来的赛特(Seth)。阿图姆看到自己的家族如此兴旺,不禁泪流满面,于是他的泪滴化作人类,遍布世界。

安的祭司如是形容发生在此地的神迹。在孟斐斯,祭司们却深信另一个神话。在这座横跨尼罗河,位于距离开罗二十英里的古城,造物神普塔(Ptah)创造了世界。他有着无与伦比的美丽面孔,他用言语创造了万物,按照自己的形象塑造了人。

---

① 一块石头,古埃及人相信其为世界的起源。

第一章 启程

　　直到发生了另一件事，安和孟斐斯关于创世的争论才得以停歇。古埃及神话中的"恶神"赛特是一只长着长鼻子的叉尾兽，他孤独而暴虐，怒吼响彻山谷，所到之处尘沙四起。赛特统治着贫瘠的红土地，而哥哥奥西里斯却占据着尼罗河浇灌的沃土。赛特因妒生恨，安排了一场"鸿门宴"款待奥西里斯，酒过三巡，他把奥西里斯骗进一只箱子，趁其不备把箱子锁起来扔进了河里。伊西斯悲痛欲绝，到处寻找奥西里斯，最后在今黎巴嫩境内的河岸上发现了他的尸体。伊西斯与死去的奥西里斯结合，生下了鹰首神荷鲁斯（Horus）[1]。尼罗河对于这位幼小的神荷鲁斯来说是伤心刻骨之地，就连河边的芦苇荡也时刻提醒着他，长大之后必定要同赛特决一死战，以报杀父之仇。

　　强悍狡诈如赛特，怎么会放过荷鲁斯呢，尽管赛特非常喜欢这位年轻聪颖的侄儿。一天，赛特与荷鲁斯在喀拉哈（Kher'aha）决战，他们化身为两只巨大的河马，从河东战到河西，尘土飞扬、天昏地暗，无人知晓他们究竟打了多久，有人说三天三夜，有人说是数年，赛特挖掉了荷鲁斯的鹰眼，荷鲁斯摘去了赛特的睾丸。直到透特[2]（Thoth）介入调停，他医治了荷鲁斯之眼，并在安和孟斐斯举行审判，赛特与荷鲁斯便和解了。

　　神话传说固然有无数个版本，也许在神祇世界里，诸神大战只是他们生活中一时的纵情狂欢，后人可尽情解读却难以评判。一般

---

　　[1] 有说法称荷鲁斯在奥西里斯死前出生，是他们的兄弟。也有说法称赛特抓住了奥西里斯，把他的身体撕成碎片。奥西里斯既是伊西斯的丈夫也是哥哥。伊西斯到处寻找爱人身体的碎片，把它们拼凑起来。

　　[2] 古埃及神话中知识和艺术的保护神，形象如狒狒，也有说法称其为"鹮头神"。

来说，荷鲁斯被认为是正义之神，所以鹰或凤凰象征着胜利，而赛特被解读为反派，他的叉尾也成了邪恶的代表[①]。

古往今来，学者们往往对故事细节争论不休，但较为统一的观点是，诸神大战的故事指代了宗教与政治的融合。正如神话传说描绘了上埃及王国与下埃及王国的斗争与统一，赛特与荷鲁斯的对立也代表着尼罗河流域的居民同亚洲的游牧民族之间的冲突。也有考古学家称，正是亚洲民族的入侵使这里五千年的先进文明逐步形成。

这个被埃及人称为"喀拉哈"的地方、赛特与荷鲁斯大战之地，就是当今的开罗都市发源地。不同文化元素在这里相互碰撞、有机融合。这开放与包容的大洲之际、大河之谷，同岁月一起延伸到神秘而又迷人的三角洲平原。希克索斯人、利比亚人、埃塞俄比亚人、亚述人、波斯人、希腊人、罗马人、阿拉伯人、土耳其人、法国人、英国人，不同的民族曾经侵入又离去，世界各地的游客来来往往，见证着这座城市的兴衰，也撰写着埃及跌宕起伏的命运。

抛开神话传说，科学家曾断言，开罗成为永久居住地的时间是在最后一个冰河世纪末。约一万年前，全球变暖毁坏了河谷周边的

[①] 古埃及神话的影响是深远的，其符号以各种形式存在于世界各地，例如，一美元纸币就像一个古代开罗神话的缩影，上面有代表胜利的鹰首神荷鲁斯、被太阳之眼覆盖的本本石——金字塔。

第一章 启程

草原，导致大象、狮子、长颈鹿等野生动物迁入非洲腹地。千万年以来，在河水的冲刷下，始新世坚硬的石灰岩河床形成了深深的峡谷，而全球变暖导致的河水减少使一切悄然发生改变。尼罗河水夏涨秋落，涨时充溢着沙丘间的山谷，落时沉积着埃塞俄比亚火山的灰沙，每年增厚一毫米，如今形成了三十英尺厚的肥沃土壤。

沧海桑田，曾经无比繁荣的狩猎文化还是终结了，在今撒哈拉地区，仍然保留着旧石器时代的生活印迹。有考古发现，在安附近埋藏着15万年前人们曾使用的燧石刀片。这些发现表明，他们那时便开始驯养动物、种植庄稼，掌握了制陶术，学会了用砖砌墙。随着生产力水平的提高，财富日积月累，除开罗周围的零散村落之外，埃及各地有许多城镇发展了起来。

70年前，考古学家在开罗的马阿迪（Maadi）附近发现了一处新石器时代遗址，距离安的遗址约半小时的车程，后成为现在的一处卫星监测点。在沙漠边际处，他们发现了一个人口密集，有着坚固围墙的村庄遗址。村庄里有许多由陶或玄武岩制成的精巧器皿、纺织品，还有用于化妆的调色石板，石板表面生动地刻有动植物的图案。公元前4000年左右，死去的村民下葬时往往向日出的方向右侧卧①，并随葬一些他们生前喜欢的物品，仿佛至今仍生活在这里一般。

神话和历史均表明，同马阿迪的这些村庄相比，安似乎更为重要，它可能是人们最早敬拜太阳、观测天象的中心。虽然缺乏具体

---

① 有怀疑论者认为，下葬者面朝宗教圣地麦加，而非日出的方向。

的考古依据，但一些学者做出了大胆假设。就在北半球的这一纬度，公元前4241年7月19日凌晨4时58分，黎明的地平线上惊现了宇宙中最明亮而罕见的天狼星。

事实证明，安的天文学家很可能已经解决了最早的自然之谜。他们观察到，根据月亮的公转周期，一年只有354天，而太阳年时间更长。除了被古人敬拜以外，太阳周期更符合人们对农耕季节划分的需求，但找到一个固定的时间作为一年起点并不容易。天文学家注意到，从春季末开始，小天狼星会隐藏起来，两个半月后，到仲夏尼罗河开始泛滥时才出现，小天狼星两次显现之间刚好相隔365天，与太阳的活动周期一致。于是，古埃及人将太阳年分为12个月，每个月30天，另有5天为每年的节庆日。

尽管这个计算方式看起来十分完美，人们还是发现，太阳年每隔四年都会缺少一天，这是由于地球公转每年有四分之一天的延迟，它围绕太阳公转的周期并不是人们所预期的完整的365天。后来，罗马人决定继续使用埃及日历，尤利乌斯·恺撒（Julius Caesar）请了一位名叫索西琴尼（Sosigenes）的亚历山大天文学家来解决这个问题。索西琴尼巧妙地提出了"闰年"的算法，但这种方式使得每个月不再是正好三十天。埃及日历的改变使得新年之日与小天狼星出现在同一天的概率下降到每1461年仅有四次。

从古罗马作家琴索里努斯（Censorinus）的《论生辰》（*De Die Matali*）中，19世纪的学者们了解到，约在公元142年，埃及新年日与小天狼星出现在同一天，他们根据时间推算，公元前1320年、前2780年以及公元前4241年也是如此。据金字塔文字镌刻记载，

第一章 启程

它们被建造于公元前25世纪，那时人们已完全熟悉这种日历，这说明以365天记年的方式出现在更早以前。美国杰出的埃及学家詹姆斯·亨利（James Henry）曾写道：安的文明如此深远，它为后人创造了史上最早的日历。

许多埃及学家也称埃及学为"年代学"，它是否算作一门精准科学的根本分歧在于，书写技能的应用理应早于日历的发明，而据记载，书写技能比日历足足晚了一千年才出现。

公元前4000年，安的南北城邦分为两个王国，狭长的上埃及王国沿着山谷延伸到最上游的阿斯旺（Aswan），平坦的下埃及王国延伸到三角洲湿地，即安的北部边境。两个王国开始了漫长的拉锯战，开罗陷入了战争带来的无边的黑暗中，直到约公元前3100年，如同赛特与荷鲁斯一样，它们的斗争最终结束了，上埃及国王统一了上下埃及。

文明的崛起离不开国家的统一和稳定，在和平的环境下，埃及统治者得以支持文化和艺术的发展。行政体系的成熟离不开大量的文本和记录，因而写作技能逐渐被重视起来。史上记载的第一件事便是王室都城的建立，历史本身也由此开始了。睿智而具传奇色彩的国王美尼斯（Menes）建立了古埃及第一王朝，建设都城时，他考虑到位于尼罗河东岸的安更容易受到来自东部的侵扰，于是选择了三角洲的河流分岔点，距离西岸西南方20英里的一块处女地。

为了使这座新城免遭洪水灾害，美尼斯修建了护城河以及堤坝，建造了防御墙，用代表着上埃及王室的白色石膏粉刷，取名为"白城"（The White Wall，即后来的孟斐斯）。

直到伊斯兰教时期，这里经历了34个王朝①、三千五百年的漫长岁月，城墙内是皇宫也是坟墓，是经济、政治和军事中心，这里有记录尼罗河涨落的标尺，有国库和最高法院，有驻扎的防卫部队和海军，聚集了各类能工巧匠；这里是举行所有重大仪式的场所，代表埃及的一切标准和权威。鼎盛时期，它的人口超过十万。可以说，在公元前7世纪古巴比伦王朝在美索不达米亚出现短暂的繁荣之前，这座城市的规模是空前的。

到了第六王朝，这里正式采用了那个令世界难忘的名字——曼-奈斐尔（Men-nefer）②，寓意美丽与不朽，后被希腊人称为"孟斐斯"。

在跨越一千年的前六个王朝，孟斐斯日渐强盛，古埃及文明也随之蓬勃发展。那个时代见证了国家行政和法制体系的发展成熟，法律条款和宗教教义得以确立，也见证了生产力水平的提高和技术的进步，如造船、冶金，以及石材雕刻加工在建筑领域的应用。古埃及艺术的基本框架也逐步构建起来，一直延续到基督教的兴起，

---

① 一些历史学家对古埃及46个王朝的统计存在争议，有人坚持认为罗马和拜占庭时期不应被分为两个朝代，而应划分为不同的时期，如朱里亚·克劳狄（Julio-Claudian）王朝、弗拉维（Flavian）王朝等。

② 这个名称由第六王朝的第二位法老佩皮一世（Pepi I）在塞加拉建造的曼-奈斐尔金字塔而来。金字塔及其毗邻宫殿的建筑群全称为"曼-奈斐尔-佩皮"（Men-nefer-Pepi），意为佩皮的美丽永垂不朽。

第一章 启程

这种早期的艺术在大金字塔以及各个坟墓、寺庙的建造中被充分表达。史无前例地，孟斐斯作为一个统一国家的中心被世人所知，其守护神普塔拥有足足五十英亩（约 202 343 平方米）的巨大庙宇，即神庙 Hut-ka-Ptah①，古巴比伦人称之为 Hikuptah，古希腊人称之为"Aigiptos"（埃古普托斯）②，按照拉丁语的说法为"Egypt"（埃及）。

孟斐斯兴盛之时，其古老的兄弟城市安成为著名的宗教中心，其太阳神庙的宗教意味比普塔神庙更为浓厚，祭司们在科学与法术上的造诣更高，其信仰以及敬拜方式成为古埃及宗教的基本教义，为法老王权以及来世的解读提供了哲学参考。因此希伯来人认为，《圣经》中的约瑟在埃及时，他的妻子正是安的护卫长波提乏（Potiphar）③ 的女儿。希腊人称安为"赫里奥波里斯"（Heliopolis），意为太阳城，并称梭伦、毕达哥拉斯、柏拉图和尤得塞斯（Eudoxus，古希腊数学家）曾游学于此，他们也相信，赫里奥波里斯的祭司发明了最早的公历。

古时，人们对于时间的理解和设想是多层次的。埃及人对永恒如此锲而不舍，这在他们的语言中有着微妙的表达，例如 d-t（象形文字中无元音，发音具有随机性）意为永恒不变，而 n-h-h 则表示循环往复。河流、天空和沙漠是永恒的。人类的行为亦是永恒的。随着人类的迁徙和尼罗河岸的位置变化，孟斐斯与赫里奥波里

---

① 意为"普塔灵魂的所在"，ka 指精神、灵魂。
② 神话中的埃及国王。
③ Potiphar 是希伯来语化的古埃及语"Pa-di-ef-Ra"，以太阳神 Ra（拉）为名字的结尾，意为"太阳神拉的仆人"。

斯东挪西移，最终消失不见。时间将本本石夷为平地，普塔神庙被后人拆除，祭司也被驱赶，但若用 n-h-h 来衡量，这里的城市因无限的循环往复而成为永恒。

从西南到东北，从孟斐斯到赫里奥波里斯，这条路线自古以来便是开罗的交通要道。如今，尼罗河上往来的不再是纸莎草船和用腓尼基雪松制成的贡多拉长鼻船①，而是各类接驳船和柴油艇；在开罗，河岸边建有八条六车道公路，一千五百英尺宽的河面上架着十几座大桥；整个中东地区流量最大的机场就在赫里奥波里斯遗址附近，观光巴士每天把成千上万的游客带到金字塔最为集中的吉萨（Giza），在萨卡拉（Saqqara）的沙漠高地俯瞰古老的孟斐斯；喀尔哈平原横亘在两座古城之间，历经五百位统治者，熬过五千年的漫长岁月，这里人潮涌动，在占据地球四分之一的大陆上，开罗仍是最伟大的都市首府。

◈

在开罗，高楼大厦随处可见，中世纪最高的尖塔足有二百五十英尺高，就连一千年前修筑的普通公寓也有 7 层到 14 层高。尼罗河沿岸的摩天大楼高度也有吉萨金字塔的三到四倍，人们再也不用冒着生命危险从陡峭岩石攀登到高处，而是乘电梯去俯瞰这片依旧

---

① 例如为法老奇阿普斯（Cheops，指胡夫，古埃及第四王朝第二位法老，希腊人称他为"奇阿普斯"）建造的长达一百四十英尺的豪华殡葬船。这艘世界上最古老的帆船被成功修复，保存在今吉萨金字塔附近的太阳船博物馆。

第一章 启程

壮丽的景色。

开罗的经典全貌在一个世纪前就令东方的艺术家神往。天气晴朗时，从萨拉丁城堡远眺，可以看到令人叹为观止的十字军东征时期的要塞。几个世纪以来，统治者从这里俯视着这座城市，或是在这里鸣炮以应对危机，这片景象不仅是建筑和街道，更是峥嵘岁月与沧海桑田。

一路向西，穿过河上的沙洲，一片密集而杂乱的土黄色建筑街区隐没在撒哈拉沙漠地平线上。这片沙漠绵延三千英里至大西洋，其间目之所及处，一个整齐的三角形——建于公元前2550年的胡夫金字塔显现出来，经过一群一百三十米高的近代雕像继续向南，可以望见萨卡拉阶梯金字塔的轮廓，它被誉为世界上最古老的人工建筑。两千五百年来，绵延的山脉被落日映衬出柔美的线条，大大小小的金字塔像锯齿分布在吉萨、萨卡拉以及周围数英里的沙漠里，里面沉睡着孟斐斯的王室和贵族。从法老的都城望去，是阶梯金字塔脚下无尽的黄沙，椰枣树环抱着孟斐斯的废墟，其余大部分也许已经被河谷的淤泥掩埋，这些散落的遗迹恐怕终有一天也将消失在现代开罗不断扩张的水泥森林之中。

就在距萨拉丁城堡两英里处，沿着河边有一条高楼林立的街道，这是政府机构、高级公寓和连锁酒店聚集的城市中心。孟斐斯繁荣时期，这片价值连城的土地大部分还在水下。随着淤泥常年堆积，约两千年前尼罗河改变河道，从这里一分为二，成为三角洲地带的两条分支，如今已经向北延伸15英里有余。近代，尼罗河泛滥淹没了这片土地，直到19世纪河岸固定下来，开罗摆脱了中世纪被孤立的局面并逐步发展起来，市区有了马路、意式建筑和许多雅致的别墅。到了 20 世纪，这里交通日渐繁忙，道路阻塞，别墅也被公寓楼取代。建筑风格从学院派（Beaux Arts）① 到艺术装饰派（Art Deco），从未来主义到斯大林主义，再到笨重的钢筋混凝土和玻璃外墙。

沿着河东岸向南，穿过繁华都市到达一处贫瘠之地，平原和土丘上飘着几缕轻烟，如同赛特同荷鲁斯的大战刚刚在这里结束。它曾是开罗另一个著名的前身，尽管这里的遗迹已经被粪堆掩埋。随着孟斐斯的衰落，它后来成为罗马帝国的城邦和拜占庭帝国的驻军地。公元 640 年阿拉伯军队入侵，围困此地整整七个月后将其攻陷，最终征服埃及。哈里发②统治者在此建都，称之为"福斯塔特"（Misr al-Fustat）③。他们在获胜的阿拉伯军队中按照部族设营，又一个伟大的城市在一个世纪之内发展起来，成为伊斯兰王国的核心。

一千年前，波斯地理学家胡杜德·阿勒·阿拉姆（Hudud al-Alam）称福斯塔特为世界上最富庶的城市。当代耶路撒冷人穆卡达西（Al-Muqaddasi）说，福斯塔特的市民多如蝗虫。而过了几个

---

① 又称"布杂派"，如巴黎歌剧院和纽约中央车站的建筑风格。
② caliph（哈里发）来源于阿拉伯语"khalifa"，意为"继承者"，指穆斯林的最高统治者，即先知穆罕默德在地球上的"继承者"。在某些时期，如阿拔斯王朝和法蒂玛王朝，不同家族或教派的成员将"哈里发"作为其头衔。
③ 他们称该地为"Misr al-Fustat"，以区别于 Misr al-Qadima 或 Old Misr（旧埃及），当时指衰落的孟斐斯。Misr 为古闪米特语，指埃及，首都福斯塔特也如同孟斐斯一样，代表整个国家。Fustat 很可能是阿拉伯语化的希腊语 fossaton，意为护城河，因阿拉伯军队曾在攻占拜占庭要塞时在其护城河外扎营。

第一章 启程

世纪，上流社会的人们开始朝着安的遗址，去北部更开阔的平原寻找新的居所。当哥伦布航行至印度时，他本希望像葡萄牙人一样，向东开辟一条新航线以打破苏丹对香料的垄断，可从萨拉丁城堡上看到的福斯塔特却如此破败，如同开罗大都市的一个垃圾场。

一座城市在不同时代有着不同的命运。中世纪的开罗有了集市，清真寺的穹顶和尖塔随处可见，例如建于9世纪的伊本·图伦清真寺，其北面的宣礼塔有着外螺旋梯，有11世纪祖维拉之门（Bab Zuwayla）[1]前的球形双子塔、奥斯曼帝国时期的尖塔，还有14世纪建造的苏丹哈桑纪念清真寺和伊斯兰学院。这座城中保存着大量的中世纪的遗迹，华丽的清真寺和宫殿把人们带回到10世纪至16世纪那些漫长而炎热的夏季，带回到开罗这座印度以西最富庶的大都市[2]。彼时，人们眼前一座座高楼拔地而起，那些风格各异的老房子却相继倒地。

开罗北部是敞开的山谷，仿佛是都市繁重压力的释放口。开罗作为非洲、伊斯兰世界和地中海区域的第一大城市，市区由南向北长达20英里，囊括了古老的安和那座方尖碑。它的一个区的人口比周边任何国家的都市还多，例如工人、平民聚居的舒布拉（Shubra，埃及的一个行政区）和繁华的新赫里奥波里斯。在这座看不到边界的城市，三角洲宝贵的黑土地被厂房和工地所吞噬，高楼大厦延伸着，直到隐没于黄沙之中。

---

[1] 曾用于悬挂死刑犯的头颅，传说在那扇大门后面潜伏着一个巨魔。
[2] 拜占庭首都君士坦丁堡曾有一段时期比开罗更繁华，1203、1204年被十字军洗劫后迅速衰退。

如今，这些历史景观的价值基本体现在吸引游客上，从某种程度上说，不得不如此。大都市飞速发展，资本吞噬一切的本性终将使思想受到蒙蔽，使人们因丧失长远的目光而变得狭隘。

联合国公布，开罗是世界上最大的人口密集型市区，每平方英里（约2.59平方公里）人口数量为三百五十人，比纽约曼哈顿岛更加密集，在市中心地带人口密度达每平方英里三十万人，一些小巷里甚至达到每平方英里七十万人，这七十万人并不是栖息在高层建筑，而是挤在小巷低矮的公寓里。这些住宅甚至与一千年前相差无几，一家人挤在小房间里，轮流吃饭和睡觉。学校有限的教室里三个班的学生轮流上课，每个教室不得不挤下五十到八十名学生。

在开罗，老百姓的生活压力无处不在，高昂的地价让投机者钱袋满满，年轻人被现实压垮，难以实现梦想，市政服务负担过重，道路堆满垃圾，街道杂乱不堪，甚至使罪犯无处可逃。游客就是财富，一个多元化的旅游市场应运而生，历史景观创造的价值让这座城市仍旧显得伟大，但为了缓解交通和住房压力，水泥立交桥掩盖了中世纪的城墙，公寓住宅取代了美丽的花园。

住宅局促的空间让开罗人走到户外，但城市的绿化严重不足，每个居民只享有五平方英寸的绿地，还不到一个成年人的脚底面积。相比拥挤在公园，开罗人更习惯驻足在街头，道路变成了休闲商业区、娱乐场所，或者变成运动场、餐馆，甚至是露天清真寺。

第一章 启程

开罗有大约四千名无家可归的儿童露宿街头,人们每天都在挤满百万辆机动车和几千辆驴车的街道上挣扎着。

飞扬的沙尘和人们的生活痕迹让这座城市的一切呈现出衰老却从容的神色,扶手被摩擦得光亮,地砖龟裂,墙壁污浊,在傍晚柔和的斜阳下,一切又变成金黄色。行走的人们踏破了人行道,压垮了楼梯,磨光了石阶,随处可见用优美的字体书写的阿拉伯广告语,霓虹灯在房顶闪烁,被卫星信号接收器的天线缠绕着。

城市的气息来自这里的人们,从这里的纸币上可以闻到油炸食品、新鲜薄荷、香豆子还有灰尘的味道,耳边充斥着叫卖声,清真寺里传来"真主至上"的广播声和市井间的辱骂声,开罗正午的喧嚣如同在十字路口演出的一场重金属摇滚。路上的汽车车龄大多已超过15年,到处可见被撞坏的车灯和残破的车窗,司机们不停地按着喇叭,仿佛喇叭在维持着世界的运转。人们的闲谈中充斥着土话和俚语,时而怒吼时而哄笑,时而妙语连珠时而勾肩搭背。

时过境迁,这座城市的面孔已经老去,埃及博物馆里的古王国时期[①]雕像,看起来和铁门外开罗中心车站来来往往的人们并无两样,这些雕刻精美的法老和大臣们眉宇间透出庄严肃穆,但车站里人们的面容却饱经风霜,神情里满是隐忍、无奈和不甘。生活的不易让人提前衰老,开罗大约有三十万名6岁到14岁的童工,占全市青少年16%,他们为了生计,在拥挤的车间劳作。底层的老百姓有很多同时做多份工作,有的甚至过劳死。

---

① 指古埃及第四至第八王朝时期,约公元前2600—前2180年,首都孟斐斯,著名的金字塔于该时期建造。

开罗人的疲惫不堪和听天由命有时被掩藏在另一副面具下。几代的贫苦生活使老百姓们不放过任何消遣的机会。他们喜欢调侃，就连乞丐在乞讨时幽默地调侃几句，也更容易获得怜悯。讥笑调侃听来虽不入流，但对于开罗人来说有时更加实用。这座城市也因此带着一种少有的轻松和随和，对人和人以外的关系毫不在意。相比之下，在西方资本至上的城市，冷漠和孤独已经成为人们心照不宣的默契。

人口过于密集不仅带来了噪音和污染，使城市生活压力大，更不利于社会稳定。对于喜欢安静的人来说，开罗的喧嚣实在刺耳，连本地人也对大街上不合时宜的狂欢怨声载道。不过私下里，开罗人还是时常欢聚，酷爱热闹的生活。也许你会在世界的某一个角落碰到一位旅人，比如温哥华、法兰克福那些一尘不染的城镇，但对于开罗人来说，过于整洁等于乏味。我曾在秩序井然的突尼斯遇见一位埃及女士，她一边不停地吸着烟，一边耸着肩抱怨道："和开罗比起来，这里的街道空空荡荡，净是些无聊的树。"

在开罗人的概念里，就连旅行也从来就不是所谓的"远离喧嚣"。在穆斯林的欢庆活动上，人们喜欢乘着双层汽船，顺着支流到沿河公园来个一日游。游船尚未驶回码头，就能远远听见船上音箱大声放着欢快的音乐。在这美好的旅程里，人们将围巾扎在腰上，尽情吃喝享乐，并且时不时地发出欢呼声。

这座古老的城市其实有着年轻的灵魂。过去的一个世纪里，它的人口增长了25倍，人口密度是1950年的两倍，而在1920年这座城市还只有一百万人口。在开罗，15岁以下人口占总人口的三

第一章 启程

分之一。很少有人珍视上一代人的传统，对辉煌的古埃及文明也是一笑而过，只不过把这些当作吸引外国游客以获利的工具。

除了那些对历史狂热的新世代开罗人，很少有人相信生命是从这里开始。穆斯林深信伊斯兰教的创世论，6%的基督徒深信《圣经》里的描述①，极少数持世俗的观点，相信进化论和宇宙大爆炸。对这里的人们来说，即使开罗不是人类文明真正的发源地，也是他们赖以生存的家园。

首都开罗作为埃及的第一大交通枢纽，集中了全埃及一半以上的工厂和机动车辆，每四个埃及人中就有一个生活在大开罗。这座首都也承载着整个国家的梦想，是所有年轻人的向往之地。据调查研究，开罗人的生活饮食更优越，人均收入和平均寿命远高于其他城市，贫困率远低于全埃及平均水平，五岁以下的婴幼儿死于癌症的概率仅占全国的三分之一。在贫困的上埃及地区，受教育比例仅为开罗的一半，埃及的日报社全部集中在开罗，报纸的中心版面也几乎全部是开罗新闻。体育方面，开罗的优势更加明显，过去几十年里，埃及足球锦标赛的冠军几乎被扎马利克岛的阿里俱乐部②独揽。

拥有五千年的灿烂文明，如今埃及的政治体制也如金字塔状，

---

① 埃及的基督徒基本上属于科普特东正教派。
② 埃及著名的体育俱乐部。

开罗位于顶端，农业部的决策左右着农民的命运，宗教事务部决定着清真寺的布道。总统在内政部办公，有权任命全国26个省的省长和12所国立大学（其中有四所在开罗）的校长，全国所有市（村）级行政区的长官也由内政部任命。

直到20世纪，全埃及所有的农田理论上都归国有，在这片沃土上产生的大部分利润自然流向首都。即使现在农田划为私有，但农田面积占整个埃及土地面积的比例还不足4％，国家仍占有其余96％的沙漠土地，这些土地无论是卖给投资者还是分发给执政党亲信，都取决于首都两百多万名政府官员。

这座城市的主导地位其实在语言中也有所体现，Misr一词在阿拉伯语中曾泛指开罗，《圣经》里称其为Mizraim，也指埃及人。如同孟斐斯曾代表整个埃及一样，Misr现在便是阿拉伯语的埃及，也是希伯来语、土耳其语、波斯语、乌尔都语和印地语的埃及。

开罗的影响力并不仅限于埃及国内，这里充满故事，令人神往。对于说阿拉伯语的人以及穆斯林来说，开罗的地位是其他城市无法比拟的。当然，全球化的影响也是巨大的，这里引进了外国品牌、连锁快餐、夜店、主题公园等，但与许多第三世界国家的首都不同，开罗拥有自己的流行文化生产力，并且有着广泛的影响，比如爪哇村播放的祷告录音是由开罗的诵经者录制的，摩洛哥古堡里的音乐旋律、科威特妇女们最爱看的肥皂剧也都来自开罗。

阿拉伯人眼中的开罗是一座巨大的宝藏，这里有最优秀的学府、最大的图书馆、发行量最大的报纸、最具活力的流行文化，还有阿拉伯最兴盛的骆驼市场。每年上百万的阿拉伯游客很少去欣赏文物，而是流连于影剧院、艺术酒吧、赌场和夜总会。他们在咖啡馆里闲聊，听着用开罗俚语讲的笑话，他们去音乐厅欣赏东方古典音乐，去街头小店跟着阿拉伯说唱一起律动。这座城市虽然古老，却仍然聚集着最顶尖的阿拉伯文化艺术人才。

比如，开罗是世界肚皮舞（从业者称其为"东方舞"）之都，这里的夜总会有来自俄罗斯、美国、黎巴嫩、德国、突尼斯，甚至以色列等十几个国家的舞者。这些美艳的舞者在各大高级夜总会的华丽舞台上婀娜地旋转着，让观众目不转睛。本地舞者则认为，外国舞者身材不够丰满，并不能展现肚皮舞的魅力，她们的舞姿习练痕迹过重，缺乏当地人的天资和由内而外的美感。当然，埃及顶级的舞者收入不菲，据说其一晚的收入可达一万美元，相当于一个交警十年的年薪。

古埃及的艺术品有着经久不衰的独特魅力，例如年轻的法老图坦卡蒙（Tutankhamun）的下葬宝物，包括纯金打造的鞋履、指套、权杖、面具、棺材等超过十万件物品，其中的一小部分陈列在博物馆。1994年在开罗南部出土的韦瑞特女王（Queen Weret）的珠宝在被埋藏了三千七百年之后看起来依旧如新，她的脚链由贝壳形和狮子形的黄金制成，镶嵌着珊瑚、玛瑙、青金石和绿松石，彰显着精致的孟斐斯宫廷风格。韦瑞特女王的下葬品（其中包括一块肥皂大小的天然紫水晶）与来自萨卡拉、吉萨、阿拜多斯（Abydos）和塔尼斯（Tanis）皇家陵墓的大量珍贵珠宝相比，却不足为奇。还有那些花岗岩、斑岩、闪长岩和大理石雕刻的建筑装饰足以证明，古埃及艺术并不是单一古板的。公元前8世纪，侵略者带来了一尊亚述国王的雕像，其神态庄严而孤独，相比之下，更加彰显古埃及人精湛的雕刻工艺，他们的作品崇尚的从来不是强势与征服，而是智慧和优雅。古王国的浮雕记录着那时的人们在酒和蓝睡莲①的麻醉下悠闲地消磨时光的场景，看来世界五千年的千变万化也未能改变人们最初的消遣方式。

古埃及的一些日用小物品也有着绝妙的设计，例如最古老的物件之一——用巧妙工艺制成的石杯，取材自最坚硬的石料、由棕榈纤维编织而成的凉鞋，其形状和曲线酷似太阳能船，公元前600年的成人玩具鸟木雕，其形状如同一架大型喷气式飞机，设计完美符合空气动力学，还有公元2世纪孟斐斯一位贵妇的随葬像，佩戴着项链和耳环，精心打扮，发型一丝不苟，仿佛是开罗20世纪30年代成功女性的真实写照。

埃及文明如此瑰丽而神秘，这一切都在告诉人们，这座古老的城市曾经多么繁荣，甚至超越了当今世界。

古埃及有诗人曾详细地描述这座首都的魅力。莎草纸上，一位旅人在前去赴与爱人的约会的途中，在船上昏昏睡去，梦到了这座城市。他说，尼罗河是酒，孟斐斯是盛满水果的餐盘，摆在美丽的神普塔面前。新王国时期②的一篇文章如是形容："从未见过如孟斐斯一般的地方。"这里有填满的粮仓，有荷花盛开的湖泊，有外商云集的繁华街区，史官们热衷于记录这里的一切娱乐活动，比如

---

① 该植物含有精神性生物碱，具有一定的致幻作用。
② 指公元前1560—前1080年的第十八至第二十王朝，该时期埃及经历了图特摩斯一世到三世、拉美西斯一世到十二世等法老的领导，社会得到一定程度的发展。

描写女性摔跤比赛和贵妇人在花园里茶歇的场景，人们对这座城市的颂扬从未间断。

古代阿拉伯民间故事集《一千零一夜》也有许多关于开罗的描写，尽管作品源自印度和波斯，但大部分故事都是在中世纪开罗的鼎盛时期创作的。一个故事写道，一位犹太医生在大马士革医治一名男子，这名男子描述了年轻的自己在遥远的底格里斯河边的摩苏尔大清真寺里，全神贯注地听着父亲和叔叔在周五祈祷后的谈话：他们围坐着，讲述着遥远国度的奇观，一个叔叔讲道："那些旅行家对我说，世界上没有什么地方比开罗更美的了。"父亲补充说："没到过开罗，就等于没见过世界。开罗遍地黄金，人们住在宫殿里，那里有神奇的尼罗河，风景美不胜收，女子有着天使般的面孔，沉香弥漫在温和的空气里。除了这样的开罗以外，还有何处可被称作世界之起源呢？"

听了这些，讲故事的男子夜不能寐，对这片土地心驰神往。他成年后便与叔叔们一起出国经商，只要一有机会，就溜出商队跑到开罗去，于是一连串精彩的故事就这样发生了，并且一直被传诵至今。

第二章

殒殁的城市

第二章　殒殁的城市

> 埃及人必收殓他们的尸首，摩弗人必葬埋他们的骸骨。
> ——《圣经·何西阿书》(Hosea) 第九章第六节

> 人们觉得昙花一现的生命无足轻重，美好的品德才历久弥新。他们以房屋为暂居的旅舍，以坟墓为永远的家。
> ——狄奥多鲁斯·希库鲁斯，《历史丛书》，公元前 1 世纪

尼罗河发源于非洲，迎着地中海的逆风，以每小时三英里的速度涓涓流淌，有条不紊，容得一艘艘低帆游船沿开罗滨海大道以小时计酬，载着乘客悠闲惬意地顺流而下。尼罗河上和煦的春风让一缕缕来自三角洲的橙花气息在城里弥漫，风也是这片土地的记忆，古埃及象形文字中的"旅行"就形似一艘扬帆而行的小船。

4月，温和的南北风变成暴躁的东西风，横扫沙漠，卷着尘土呼啸而过，让城市里变得干燥、炎热，且漫天黄沙。沙尘暴提醒着开罗，即使有母亲河守护，潜伏在山谷边缘的灾难也会袭来。无休止的喧嚣给这座城市下了一道失忆魔咒，让人们忘却自己与那片空旷而死寂的沙漠是如此的接近。

✵

14世纪起，阿勒哈利法（Al-Khalifa）地区便与沙漠相接，这里一半废墟，一半坟墓，依偎在萨拉丁城堡高耸的城墙和穆卡塔姆（Muqattam）山之间。这座六百五十英尺高的山崖东侧被山谷封住，以其古墓众多而闻名。这里曾是著名的监狱，关押着各种罪犯，每年还为纪念埋葬于此的先知后裔举办变装游行。

这里还有闻名遐迩的星期五集市，比如开罗宠物和珍奇动物市场，位于一条通往山崖的小岔路上，可以买到各种各样的海洋生物。活的龙虾被盛满盆子，小贩叫卖着，人们闻声蜂拥而来。小男孩拎着装满液体的塑料袋从人群中挤出来，观察着里面五颜六色的热带鱼。路边落满灰尘的玻璃水箱里，有各种蛇、蛙和蜥蜴。一个戴着黑头巾的老婆婆干瘪的小手指上挂着一只小变色龙，它的脚趾悬在空中，悠闲地蹬着。还有笼子里的猫鼬、黄鼠狼、仓鼠、猴子和暹罗猫。市场里还有各种禽类：刚出生的黄色小鸡、彩色的刚果鹦鹉、长尾鹦鹉，一群老鹰挤在一起，叼着一大块红肉，旁边还有一只缺了一只耳朵的巨大的猫头鹰。它突然睁开一只眼，瞪着一个

第二章 残殁的城市

小女孩，吓得她尖叫起来。

市场里人声鼎沸，和各种动物的叫声混杂在一起，精力旺盛的赶集者和小贩们讨价还价，一会儿吵嚷着，一会儿又勾肩搭背。骑摩托车的人从商铺间和人群中穿过，他戴着巴拉克拉瓦盔式帽，只露出一双眼睛，一边加速一边按着喇叭。附近的采石场在采伐石灰岩，偶尔传来一阵爆破的轰鸣，鸽子飞散，尘埃扬起，爆破声慢慢向山崖远处传去。

这片嘈杂如同一场噪音的交响乐，在通往上坡的小巷里渐渐被吞没。小巷尽头是一片明亮的沙漠，仿佛有人按了一下开关，所有嘈杂在这里消失，进入另一个世界。这里到处是赭色的墙壁、碎石和坟墓，远处的高地上有一座荒废已久的修道院，在崖壁的衬托下，犹如一张愤怒的面孔。

如今，在这地方只听得见叮当声，有节奏地接连敲打着。一面斑驳的墙壁上用蓝色油漆写着"上帝是伟大的"，野猫慢悠悠地穿过墙壁的缺口，跑进一个堆满石料的大院。院子里，三个工人拿着锤子和凿子在一块棺材大小的石材上敲打着。

这原始工业的场景是引人入胜的，就像一座城市最初的回忆。人们不禁会想，定位—敲击—拖动，这简单的动作被无数工人在这里重复了无数次，把沉重的石料从穆卡塔姆的采石场运过来，加工成各种建筑材料运往各地，再经雕刻、塑造、堆砌，石头变成了墙壁、庙宇和坟墓。一代代的能工巧匠和这里的岁月一同消逝。墓碑记载着那些兴起、繁荣又衰落的城市，直到现在。

❈

石料的开采始于五千年前，即法老美尼斯跨过尼罗河统一了孟斐斯城后不久。到了四个世纪以后的第三王朝，来自这些崖壁的石灰岩已成为建筑原料的首选，石头因其坚固耐久，一直在建材中占据着独一无二的地位。当时，另一个可利用的原料是沉积在尼罗河的淤泥，用来制砖，进而建造一些房屋。但是这些泥砖并不能抵御漫长的岁月，因此开罗早期的遗迹如今所剩无几。每年雨季，泛滥的尼罗河将孟斐斯和赫里奥波里斯的这些房屋冲刷得支离破碎，只有王公贵族的石墓得以幸存，古埃及人称这些石墓为"永恒之堡"——从山谷对面的穆卡塔姆沿着被金光勾勒的沙漠，孟斐斯西部的日落使其闪耀出最夺目的光彩。三角洲平原上的沙地，是孟斐斯守护神索卡尔（Sokar）的陵墓所在，此地现在的名称"萨卡拉"（saqqara）中仍藏有他的痕迹。以此陵墓为中心，50英里长的墓群蜿蜒在有着三千五百多年历史的孟斐斯城，成为世界有史以来最大的古墓群，时至今日仍是永不枯竭的考古源脉。

古时，孟斐斯人将石刻作为最主要的书写形式，甚至将发明者——第三王朝的宰相伊姆霍特普（Imhotep）——奉为神明①。据在萨卡拉发现的一处碑文记载，伊姆霍特普被赋予诸多非凡的名

---

① 当托勒密王朝（公元前323—前30年）统治下的古埃及逐渐衰落，人们才开始将人神化，希腊人把伊姆霍特普同医神阿斯克勒庇俄斯联系在一起。

第二章 殒殁的城市

号，如"下埃及国王总理大臣""上埃及第二国王"① "大皇宫总管""永世的君主""赫里奥波里斯大祭司"，以及"建筑师""雕刻家"等。伊姆霍特普的不朽，不仅因为他是创造石刻的惊世之才，更因为他设计修建了世界上第一座金字塔。

在他之前，古埃及法老的陵墓仅以浩大著称，建在用泥砖砌成的巨大凳形地堡中，寓意法老们对"永生不朽"的追求。而法老左塞尔（Zoser，公元前2670—前2650年）希望伊姆霍特普为其在孟斐斯修建一座史无前例的高地陵墓，让自己的身后生活更加舒适，并彰显其不朽的辉煌统治与至高无上的荣耀。伊姆霍特普深受启发，提出了陵墓的建造标准，即底部呈正方形，表面以白色石灰岩覆盖，再堆砌至少五层，形状从底部至顶部逐渐变尖，达到令人眩晕的高度——两百英尺。这一设想无疑代表了古埃及统治者对太阳神拉（Ra）的最高敬拜，其地位已经取代了赫里奥波里斯的造物神阿图姆。金字塔就这样诞生了，形如太阳在地平线上投射的巨大光晕，象征着法老们走向天堂的阶梯。

如今遇上晴朗的天气，左塞尔的六层阶梯金字塔在25公里以外仍然清晰可见。近看能够发现，其外层石砖几乎消失殆尽。伊姆霍特普的这一伟大作品饱经岁月的洗礼，经过细心的修复重塑，这座遗迹的许多细节奇迹般地被复原了。这块地的面积相当于数个曼哈顿街区，被古老的石灰岩城墙围住。几千年后，考古学家们不得不认为，伊姆霍特普一定是在戏谑地指引后人来探索孟斐斯的白

---

① 上、下埃及统一后，法老保留了独立时的头衔，并佩戴上、下埃及的象征饰物，在塞加拉举行统一庆典，正式宣告上、下埃及的统一。

城。在阶梯金字塔建筑群中，伊姆霍特普建造的一排小墓室运用了多种不同的建筑工艺：石柱如同束成一捆的芦苇秆，棚顶像并排摆放的棕榈木；左赛尔和继任法老的权杖上有代表上下埃及统一的莲花和纸莎草；石墙顶部是一圈眼镜蛇头部雕像。在这片沙漠中，包括伊姆霍特普的墓穴在内，还有无数大大小小的墓穴尚未被发掘。

伊姆霍特普在建筑上的造诣精湛，作为当时最伟大的建筑家，他为第四王朝法老斯尼夫鲁（Seneferu，公元前2575—前2551年）建造了至少四座金字塔，包括距离左赛尔金字塔37英里的美杜姆（Meidum）金字塔、塞拉（Seila）的小金字塔，以及萨卡拉南部代赫舒尔（Dahshur）的弯曲金字塔和红金字塔。建造这些金字塔需要约九百万吨的石料，当时没有任何工具来克服运输的困难，建造过程也充满艰辛。美杜姆金字塔的石灰岩表层曾经坍落，内部结构完全暴露出来。弯曲金字塔在施工进行到一半时地基开裂，斜坡的角度不得不从55°变成43°，金字塔外形形成整齐的弯折，这座金字塔在现代来看或许很有艺术感，但当时远远不是成功的建筑。在诸多失败的教训下，工匠们在建造红金字塔时十分严谨，以柔和的锐角慢慢堆砌，最后达到三百四十英尺的高度。

斯尼夫鲁的儿子胡夫（Khufu）认真总结了修建金字塔的丰富经验，决定在萨卡拉北部的吉萨高原上修建自己的金字塔，这无疑是孟斐斯的绝佳位置。他的计划充满野心，就连当时最好的工匠也想象不到这一工程的规模，需要将二百三十万块2.5吨的石料堆砌在一个13英亩的地基上，高度达四百八十英尺，角度以点为基准精确在51°52′，每块石料摆放的位置误差不到一拇指宽，外层用白

第二章 殒殁的城市

色石灰岩填平至表面光滑,将每道接缝隐藏起来。仿佛法老胡夫在提醒后人:我埋葬于此,我和这里的人民因信仰而具有无穷力量,世人必将惊叹于这伟大的建筑,并永远也无法参透我们如何造就了这个奇迹。

尽管人们对金字塔的猜测从未停止,可是它在胡夫时代的建造过程至今仍是一个未解之谜。在第四王朝的一百二十年间,古埃及工匠建造了至少17座金字塔,根据建造时间及所用石料的数量计算,他们每两分钟就可以将一块巨大石料搬运到位。一些埃及学者认为,胡夫金字塔的建造工程十分浩大,可谓举全国之力,足以说明埃及是最早的也是统治时间最久的中央集权国家。

两千年后,希腊历史学家希罗多德到访吉萨,赫里奥波里斯的祭司告诉他,胡夫是一个迫使十万劳工建造金字塔的暴君。有现代学者认为,劳工总数可能有十万人,但只有三分之一参与了全部建造过程。中王国时期(公元前2050—前1780年)的文献中有记载法老胡夫的残暴,但很少有文字体现劳工们忍受的苦难。在每年尼罗河泛滥时,农民的田地被洪水淹没,许多劳工可能就是在那时招募的。尼罗河的洪水一直漫延到沙漠边缘,可以利用船只把石料从穆卡塔姆运输到吉萨。熟练工匠组成的固定施工队大约四千人,遗址旁有专门建造的村庄来安置他们,并供给食物和酬劳。希罗多德发现,他们给大约一千六百名工匠配发萝卜、洋葱和大蒜等食物的支出就达到了九百六十万古希腊银币。

事实上,石料的运输并非如想象般艰难。考古学家用一架仿制雪橇进行的运输实验表明,六名男子可以轻而易举地在平地上移动六吨重的石头。虽然运输石料上山要困难得多，但金字塔内部的大部分石材取自附近地区，对劳工们来说，在穆卡塔姆采石和给金字塔修建外层也无须克服天大的困难。与现代石匠不同，古人没有专用的印章，而是用红赭色颜料代替，把"广告"写在石块上，比如有的标着"匠人队"，并写着"胡夫的白色王冠多么炫目！"他们大概希望赞美法老可以多得一些报酬，还有的写着"孟卡拉的醉汉"，大概是指一个建造吉萨孟卡拉金字塔的工匠。

根据其任祭司期间了解的情况，希罗多德无法反驳胡夫的负面传闻。如希腊人称，胡夫贪得无厌，甚至出卖女儿的贞洁。据说连她的金字塔也是用卖身交易的收入所建，每一次交易可以赚一吨石头。据说胡夫之后下一任法老哈夫拉（Chephren，吉萨第二大金字塔的拥有者）也有许多不为人知的故事。这些秘闻随着法老们的逝去被一同埋葬了，否则臣民们的辱骂声将使他们永无安息之日。

开罗人似乎并不在意老祖宗的金字塔被盗空，同其他游客一样，希罗多德也被当地导游诓骗了。据罗马地理学家斯特拉波（Strabo）称，公元前24年他在游览吉萨时听说，孟卡拉（Mycerinas）金字塔实际上是为了纪念希腊交际花洛多庇斯（Rhodopis）而建。她是埃及瑙克拉提斯城（Naucratis）一个希腊酒商的情妇，这个酒商又是古希腊女诗人萨福（Sappho）的哥哥。有一天，洛多庇斯在尼罗河里洗澡，一只鹰叼走了她的一只鞋，鹰飞到了孟斐斯，刚好把这只鞋子放在法老的膝上。法老对这只鞋的样式十分好奇，派人到全国各地寻找它的主人，最终法老找到了洛多庇斯并娶她为妻，在她死后，法老下令为她修建了这座金字塔。

第二章 殒殁的城市

这个故事好比古埃及版本的灰姑娘,只是无数金字塔传说中的一个。随着岁月流逝,这些传说陪伴着开罗人,至今仍丰富着他们茶余饭后的时光。早期的基督徒认为这些建筑不是坟墓,而是约瑟的粮仓,是《圣经》解梦者们为了使埃及免遭饥荒而建。在被摩西解救之前,犹太人称他们被强迫在金字塔上服劳役①。到了中世纪,穆斯林称金字塔是古代先知伊德里斯(Idris)所建造,以保护人类文明免受洪水吞噬(伊德里斯与《圣经》中的伊诺克、希腊神话中的赫尔墨斯相似,赫尔墨斯相当于古埃及的智慧之神透特)。一份13世纪的阿拉伯研究表明,胡夫金字塔具有神奇的力量,一对彼此出轨的夫妇走进金字塔内,就会被"按倒在地,并用'弗兰西'(Phrensie)② 染色"。现代分析称,金字塔可能是巨大的水泵、天文台或者外太空信号接收器。金字塔之谜延续至今,承载着人们对于世界、神明乃至宇宙的一切猜想。

❈

胡夫时代之后的一千年,穆卡塔姆依然是最大的采石区。孟斐斯贵族的石墓也依然富丽堂皇,墙上的浮雕详细记录着他们日常生活的场景。虽然不及古王国时期的浮雕那么精细,却也动画般清晰幽默地描绘了城市各处,让无数游客感到惊讶。这些石墓和浮雕构

---

① 大多数历史学家认为,希伯来人在埃及出现的时间晚了一千两百年,当时他们可能为第十九王朝的法老拉美西斯二世在东三角洲地区建造城市。

② 根据17世纪的英文译法。

成了人类文明有史以来最完整的图像记录之一。尽管后来有了斯芬克斯，有了红色花岗岩装饰，任何金字塔也无法超越胡夫金字塔的登峰造极。也许是因为法老地位渐渐弱化，无法召集十万劳工去修建金字塔。也可能是在中间期，孟斐斯和赫里奥波里斯的祭司学会了一些咒语代替金字塔的功用，让人的灵魂与神明对话。

  古墓群建成了，虽然埃及和孟斐斯的发展进程跌宕起伏，穆卡塔姆的石灰岩却一直供不应求。雅赫摩斯，第十八王朝（公元前1570—前1320年）的创立者结束了长久的入侵和长达两个世纪的动乱。修缮普塔的神庙时，雅赫摩斯一世让人在阿勒哈利法南部采石区刻了以下铭文：

> 法老已经下令，重新打开墓室挖出山上最优质的白色石灰岩，为永恒的普塔神修缮圣殿。

  一两个世纪后，罗马陷落，欧洲处于黑暗时代，古城孟斐斯已经被人遗忘，而建造新城开罗的石材仍取自穆卡塔姆。成千上万被俘的基督教十字军士兵一砖一瓦地建造了开罗，整座城市面朝东南方的麦加，穆斯林信仰的圣地。

  如今的开罗，也在穆卡塔姆石灰岩的"烟雾"笼罩之下。放眼望去，随着远处的爆破声，在穆卡塔姆山崖往南15英里处的图拉（Tura），一团巨大的白色灰团向天空喷涌而出，这里的工厂将废弃的石料粉碎，制成劣质的波特兰水泥①，工厂每年向大气排放一百万吨石灰，笼罩着整个开罗。现在大部分建筑都使用这种水泥，连

---

① 也称硅酸盐水泥。

第二章 殘殘的城市

无名英雄纪念碑也是如此，它是埃及最后一座"框架"金字塔，四条巨大的倾斜的石柱上用棱角分明的库法体（Kufic）刻着在1980年对以色列战争中英勇牺牲的埃及士兵的名字，以及在检阅军队时遇刺的前总统安瓦尔·萨达特（Anwar al-Sadat）的名字。

◈

开罗的石料也有半透明的黄雪花石膏、东部沙漠的灰色大理石和阿斯旺粉色花岗岩，也许还有从某个古墓中拆除的石料。极具参考意义的埃及学名著《古埃及象形文字地质学》（*Topographical Bibliography of Ancient Egyptian Hieroglyphic Texts*，全七卷）中对此也有所叙述，其中"开罗历史遗迹中的石材对照"一章中写道：

在一座18世纪开罗的房子里发现了阿门诺菲斯三世（Amenophis Ⅲ，公元前1391—前1353年）时期的石柱，后麦伦普塔（Merneptah，公元前1224—前1214年）和赛特纳赫特（Setnakht，公元前1196—前1194年）篡其位，该石柱可能取材自赫里奥波里斯而非孟斐斯，现藏于大英博物馆。

一块公元前500年的黑花岗岩棺盖残骸与18世纪位于阿卜丁街北侧的吉克亚清真寺的门槛材料相同。

一块绿玄武岩石碑上用三种语言刻着托勒密三世·尤厄格特斯一世（Ptolemy Ⅲ Euergetes Ⅰ）执政第九年（公元前239年）在卡诺帕斯（Canopus，古埃及城市）颁布的法令

（其文字难以辨认）。该石碑与1504年阿米尔·阿库尔（Amir Akhur）清真寺的门槛材料相同，现藏于卢浮宫。

……在穆雅德（Muayyad）清真寺东部的圣玛丽教堂发现了佩皮一世（PepiⅠ，公元前2289—前2255年）狮身人面像残骸。

在科普特教堂对面的房子里发现了塞索斯特里斯一世（SesostrisⅠ）的石英岩门柱（公元前1971—前1926年），石材可能来自赫里奥波里斯。

拉美西斯二世（RamsesⅡ，公元前1290—前1224年）的黑花岗岩方尖碑……可能是从中王国时期（公元前2050—前1780年）掠夺而来，麦伦普塔和塞索斯二世（SethosⅡ，公元前1214—前1204年）时期被继续使用，后在开罗用作门槛，现藏于柏林博物馆。

以上遗迹均可辨认，甚至有清晰的铭文可寻。许多证据表明，历史上开罗人不断从坟墓和寺庙中掘取优质石材，古代的"圣石"可能变成后来的商品。大多数王室贵族喜欢将自证纯洁的话语作为墓志铭，例如在墓碑上刻下"一生正直，所言皆实"以求得身后安宁。但吉萨的一处古王国铭文却不同："此墓中无他人之物……就连陵墓本身也是我以日常饮食和大量亚麻布作为酬劳给付建墓劳工所得。"

萨卡拉新王国时期的墓主从古王国的墓室中盗取石料，连伊姆霍特普也是如此。公元5世纪，这些石材又被用来建造修道院。后来修道院被废弃，这些石料又被农民搬运到孟斐斯的田地里去盖房

第二章 殒殁的城市

子。罗马人将吉萨金字塔外层的光滑石灰岩卸下，磨碎制成石膏。一千年前，拉美西斯二世也曾这样利用这些花岗岩。11世纪，穆斯林石匠发现这些遗迹的精美石料恰好可以用在开罗城墙内壁的衔接处，河马和鳄鱼浮雕千年后在城北的征服之门（Bab al-Futuh）上依然鲜活，多年来一直陪伴着守城的士兵们。开罗数百座中世纪清真寺，几乎每一根石柱都是从异教寺庙中掠夺而来，剩余的石柱被截成圆片，用于铺路或砌墙。清真寺的门槛也是经过挑选的法老时期的建材，虔诚的伊斯兰信徒将崇拜偶像者的陵墓石料踩在脚下，脱下鞋进入安拉的圣殿。

公元12世纪末，巴格达博学的医生阿布德·拉提夫（Abd al-Latif）到访开罗。他震惊地发现苏丹萨拉丁（Saladin）[①]的儿子也在从古代遗迹中采石，众臣劝说这位王子拆掉孟卡拉和皇后洛多庇斯的金字塔，将所得的石料售卖给承包商。于是医生潜入拆迁工地八个月，他回忆道：

> 工人们日夜辛劳，耗尽了资金和体力。事实证明，他们根本无法拆掉金字塔。大臣们软弱无能，只想坐享其成，却最终不得不放弃这个项目。施工队从金字塔上拆下了不少石料，可是金字塔从结构上看并没有被损坏……
>
> 金字塔如此坚固，即使拆下一块石头也是极其困难的。我问工头，如果给他一千第纳尔[②]，他是否愿意把一块石头归位，他发誓说，就算给他再多钱也办不到。

[①] 阿拉伯语写作 Salah al-Din。
[②] 第纳尔（dinar）是一种伊斯兰钱币，通常指金币，源自拉丁语的"denarius"。

代赫舒尔的斯尼夫鲁金字塔和吉萨胡夫金字塔、哈夫拉金字塔和孟卡拉金字塔表面已经不再平滑，但它们坚固庞大，形状如初，依然是世界上最容易辨认的建筑。它们周围的遗迹状况却比较糟糕，从吉萨北部的阿布鲁瓦什一直到60英里以南的伊拉洪，其他近一百座金字塔大多数都损耗严重，如今只留下碎石堆成的沙丘。吉萨和萨卡拉之间，阿布·西尔（Abu Sir）也有三座类似的土丘——第五王朝法老萨胡拉（公元前2458—前2446年）金字塔群，还包括一些寺庙的围墙、走廊和院落，这一地区最初有足足一万两千平方码（约10 034平方米）的石灰岩浮雕，如今仅有1.5%得以留存，且磨损严重。

除了盗取石料之外，恶意破坏古迹也大有人在。公元1378年，一位名叫萨伊姆·达赫尔（Sayim al-Dahr）的苏菲派酋长（人们称他为"永久斋戒者"）对狮身人面像的脸、耳朵和鼻子进行了一场大规模的破坏。据阿拉伯史料记载，斯芬克斯采取了报复行动，在吉萨的村庄上空掀起了一层黄沙，于是忌惮斯芬克斯的村民们处死了这位酋长[①]。

很久以前，其他重要历史遗迹也遭到了蓄意破坏。公元前7世纪，亚述人洗劫了孟斐斯。一个世纪后，波斯国王冈比西斯（Cambyses）征服埃及。如希罗多德所说，冈比西斯不仅屠杀了孟斐斯被选为阿匹斯神（Apis）、圈养在普塔神庙供人们祭拜的公牛，

[①] 这个事件是由中世纪史学家马克里齐记录的，后人指责马穆鲁克士兵和拿破仑统治下的法国军队破坏狮身人面像，但都没有证据。有关破坏古迹事件的记录详见参考文献中乌尔里希·哈曼（Ulrich Haarmann）的文章。

近出土木乃伊的坑。泰弗诺被带到一个显然是很久以前挖开的地洞里,他的向导又要了一比索才肯打开坟墓里的棺材,里面的木乃伊除了手部已经全部腐烂,但这些游客们还是把木乃伊带回了法国。

泰弗诺的确花了冤枉钱。几年前,罗马收藏家彼得罗·德拉·瓦莱(Pietro della Valle)只花了六比索就从萨卡拉挖出两具完好无损的木乃伊,上面还保存有主人的精美画像,其中一幅画的是一个黑色鬈发、留胡须的年轻人,穿着珠宝装饰的亚麻长袍,腰带上刻着希腊文"Eupsychei"(意思是再会);另一幅画的大概是他的妻子,衣着华贵,每根手指都戴着戒指。一个世纪后,瓦莱的后代将这两位暂居"罗马"的孟斐斯富人卖给了一位德国贵族,他把木乃伊带到了德累斯顿,现存放在国家博物馆,名为"法尤姆肖像"(Fayoum Portraits)。

奥斯曼帝国时期木乃伊市价高涨,为了满足欧洲药商的需求,开罗商人们开始了大规模的盗掘古墓行动,木乃伊陷入濒临绝迹的境地。但这并没有让商人们放慢逐利的步伐,他们开始搜罗无人认领的尸体,用沥青做填充,在阳光下烘干。直到一个木乃伊商人的奴隶向开罗政府告发,土耳其巴夏才对这些非法交易尸体的商人进行了制裁。

正值此时,一位开罗商人出版了《被埋葬的珍宝之谜及其所在地》(*The Book of Buried Pearls and of the Precious Mystery, Giving the Hiding Places of Finds and Treasures*)一书,这本阿拉伯盗墓手册指出了宝藏的位置,详细介绍了如何破除古墓的神秘防守,精确标注了深埋在大金字塔内部的"宝石山"和"银井"的

第二章 殒殁的城市

方位。这本书在 20 世纪早期仍在畅销,埃及博物馆馆长当时称这本书极大地帮助了盗墓者,以致埃及文物严重流失。

罗马人对法老时期的物件尤为热衷。罗马的方尖碑就有 13 座,数量超过了埃及的任何城市。奥古斯都·恺撒本人就是个狂热的埃及古物收藏家。公元前 30 年,他击败克利奥帕特拉(Cleopatra)和她的情人马克·安东尼(Marc Antony),征服了埃及,于是下令将图特摩西斯三世(Tutmosis Ⅲ)的驼峰形花岗岩方尖碑从赫里奥波里斯的太阳神庙运到罗马。这些古代的战利品在亚历山大港滞留长达 19 个世纪之后,又作为礼品从埃及漂洋过海抵达伦敦和纽约。

古埃及热在欧洲启蒙运动时期兴起,欧洲大城市里随处可见法老时期的古物。譬如拿破仑·波拿巴(Napoleon Bonaparte)就是代表,他的军队在埃及战役惨败,却成功激起了西方对东方狂热的征服欲。1824 年,法国学者让·弗朗索瓦·商博良(Jean François Champollion)以一名军官在罗塞塔附近发现的三种文字为线索,解读了古埃及象形文字,神秘了一千五百年的古埃及文明终于被打开了一扇窗口,欧洲富人们通过驻在开罗的使节竞相掘取当地宝藏,大量的古埃及文物流向巴黎、伦敦、莱顿和都灵。

19 世纪埃及的统治者也同样热衷于此,穆斯林对异教的蔑视和排斥使破坏古迹变得更加理所当然。他们急于追赶西方社会,在发展过程中毁掉了数不清的文物。仅在 19 世纪 20 年代,阿芒特(Armant)、象岛(Elephantine)、安底诺伊(Antinoe)以及阿什穆内(Ashmunein)的十几座古神庙惨遭破坏,古迹的石料被运往石灰窑碾碎制成水泥，用于建造工厂、房屋以及宫殿的围墙。

直到 1857 年，考古先驱马里耶特·巴夏（Mariette Parsha）在开罗建立了古文物博物馆，大规模的文物掠夺才有所收敛。19 世纪末，国家指派卫兵对重要遗址进行保护，孟斐斯巨大的古墓群也不再被当作矿山，而成为学术研究和旅游开发的主要场所。即便如此，1880 年，每天还是有一百头运输石料的骆驼从阿布·鲁瓦什（Abu Ruwash）村附近的拉杰德夫（Djedefre，胡夫之子）金字塔去往首都，就连开罗北部的三角洲大坝也计划采用吉萨金字塔的石料来建造，后因公众的强烈抗议而放弃开采。该大坝于 1891 年完工，是尼罗河上第一个人工水坝。此外，孟斐斯肥沃的腐殖土是种植庄稼的首选，到 20 世纪早期，农民仍在使用这片土壤。

✵

恰如《圣经·耶利米书》中关于末日的预言所说，神将"在埃及神的庙中使火着起，巴比伦王要将庙宇焚烧，掳去神像……必打碎埃及地伯示麦（Bethshemesh）① 的柱像，用火焚烧埃及神的庙宇"，赫里奥波里斯的确被摧毁了②。这里的"本本石传说"可以

---

① 希伯来语，意即"太阳之家"，以太阳神庙闻名，指赫里奥波里斯。
② 《圣经·耶利米书》第 43 章 13 节 "伯示麦的柱像" 也可以解释为 "方尖碑"。《耶利米书》将埃及的毁灭归咎于巴比伦国王尼布甲尼撒，他在公元前 591 年和前 567 年攻打埃及；或指一个世纪前亚述人的入侵，也可能是几十年后的波斯人所为。希伯来语的 "伯示麦" 指现代开罗邻近地区 "艾因夏姆斯"（Ayn Shams），其 "Ayn"（艾因）在阿拉伯语中意为眼睛或泉水，也可能根据 "安"（On）的发音改编；"Shams"（夏姆斯）意为太阳，即太阳神的名字。

追溯到史前时代，是太阳神拉的诞生地，拉拥有一座达十万英亩的神庙，雇用了1.2万名农民，传说中透特在这里发明了文字；《圣经》中"安"也指赫里奥波里斯，约瑟在此地娶了护卫长波提乏的女儿为妻；这里是数学和天文学的中心，是第一个365天年历和24小时制的诞生地，也是希腊最杰出的智慧和文明发祥地……这所有的辉煌却消失得无影无踪，只有一座方尖碑留存至今。

关于这座方尖碑，古代地理学家狄奥多鲁斯·希库鲁斯认为，这座遗迹是法老塞索斯特里斯一世（Sesostris Ⅰ）的一对方尖碑中之一。希库鲁斯讲了这样一个故事：这位法老突然失明了，于是寻求神的医治，祭司告诉他"按照赫里奥波里斯之神的旨意，你当用纯洁的已婚女子的尿液洗眼，视力必将恢复"。造一座方尖碑以示忠诚很简单，但证明一位已婚女子的纯洁却并不容易。塞索斯特里斯不得不对他妻子在内的不忠妇女施以火刑，后来终于有一位园丁的妻子通过了"洗眼测试"，法老一恢复视力就立即娶了这位忠诚的女子。

事实上，古埃及十分尊重女性，也并没有发生过什么"洗眼测试"。方尖碑上的文字只表明，它建于公元前1940年，是纪念塞索斯特里斯在位三十周年的两座方尖碑之一。

这座方尖碑见证了历史的更迭和城市的消逝，它的"另一半"在公元12世纪被摧毁，如今可能已经化作开罗的某一处城墙。当两千年前斯特拉波看到赫里奥波里斯时，这里已满眼荒芜，"据说，这里是古代祭司们研究哲学、天文学的地方，现如今已经再无这般有识之士了"。所以这座孤独的方尖碑屹立了四十个世纪，如一位无助的哨兵驻守在开罗之北，冷眼旁观着胜利的阿拉伯军队、十字军、土耳其人、法国人、英国人在脚下的土地安营扎寨，直到被20世纪昏暗的大都市吞没。①

相比赫里奥波里斯，孟斐斯的没落是缓慢的，这座古埃及第一个都城见证了三十个王朝的政权更迭，不同的政权在不同的地方兴建首都，这些城市兴盛又衰落。许多法老会选择在其他地方建立新的政权，希望逃离以往的一切纷扰和阴谋。例如，法老塞索斯特里斯建都在孟斐斯城郊；阿肯那顿（Akhenaten，第十八王朝法老，公元前1379—前1361年）为了摆脱前朝祭司的势力，选择了埃及中部的特尔·阿马纳（Tel al-Amarna），以崇拜唯一全能的神的思想开启新的统治；一百年后，拉美西斯二世（公元前1304—前1237年）在东部三角洲的另一个古都底比斯建立政权，这里逐渐取代赫里奥波里斯，凝聚了全埃及最庞大的祭司势力。拉美西斯时期，卡纳克神庙最为浩大，占地58.3万英亩，雇用了8.7万农工，规模远远超过其他众多神庙。因此新王国时期，底比斯帝王谷超越了萨卡拉，成为包括图坦卡蒙在内的众多法老的安葬地。

正如狄奥多鲁斯所说，孟斐斯位于三角洲的顶端，是"通往埃及之门，是与上游国家贸易往来的中心"，佩鲁尼弗（Peruw-Nefer，意为"一路顺风"）是埃及最繁忙的港口；法老的宫殿靠近城中心的普塔神庙，是埃及的行政核心。直到最后的第三十王朝，多年来的政治、经济中心以及巨大的皇家墓地奠定了孟斐斯在古埃及

---

① 直到20世纪40年代，方尖碑仍然是每年朝拜的圣地，在开罗警察局工作的一名英国官员约瑟夫·麦克弗森写过一本关于民间节日的书，写到在沙姆·尼西姆（Sham al-Nissim，埃及国家假日，标志着春天的开始）那天，附近村民在黎明时分聚集在这里观看日出。

第二章　残殁的城市

极为重要的地位。拉美西斯二世在孟斐斯有两座巨大雕像，其统治下的行政机构也设在此地，王室贵族争相在萨卡拉修建墓室，拉美西斯二世的儿子哈伊姆维赛特（Khaemweset）作为普塔神庙的大祭司也安葬在孟斐斯沙漠的高地。五百年后，第二十六王朝法老阿普里斯（Apries，公元前589—前570年）也在普塔神庙以北建造了宏伟的王宫（以泥砖建造，现已基本消失）。

公元前450年，希罗多德经过这里时，孟斐斯只是波斯帝国的一个省会，却仍是国际大都市，希腊人、印度人、迦南人、米底亚人、苏美尔人、西古提人和库尔德人都有着兴旺的社群。这里还有腓尼基的太阳神巴力（Baal）和爱神阿斯塔特（Astarte）的神庙。用埃及人的话说，黎凡特商人在这里"像叙利亚人一样"讨价还价，外来人把孟斐斯的精神和文化传播到世界各地。希腊人根据孟斐斯的地形描绘出人死亡后看到的景象……狄奥多鲁斯写道，犹如沿着冥河斯堤克斯（Styx）去往哈迪斯（Hades，冥界之神）之地一样，从孟斐斯出发的送葬驳船将穿过一个将萨卡拉分割开来的湖，"湖水四周是美丽的草坪和运河，湖中还有荷花和盛开的蒲草"。

公元前332年，亚历山大大帝（Alexander the Great）占领孟斐斯。与蔑视埃及信仰的波斯人不同，他敬拜阿匹斯神（Apis），用心经营，与当地人示好，邀请当地人参加各类娱乐活动。后来他建立的港口城市亚历山大超越了孟斐斯，将军托勒密·索特（Ptolemy Soter）在此建立了新的政权——托勒密王朝[①]，埃及的

[①] 公元前323—前30年统治埃及，首都亚历山大，统治者是亚历山大大帝一位将军的后代，说希腊语，埃及艳后克利奥帕特拉是托勒密王朝的最后一位女王。

统治权作为亚历山大大帝留下的一笔遗产落入索特手中。长达三个世纪的统治使亚历山大成为希腊化时代最发达的国际大都市。

孟斐斯虽然已经赶不上新都市的发展，但在托勒密王朝统治下也变得更加繁荣。希腊社群在这里蓬勃发展，玻璃制品、青铜器、当地甜白葡萄酒贸易以及奴隶贸易的繁荣在其大量盛行的莎草纸上被描绘得淋漓尽致，甚至还能找到3世纪记录海关总督受贿行为的船运文件。托勒密王朝统治者深知自身为外族政权，十分重视孟斐斯在古埃及的核心地位，他们充分利用当地的神庙，将阿匹斯神变成塞拉皮斯（Sarapis）神，并奉之为国民信仰，普塔神庙集合了塞拉皮斯、伊希斯以及因其智慧被神化的伊姆霍特普，再次成为埃及最重要的朝圣场所。朝拜者可在划定区域内过夜，然后支付一定费用请预言家为其解梦。此外，同古埃及王朝一样，托勒密的国王们也在这里进行加冕。

公元前196年，罗塞塔石碑用三种文字——古埃及象形文（圣书体）、埃及草书（世俗体）和古希腊文记录了托勒密五世的诏书。这份诏书事实上是政治宣传，彰显统治者体恤百姓、重视民生："王系诸神所选，轻赋税、赦反贼、保国安民、修缮神庙，既行此事，必荣耀其先祖。"

然而，罗马帝国的崛起将托勒密王朝的荣耀一扫而光，罗马的锐舰精兵如饿虎扑食一般，想要吞噬埃及这片富饶的土地。托勒密王朝第十四位掌权者，女王克利奥帕特拉七世绞尽脑汁抵御外敌威胁，她与尤利乌斯·恺撒的私情也起到了一些作用。恺撒死后，她寄希望于罗马军官马克·安东尼，但以失败告终。安东尼在阿克提

第二章　殒殁的城市

姆海战中几乎全军覆没，这位埃及最后一位女王意识到自己气数将尽，于是躲进一座高塔，以毒蛇自尽。屋大维（Octavian，即后来的奥古斯都）占领了亚历山大，终结托勒密王朝，建立罗马帝国，将埃及划为其私有财产。

大约此时，希库鲁斯曾到访孟斐斯，这座"周长17.5英里"的城市。一个世纪后，斯特拉波说，罗马帝国时期的孟斐斯依旧是个多民族的人口众多的大城市，普塔神庙因罗马火神和希腊赫菲斯托斯依旧金碧辉煌，而旧王朝的宫殿早已化作废墟。

现代考古学证实了古代地理学家的观点。托勒密王朝在尼罗河东岸的遗迹表明，孟斐斯郊区已延伸至尼罗河对岸，使后来的阿拉伯埃及首都得以发展起来。从孟斐斯的岩石样本提取物中发现了罗马时代的遗迹，通过分析可以得知，这座古城的规模和形态堪比曼哈顿，罗马帝国时期的孟斐斯城沿着尼罗河西岸绵延达12英里，延伸至今天的吉萨地区。

罗马帝国时代有诸多因素影响了孟斐斯的发展，奥古斯都没有在孟斐斯驻军，而是驻扎在尼罗河对岸，后来的统治者又在尼罗河下游，在孟斐斯北部郊区对面建造要塞，称为Per-hapi-on（古埃及语，意为"安"城的河边小屋），即赫里奥波里斯港。还有新兴的巴比伦城（罗马时期埃及城市，非美索不达米亚平原的古巴比伦），拥有直接贯通罗达岛的河流且横跨一条通往红海的运河水道（后被统治者切断），这一战略要地逐渐发展，由军营演变成繁华的城市，经济中心开始从孟斐斯转移。

政治经济中心的转移使孟斐斯的宗教色彩随之消失，奥古斯都鄙视孟斐斯人的宗教习俗，认为他们将牛作为神明崇拜十分可笑。罗马统治者没收了神庙土地，但部分庙宇得到修缮，一些宗教崇拜也得到推广，例如对古埃及女神伊希斯的崇拜风靡整个罗马帝国，但古埃及宗教以法老为神明，祭司可以代表人们与神相通，但对于一位讲拉丁语的外来国王来说，很难以这种"神明"的身份自处。

旧宗教行为的衰落为基督教在埃及的传播奠定了基础。不仅罗马人认识到新宗教的颠覆性，埃及民族主义者也深以为然，但两种信仰在某种程度上不谋而合，比如耶稣相当于幼时的荷鲁斯，圣母玛利亚相当于伊希斯，奥西里斯的死相当于耶稣受难，"生命之匙"相当于十字架。据说，这个神圣家族从希律王（King Herod，罗马统治时期的犹太国王）那里出发途经埃及，曾在赫里奥波里斯和孟斐斯对面的尼罗河东岸驻足，与这片土地建立了神圣的连接。

基督教在埃及初期的传播并不顺畅。福音传道者马可曾是埃及伟大的传教士和守护者。公元 63 年，他或因反对崇拜阿匹斯神在亚历山大殉难。而游访埃及的罗马皇帝哈德良（Hadrian）在公元 134 年的一封家书中说，他看到"许多基督教主教仍在敬拜塞拉皮斯"。

到了 2 世纪末，古代宗教祭礼迅速消亡，基督教在埃及广泛传播。罗马统治者出于恐慌，对基督教徒进行了一系列迫害，导致十四万四千名埃及基督徒丧生。这一巨大创伤使科普特人将公元 284 年定为科普特历纪元，即戴克里先（Diocletian）称帝的第一年，以悼念这一暴行的牺牲者。暴行随之引发了强烈反弹，戴克里先死后七年，罗马皇帝君士坦丁（Constantine）皈依基督教并迁都拜占

第二章 殒殁的城市

庭。科普特历103年，亚历山大主教西里尔带领狂热教徒毁掉了包括普塔神庙在内的埃及最后一批旧教神庙。

最终，不可逆转的巨变终于发生，自然之神也抛弃了孟斐斯：尼罗河河床东移足足一英里，"一路顺风"港废弃，整个三角洲向北延伸，使得尼罗河支流与孟斐斯拉开了几英里的距离，更靠近巴比伦城。再加上这座古都的堤坝年久失修，山谷底部的泥土开始吞噬这里古老而精致的石房石柱。

公元640年阿拉伯人来到埃及时，未曾重视孟斐斯，而对面的巴比伦城却是他们十分重要的战略目标。经过七个月的围攻，巴比伦的陷落标志着信奉基督教的埃及的陷落。阿拉伯人在罗马帝国堡垒之外建立了新的首都，将军阿穆尔·本·阿斯（Amr ibn al-As）更向往亚历山大港的废弃宫殿，而哈里发奥马尔（Omar）则认为开罗遗址在战略上有着重要意义，他们把这座新城市命名为"福斯塔特"（Misr al Fustat）。随着这座新都的发展繁荣，孟斐斯成为"旧埃及"（Old Misr），渐渐消失在人们的记忆中。

六个世纪以前，当博学的拉提夫（Abd al-Latif）泛舟尼罗河到达孟斐斯时，眼前的景象引起了他的遐想：

> 这座曾经辉煌的城市仍在，尽管历史上诸国烧杀抢掠，试图让这里的一切销声匿迹，它的废墟仍是一个巨大的遗迹。客观地讲，这座城市值得钦佩，因为慎思明辨者一定明白，砌起这些石头的古人并非巨人，更不会魔法，这里无与伦比的建筑最初只是勤劳的孟斐斯人民手中的砖瓦。

拉提夫的心情不难理解，因为过去的几个世纪对孟斐斯来说是相当残酷的，而如今的墓地、起伏的土堆、拉美西斯二世巨像以及隐约可见的普塔神庙围墙仍能代表这座古城。它的地基深埋于地面以下16英尺，被地下水位以下的沼泽腐蚀着。而现代开罗的发展或将使孟斐斯被一幢幢大楼占据，茂密的棕榈树将被砍伐，绿色的山谷也终将消失。

❈

帝国覆灭，时代更迭。穆卡塔姆的石匠们仍在劳作，阿勒哈利法集市也依旧喧嚣。人们不禁会想，如果集市上的这些被关在笼子里的动物生活在几千年前，它们的境况是否会比现在好得多。

也许那时，这只拴着链子的猴子可能正在某个神庙闲逛，甚至被尊为透特活的化身，死后被人们制成尊贵的木乃伊，它的名字、出生地、埋葬日期和祷文会刻在棺材上，被抬到萨卡拉专门为其建造的"圣猴"墓穴中，它将舒适地长眠在那里，直到盗墓者或考古学家几千年后发现它。

在古时，猎鹰、公牛、猫、狗都曾被当作"兽头神"，比如阿匹斯公牛受人敬拜，它的母亲也受到尊敬，圣牛的入葬过程需要整整两年，它们被制成木乃伊，饰以精美的镀金面具。还有神圣的鹮类，它们的墓穴太过庞大，连考古学家都望而却步，墓室从地板到天花板有多条30英尺宽、165英尺长的通道，排满了盛有鸟类遗骸的陶罐。孟斐斯原来如同一座木乃伊工厂，为了保存人和动物的遗体，人们各司其职，除了牧师以外，还有搬运工、煮油工、香料

第二章 殒殁的城市

工、木乃伊盒制作和沥青封涂工、亚麻织布工、画家、下葬文绘制者、护身符制作工……这里两百万只鹮鸟的木乃伊需要他们几个世纪以来夜以继日的劳作。

异教信仰的兴起对孟斐斯的殡葬业产生了一定影响,相比人类木乃伊来说,动物木乃伊的数量骤减,统治者的殡葬规模也无法达到金字塔的标准。早在公元前1000年,就有很多粗心大意的人被孟斐斯的殡葬商所骗,他们用伪造的象形文字代替《死亡之书》里的符号来哄骗客户,这些赝品上的"文字"看起来晦涩难懂,甚至令考古学家大惑不解。

根据希罗多德说,公元前450年人们还可以找到货真价实的殡葬服务,市面上有三种等级的木乃伊样品供人选择。孟斐斯人对化学物质的研究和造诣让希罗多德十分难忘,他在仔细观察了考究的木乃伊制作过程之后描述道:

> 如果预算有限,选择二等木乃伊,其制作就会省去几道工序,对尸体不做切口,保留内脏,将雪松油从肛门注射入尸体内,随即密封起来。尸体用泡碱①腌制一定天数以进行脱油处理,除皮肤之外的所有内脏即呈液态,随后尸体就可以送还给死者的家人了。

后来的研究发现,迷信的欧洲人并没有可怕到直接食用木乃伊。科学家们认为,埃及博物馆里陈列的木乃伊保存得如此完好,除了因为这里干燥的沙漠气候,还要归功于化学物质的作用。古埃

---

① 即碳酸氢三钠,该含盐物质在孟斐斯和亚历山大之间的沙漠里大量存在。

及对死人的如此做法其实是实现了另一种"永生"。从萨卡拉和吉萨的墓葬浮雕描绘着古人从事的农耕、工业活动和宗教祭礼中，学者们推测出了孟斐斯人民的生活百态：如何酿造啤酒、制造亚麻布，如何建造无龙骨船、冶炼青铜，人们进行什么样的娱乐项目、演奏何种乐器，甚至可以了解当时的时尚潮流和趋势。

在那以后，孟斐斯的殡葬业严重衰退，最后一位重要客户是33岁就逝世的亚历山大大帝。他的遗体经过精细处理，在孟斐斯放置了五十年后被送到他一手建立的港口城市。自此，大规模的殡葬业几乎消失，希腊和罗马的统治者和精英阶层更偏爱低调的葬礼。相比修建坟墓来说，他们对死者的精细刻画更加执着，例如埃及博物馆藏有著名的法尤姆肖像画，它们精美绝伦、栩栩如生。基督教的盛行使人们摒弃了旧的习俗，教会为人们塑造了一种"禁欲主义"，即"圣洁"是反对享乐的，人们最好是躲在沙漠的洞穴里，穿简单的粗布衣服，更不用说隆重的葬礼和豪华的坟墓了。

阿拉伯人将伊斯兰教引入埃及，他们希望进一步取缔这里传统的葬礼习俗，比如雇用职业哀悼者等。穆斯林征服埃及两个世纪后，占埃及人口大多数的科普特基督徒发动起义，哈里发穆塔瓦基勒（Caliph al-Mutawakkil）以带有歧视性的规定惩治起义军，比如禁止异教徒使用马匹、必须穿着与他人不同的衣服以示区分等，其中有一项限制措施十分严苛，直到在现代社会到来之前一直存在，即非穆斯林的坟墓也要符合伊斯兰教律，要求他们的坟墓"与周围的土地没有任何分别"。

第三章

亡灵之城

第三章　亡灵之城

> 距离开罗一英里,有一座同威尼斯一般大小的城市,没有围墙,建筑物有高有低……这儿的撒拉逊人和城里人都有自己的房子,高房子的主人每个星期五都会施舍穷人,矮房子则用来埋葬死人。
>
> ——伊曼纽尔·皮洛蒂(Emmanuel Piloti),克里特岛人,1440 年

伊本·白图泰心中最难忘的城市是开罗,但奇怪的是他两千页的游记中有关开罗的描述寥寥无几,对金字塔也是几笔带过,看来这位五次到访开罗的旅行家并没有仔细观察这座城市,他坚定地以为,金字塔是圆锥形的。

伊本·白图泰可能认为 14 世纪的读者们都了解开罗,包括这

里的异教古迹。对有常识的穆斯林来说，伊斯兰教的古墓比金字塔更有价值。他写道，城南的穆斯林墓葬群是"圣名之地"，一座卫星城在这里拔地而起，城里布满圆顶灵堂，环绕着开罗。

> 人们在这里盖好灵堂，请来诵经者以优美的声音夜以继日地诵读《古兰经》，在陵墓旁建起清真寺和学院（如伊斯兰法学院）。每周四晚上，男人们带着妻儿来到这里，环绕着这些建筑一圈一圈地行走，并留下过夜……商贩们拿出食品……这里有无数学者、先知、领袖及其家族的陵墓……

伊本·白图泰试图将他所到访的陵墓一一列出，以表现自己对逝者的敬意，他其实也是从一个游客的视角讲述。那个时代，对没有条件去往麦加的穆斯林来说，阿勒哈利法古墓群相当于一个带有旅游特色的朝圣地。早在13世纪就有大量的针对这里的旅游指南，从旅游路线到著名的朝拜地点，甚至相应的朝拜礼仪都有详细的说明，例如为先知披斗篷的人的坟墓、为先知雕刻讲坛的人的坟墓，还有摩西留下的脚印。开罗最重要的中世纪史学家马克里齐（Taqi-al-Din al-Maqrizi，1364—1442年）曾描述说，墓地是那个时代埃及人的度假胜地。

开罗人似乎对祭拜死者非常执着。公元640年，伊斯兰教的传入带来了一场大型墓葬重建活动，正如在萨卡拉和吉萨的墓碑上能看到开罗最初的模样，穆斯林时代的陵墓也记录着这座城市的命运。

第三章 亡灵之城

同孟斐斯的古墓相似,伊斯兰陵墓在阿勒哈利法集市附近随处可见,沿着穆卡塔姆山以南北方向绵延达五英里。最具代表性的陵墓顶部为圆形,而非金字塔状。这座"亡灵之城"的陵墓比古埃及时期更为密集,也更大众化,生动地描绘着这片土地的精神世界和世俗生活。

离开城区逆流而上,沿着集市末端的"鸽子售卖区"到达墓地深处,一切喧嚣似乎在这里消失,变得十分宁静。各个家族陵墓都有着厚重的铁门,围墙之间的道路笔直而庄严,其主体大多是单层建筑,有"穹顶"的是重要人物的灵堂,如9世纪的埃及穆斯林神秘主义者、苦修者杜农·米斯里(Dhu'l-Nun Al-Misri)和20世纪歌手乌姆·库勒苏姆。古旧一些的陵墓大多为石制,新建陵墓一般用上等的红砖砌成,甚至比大多数普通百姓的房子还要坚固。

从窗的格栅和敞开的大门望去,挂满衣物的庭院和起居室尽收眼底。妇女们围坐在电视机前,女主人面带微笑地聊天,小孩子们在墓碑之间玩着捉迷藏。究竟有多少人埋葬在这地下,这里从何时起成为坟墓,又从何时起变成了城市,我们无从得知。从孟斐斯到开罗,这座"亡灵之城"在鼎盛时期生机勃勃,百姓安居乐业,那些亡灵雇用的仆人和他们的家人也已经在这里生活了好几代,迫于生计的人们也不断涌进开罗,试图在这里安家。随着城市的扩张,非法移民的数量也在激增,于是荒芜的"亡灵之城"被喧嚣的人群占据。

按照习俗，葬礼必须在死亡当天的日落之前举行，在开罗送葬队伍经常沿着小巷，穿梭在人们的视线中，用布包裹着的沉重的棺材在抬柩者的肩膀上传递着，送葬的大篷车缓缓驶过，诵经者穿着深灰长袍，戴着蓝色流苏的圆毡帽。他在心中默念为死者准备的祷告，告诉他如何回答坟墓里检验信仰的天使芒卡（Munkar）和纳基尔（Nakeer），以免日落之后受到折磨。

开罗小巷里也随处可见跳蚤市场，商贩们有的打着牌，有的靠墙蹲着，摊铺上摆着各式各样的二手商品：破旧的婴儿车、童鞋、洗浴工具、发黄的电影海报……还有许多手工小作坊生产的商品：旧易拉罐制作的电视天线、杀虫剂罐制成的水管、手工编织的购物袋……

小巷尽头的宽阔街道上，人们聚集在一起。人们在一座三层楼的建筑门前举办小型嘉年华，他们把金黄色羽扇豆种子堆成金字塔状，放在彩色的手推车上，小贩们在街上售卖着塑料玩具和各种有趣的派对用品，一架用旧油桶制成的简陋游乐设施"火箭飞行器"在人群中缓缓旋转起来，上面的孩子们欢乐地尖叫着。

这个一年一度的祭拜会（Mawlid），是为了纪念9世纪的神学家穆罕默德·本·伊德里斯·沙斐仪（Muhammad Ibn Idris Al-Shafi'i），他的陵墓位于阿勒哈利法周围墓群的中央，立方体的建筑上方是高耸的穹顶，它像一座布满灰尘的旧教堂，门前的节日派对欢闹喧嚣。时至今日，这里已不再是伊本·白图泰所形容的高大而精致的建筑，也不再是一个火爆的景点，它就像一座普通的民间神龛，其建筑的艺术价值被人们赋予它的多重精神价值所取代。

人们把鞋子交给门口手脚麻利的看门人，走进大堂后随即隐没在昏暗的光线、发霉的气味和低沉的祈祷声中，妇女们裹着黑色的长袍，有的紧挨着纪念碑前精致的屏风，在穹顶正下方祈求着健康和宽恕，有的围着麦加黑石祷告求子，仿佛再现了古老的赫里奥波里斯围绕"本本石"举行的丰收仪式①。

❁

伊玛目②沙斐仪一直是那个时代最权威的伊斯兰教法学家，他一生致力于引导学者们根据《古兰经》和先知的言行为伊斯兰教制定教法，于公元 820 年在福斯塔特去世。当时"乌里玛"③ 在伊斯兰教法问题上达成了共识，但在细节方面存在一些分歧。沙斐仪主张化解争论，他认为穆斯林法学家马利克·阿本·阿纳斯（Malik ibn Anas，716—795 年）学派过于严苛，而阿布·哈尼法（Abu Hanifa，逝世于 767 年）学派又过于宽松。结合两者优势，沙斐仪提出了一套更系统化的教法文本，后成为一个被大多数人接受的独立学派。

尽管宗教律法在现代社会的应用十分受限，如在埃及仅适用于

---

① 一些古老的仪式依然延续至今，例如在西迪乌克巴（Sidi Uqba）墓地，不孕而未婚的女性每周五聚在一起，绕着柱子转七圈，同时向她们的左肩抛七块石头以求得子嗣。
② 伊斯兰教宗教领袖或学者的尊称。
③ Ulema，单数为 ilm，意为"掌握科学的人"，指伊斯兰学者们。

继承和婚姻等领域,沙斐仪学派思想仍在城市中占主导地位。沙斐仪是开罗伊斯兰教文化的奠基人,对埋葬在开罗旧城区三百多名穆斯林来说,沙斐仪的地位更是如同圣人一般。

而侯赛因清真寺无疑是开罗最受人尊崇的圣地,电视新闻经常播放政客们在此祈祷,每年侯赛因殉难日的一个星期内,每晚都有上百万人聚集于此。相比伊朗什叶派以哀悼和忏悔来纪念这个日子,开罗的穆斯林则在清真寺附近的小巷子里一边喝茶一边聊天,午休后日落时分,便开始祭拜会的狂欢,直到凌晨才结束。不论名流还是乞丐,整个城市都沉浸在节日的氛围里,人们排着队到清真寺祭拜,或是伴着鼓声和芦苇笛声跳舞,大街小巷热闹非凡。

记得祭拜会的一个晚上,我走在离清真寺不远处的人群中,忽然感到有人在抓我的袖子——一个眼盲驼背的老人用土语恳求我领他去清真寺。当我们穿过人潮挤到圣殿门口,他激动地颤抖着,嘴里不停地重复着:"侯赛因是当称颂的神!"他眼角流下泪来,握紧我的手,吻了吻又放在他的前额上,喊道"愿上帝保佑你,孩子!"随即消失在了人群中。

我不禁疑问,伊斯兰不同教派之间素来纷争不断,开罗逊尼派穆斯林为何如此崇敬这位什叶派的先人?为何热衷于祭拜那些先知亲属、友人,以及诸多伊斯兰法学家、教长和苦行者的陵墓呢?也许参透经文和寓言远远不够,还要从信仰与实际、教义与统治者意志,即"神的话语"和"人的诉求"之间去探究这些问题。

英国东方学家爱德华·莱恩(Edward Lane)在一百七十年前写道,开罗的穆斯林、基督徒和犹太人的信仰相互排斥,但他们在

第三章　亡灵之城

某些方面却有着相似的信条①，比如教徒们对"与神亲近"的渴望如出一辙：犹太教徒是与神立约的"上帝的选民"；基督教流传到哪儿都能很快"本地化"，将异教的"拜偶像"转化为对耶和华和耶稣的崇拜；伊斯兰教摒弃了"排他主义"和"拜偶像"，而寻求宗教的戒律和对人的要求。

实际上，祭拜会便是人们对一个他们认为更接近上帝的人的祭拜，将其陵墓尊为圣殿，以接近这个"神圣的灵魂"。开罗是充满远古气息之地，正如埃及学家加德纳·威尔金森（Gardner Wilkinson）爵士在一个多世纪前指出的："希罗多德曾说过，埃及在古时少不了国王，现在少不了圣人。"

一些带有生殖崇拜色彩的祭拜会因一直以来被正统教派和知识分子诟病而逐渐消失了。但是，声名不佳的萨伊达·扎伊纳布（Sayyida Zaynab）依然颇受欢迎，在祭拜会上，有成千上万狂热的年轻人聚集在离市中心不远的清真寺门前广场上欢度节庆。

上次来开罗时的行程比较轻松，于是我钻进小巷子里寻新鲜。我发现这些大大小小的巷子里聚集着越来越多的乡村家庭。在埃及七十多个苏菲兄弟会搭建的巨大彩色帐篷里，人们围在煤气灯和炭火周围，和家人、朋友一起吃饭、喝茶、聊天。每个帐篷里都配有乐队和歌手，唱着"吉克尔"（神的颂歌）。所有帐篷的和声大到数

---

① 1906年7月20日《伦敦犹太纪事报》刊登了一封赫尔曼·洛伊的信，信中有关于老开罗本·埃兹拉犹太祭拜会的一段描述："当地的穆斯林和科普特人热情地参与，圣卷柜一开，犹太会堂里人们近乎疯狂地一拥而上抢夺圣书。我赶快悄声跑出来，当时已被人群挤得浑身酸痛、头晕目眩。教堂外面人们还在庆祝，可是场面已经失控，整个节日庆祝变成了一场疯狂的宗教活动……"

英里之外都能听到，每个帐篷里的人则只专注于自己的音乐节奏。有打扮入流的城里人，也有不远万里奔赴而来的加拉比亚村民。他们目光凝聚，跟着节奏前后摆动着肩膀跳跃着，节奏加快，他们热情的舞步也加快……

帐外是一个游乐场，卖爆米花和派对帽的小贩在令人眩晕的海盗船和拥挤的射击场附近叫卖，架着巨大招牌的卡车上表演着魔术和杂技，戴头巾的独眼龙、"传声筒"苏苏、手上冒火花的矮人、衣着暴露的美女……还有穿着印有罗纳德·里根头像T恤的年轻主持人，拿着麦克风高声和孩子们互动着。

除了最为热闹的萨伊达·扎伊纳布祭拜会之外，开罗的其他节庆日大多安静祥和，以宗教祭礼和家庭聚会为主要形式。虽然几个世纪以来被政府和宗教权威所轻视，祭拜会的存在依然符合很多人的社会诉求，与人们对祭拜对象的追忆并存。20世纪以来，新的祭拜会不断出现，旧的不断消亡，商业化的趋势使邻里关系变得浅薄，一些传统习俗也顺势被世俗化的行为取代。"去教化"运动不断获得话语权，许多传统伊斯兰祭拜会的人潮渐渐散去，那些精神崇拜和最初的愤怒却一直留在人们心中。

✵

正统派认为祭拜会源自异教传统祭礼，其实不尽然。

开罗人从伊斯兰教早期就有崇拜穆斯林圣人的传统，阿拉伯人统治埃及三百五十年后这一传统被发扬光大。在此之前，埃及一直

第三章 亡灵之城

是首府远在巴格达的阿拔斯（Abbasid）帝国的一个省，开罗——也仅仅是一个以工业为主导的省会城市。

公元969年，突尼斯人从阿拔斯王朝[①]手中夺取了埃及，巴格达的逊尼派穆斯林传承自先知的叔叔阿拔斯一派，与之相反，新王朝传承自先知的女儿法蒂玛（Fatima），教徒为什叶派，他们相信先知每一代后裔都有一位权威的圣徒来代表神的意志，法蒂玛王朝的最高统治者哈里发也正是宗教领袖伊玛目。

为了远离普通百姓，法蒂玛王朝在福斯塔特以北几英里处建立了王室辖区。算上围墙面积约1.5平方英里，有宫殿、阅兵场和王室成员专用的住宅和花园，就像克里姆林宫或北京紫禁城的最初形态。根据古代占星家的建议，他们将这里命名为象征胜利的火星（al-Qahira，被意大利商人发音为"开罗"）[②]。这开启了开罗的黄金时代，连繁荣的福斯塔特也逐步变成了它的附属城市。在法蒂玛王朝五百多年的统治下，帝国疆域不断扩大，东临底格里斯河，西至西西里岛，南抵也门高地，北达托罗斯山脉，开罗则成为一座面向圣城麦加、麦地那和耶路撒冷的帝国之都。

令法蒂玛王朝统治者头痛的是来自——那些非基督徒或犹太教徒的人——逊尼派穆斯林的反对，他们不相信法蒂玛是先知的后裔。

[①] 由先知的叔父阿拔斯的后代建立的穆斯林王朝。阿拔斯哈里发在巴格达的统治从750年起到1258年止，被大多数穆斯林承认为合法的伊斯兰教领袖。阿拔斯王朝统治后期因逐渐失去执政能力而名存实亡。1258年，巴格达被蒙古人占领后，阿拔斯哈里发成为马穆鲁克苏丹的傀儡，在开罗王室苟延残喘到1517年。

[②] 原文为"garbled the name into Cairo"（被篡改为开罗）。英语单词garble起源于阿拉伯语gharbala，意思是筛选，该词通过开罗香料商人传入意大利，演变为garbellare，意思是分类或挑选。

穆仪兹（al-Mu'izz li Din Allah，法蒂玛王朝第四位哈里发）进入福斯塔特时，曾有一位公民对他的正统地位提出质疑，穆仪兹便拔出剑说："这是我的血统。"他又掏出金币说："这便是证据。"

法蒂玛统治者受希腊哲学的影响，他们认识到真正的宗教与大众所理解和实践的教义并不相同，法蒂玛权威并没有去激化这些矛盾，而是开始用民间的共同信仰来冲淡他们的对立情绪。先知的各个家族成员都被安葬在开罗，予以尊崇与优待。穆仪兹将各个教派先人们的遗体也一起带到了新都，并为其修建精美的神龛，吸引人们前往，参拜陵墓渐渐地成为主流习俗。

两百年的辉煌岁月让开罗成为最伟大的伊斯兰城市，但法蒂玛王朝趋向颓败，巴勒斯坦的基督教十字军成为伊斯兰领地的主要威胁。1168年，逊尼派将军萨拉丁（Salah al-Din）从叙利亚来到开罗寻求法蒂玛派支持，而萨拉丁却发现，夺取开罗的统治权其实更有价值。

萨拉丁是库尔德人，没有阿拉伯人那样强烈的家族自豪感。他声称坚定维护逊尼派，宣誓效忠巴格达的阿拔斯哈里发，自己担任苏丹。萨拉丁通过监禁或处决整个法蒂玛朝野以镇压什叶派，改革教法学院，聘请德高望重的逊尼派学者任教职，向公众开放了王室管辖区，将宫殿分派给官员，并下令建造一个更安全的新住所——萨拉丁城堡高耸的尖塔如今依然点缀着城市上空。

如托勒密王朝统治孟斐斯时一样，萨拉丁的继任者也选择融入当地。除法蒂玛王朝后人之外，开罗人依旧崇拜逝去的圣者①。新

---

① 14世纪一位地产商拆毁了侯赛因清真寺旁的法蒂玛家族坟墓。他们挖出尸体并扔在城墙外的粪堆上。陵墓遗址后来成为著名的汗·哈利里市场（Khan al-Khalili），这里至今还是开罗著名的工艺品市场。

第三章 亡灵之城

王朝统治者将沙斐仪破败的陵墓修复起来，逊尼派掌控的陵墓也聘请专人监管，甚至为惩治每周五参观者的不当行为成立了一支警察部队。萨拉丁的侄子，苏丹卡米勒·阿尤布（al-Kamil al-Ayyubi，1218—1238 年）是一位政治家，他同意与十字军共同掌管耶路撒冷，这同时激怒了基督徒和穆斯林。他也偶尔到那些陵墓进行祭拜，可能是受一些旅行指南的影响，比如穆瓦法克·丁·伊本·乌斯曼（Muwaffaq al-Din ibn Uthman）的参观指南，书中建议祭拜者不要亲吻圣人的墓碑，因为这是"基督教的习惯"。

苏菲主义（Sufism）——伊斯兰神秘主义——在 13 世纪的风靡离不开阿尤布人，"苏菲"以其早期信徒所穿的粗糙的羊毛服装（sūf）命名，这种新的教派以其深奥神秘的教义使得正统教派有所转变，例如，某些酋长变成了"瓦利"（wāli）①。如同法老和什叶派伊玛目一样，这些圣人与神的关系密不可分，以成为"神的器皿"，他们可以向真主求告，或者仅通过触摸、话语或思想来给人们赐福。酋长及其所代表的权力渐渐逝去，瓦利的陵墓开始成为信徒们新的祭拜场所。

一些颇负盛名的教长的陵墓依然被世人祭奠，大众对"民间圣人"的需求也更加迫切。由此，一批所谓的"民间圣人"异军突起。例如，据 18 世纪历史学家阿卜杜勒·拉赫曼·贾巴提（Abd al-Rahman al-Jabarti）描述，当时有一个名叫谢赫·阿里·巴克里（Sheikh Ali al-Bakri）的人获得了圣名，他的弟弟当起了"经纪

---

① 指"保护者"、"帮助者"、"接近上帝的人"或"圣人"等，复数为 awliya。

人",收集人们的捐款,后来阿里变得异常肥胖,贾巴提写道:

> 这城市里的男男女女,尤其是王公贵族的家眷们,都带着礼物和祭品慕名而来,阿里和他的弟弟赚得盆满钵满,他的葬礼上人山人海。弟弟将他安葬在沙莱比清真寺……并常请诵经者来歌颂他的圣名,找来旗手等人为他哭丧,追随者们将灵堂里的空气捧在手中,又塞进胸前的口袋……

过了四十年,爱德华·莱恩记述道,每当经过阿里的清真寺,当地向导都会用右手拂过那里的窗框,再亲吻自己的手指以得到阿里的护佑。

不仅莱恩和贾巴提对这种迷信行为嗤之以鼻,18世纪一名市政府官员听闻清真寺管理员声称他的山羊是圣人的化身,还吸引了一批追随者,就把这只羊烤了,又还给了他。19世纪末,政府禁止了达萨(dawsa,一种教俗,教长通过骑马踩踏信徒的身体以测试他们的信仰)。开罗的统治者通常倾向于顺应民意。在18世纪早期,示威者迫使政府驱逐了一位公然批判崇拜圣徒的传教士。

✖

在中世纪开罗,人们对陵墓颇为热衷,一些统治者通过装修神殿来赢得民心。伊玛目沙斐仪的陵墓曾被修复七次,一些更激进的苏丹也为自己建造豪华的陵墓。

这样的做法其实是受到了一些外来文化的影响。从11世纪开始,土耳其人涌入伊斯兰世界,加剧了中亚草原地区的人口流动,

第三章 亡灵之城

还把匈人带到了多瑙河，把鞑靼人带到了顿河，也把蒙古人带到了大马士革。土耳其人大多通过奴隶市场来到开罗，他们以骁勇善战而闻名，尤其是土耳其的白皮肤、直发和拥有高超骑术的青年人在奴隶市场上十分受欢迎。英勇的土耳其人会为他们的首领精心修建陵墓，充分体现了游牧民族对永垂不朽的渴望。

萨拉丁的侄子萨利赫·阿尤布（al-Salih Ayyub，1240—1249年）是阿尤布王朝[1]后期一位强硬的苏丹，以忠诚为人生信条。他曾与表亲们作战，据说还勒死了自己的兄弟。萨利赫不信任自己的儿子，于是将他派往纳托利亚边界。萨利赫对尼扎姆·穆勒克（Nizam alMulk）[2]的话深信不疑："一个忠诚的奴隶胜过三百个儿子，儿子只想父亲早死，奴隶却一生效忠主人。"萨利赫便从中亚和高加索地区招入了大量优秀的年轻奴隶。

他们就是后来的马穆鲁克（Mamelukes，意为"有主人的奴隶"）[3]。与"加亚"（garya，女性家奴）和"古拉姆"（ghulam，男性家奴）不同，他们是被教授宫廷礼仪、伊斯兰科目，且经过严格战斗训练的奴隶兵。他们具有一定的自由，忠于主人，组成坚强的军队，为他们的效忠对象而战。随着时间的推移，这些自由的马穆鲁克人成为高级军事阶层，如同日本的武士一样，配备东方最先进的军事装备，如马镫、复合型弯弓（土耳其发明的一种轻型弓）等，这些马背上的弓箭手挥舞着长矛，轻轻松松就能击溃装备笨重

---

[1] 由萨拉丁建立的穆斯林王朝，从1171年到1260年统治开罗。
[2] 11世纪巴格达高官，被誉为那个时代的马基雅利。
[3] Mameluke（马穆鲁克）意为"拥有"，指经过军事训练的奴隶兵，也指马穆鲁克建立的苏丹政权（1260—1517年）。

的十字军。

法国国王路易九世曾登陆尼罗河三角洲，目的是向开罗挺进，当时苏丹萨利赫因发热去世，他的妻子夏加尔·杜尔（Shagar al-Durr）是哈里发阿拔斯给他的一个土库曼奴隶。她与马穆鲁克卫队的将领密谋，将苏丹的死亡隐瞒了两个月，直到萨利赫的儿子从叙利亚北部回都掌权。后来法国军队遭到惨败，路易九世被俘，后以一百万黄金第纳尔被赎回。萨利赫的儿子取得胜利后大肆提拔非裔宦官，并迫使夏加尔交出他父亲的财宝，马穆鲁克们对此十分不满，于是将他杀死。

尽管处于弱势，夏加尔还是成功发动政变，以苏丹的身份掌权八十天，可谓是中世纪伊斯兰世界的女性先驱[①]。听闻此消息，哈里发阿拔斯（夏加尔的原主人）从巴格达写信批判道："既然你们当中没有男人当得了苏丹，我就亲自给你们送一个。难道你们不知道女子统治的国家必遭大祸吗？"为了使自己的统治名正言顺，夏加尔嫁给了一个马穆鲁克，先是令他和妻子乌姆·阿里（Umm Ali）离婚，然后将他扶上苏丹之位，而夏加尔在幕后操控一切。

这之后的七年，马穆鲁克的队伍不断壮大，占据了阿尤布王朝的主导地位。为延续家族的统治，聪明的夏加尔宣告萨利赫·阿尤布（al-Salih Ayyub）年仅六岁的表弟为共同掌权者，她为已故的丈夫在开罗最繁华的地段——法蒂玛德宫旧址建造了一座富丽堂皇的陵墓，至今仍然矗立在集市中，旁边就是萨利赫早些时候建造的

[①] 除夏加尔外，女性掌权者只有德里的巴琪什·杰罕·蕾兹娅公主（Balqish Jehan Raziya），1236—1239 年统治德里，后来她的哥哥因嫉妒而谋杀了她。

第三章 亡灵之城

伊斯兰教法学院。

夏加尔·杜尔合法统治了埃及一段时间。有一天，她得知丈夫想再娶一位土耳其公主，嫉妒心使然，夏加尔怀疑丈夫打算建立自己统治的王朝，她决定诉诸暴力，下令召唤丈夫回宫。她的马穆鲁克丈夫战战兢兢地从城西郊区的马球比赛现场返回宫殿，一位占星师曾说他会死在一个女人的手里。果然，他在途中遇刺身亡。

传说夏加尔早已预料到自己的命运，于是藏起了所有珠宝以防落入另一个女人的手中。不久之后，她丈夫和前妻的儿子阿里带兵冲进宫殿，抓住她交给了自己的母亲。乌姆·阿里的丈夫曾为了夏加尔与自己离婚，她一直对此心存怨恨，她让女仆剥去夏加尔的衣服，用木拖鞋将她打死。①正如 15 世纪历史学家伊本·伊亚斯（Ibn Iyas）描述的："她只围了一件衣服，被拖着脚扔进了护城河，她在河里泡了三天都没有下葬。据说有人夜里潜入河里剪断了她带有珍珠圈和麝香的红绸腰带。"夏加尔早有远见，在毗邻纳菲莎（Nafisa）、鲁卡娅（Ruqqaya）、阿提卡（Atika）和苏凯娜（Sukayna）等女性圣人的神殿的一个绝佳位置为自己修建了一座豪华陵墓，并最终被安葬于此。

夏加尔去世不到一年，即 1258 年，巴格达被蒙古部落夷为平地，尸骨堆积成山。成吉思汗带领的骑兵把被俘的哈里发裹在毯子里踩踏至死。阿拔斯没落的家族逃到了开罗，而那里奴隶出

---

① 萨利赫·阿尤布的陵墓邻近的一家甜品店用乌姆·阿里（Umm Ali）的名字命名了一道特色甜品，寓意为"甜蜜的报复"。

身的马穆鲁克当权,成为唯一有能力抵抗蒙古人的力量。此后的两个半世纪,马穆鲁克延续了以军治国的传统,建立了军事政权,让曾经无所不能的哈里发在开罗充当傀儡。阿拔斯家族彻底落魄,连一个像样的陵墓也找不到,最后的一个家族成员被葬在阿拔斯曾经的女奴夏加尔·杜尔的陵墓中。

在穹顶下的灵堂里,镶嵌在壁龛上的玻璃镶嵌画指向麦加。Shagar al-Durr(夏加尔·杜尔),这个名字直译的意思是"珍珠树",画中有一棵结出珍珠果实的树,墓碑上刻着以下诗句:

> 站在我墓前的人啊,你莫惊讶,过去的我同你一样,以后的你也将如我这般。

⊗

夏加尔引领了一种潮流,从她的时代开始,每位开罗贵族或贵妇都会像她一样,斥资建一座有穹顶的陵墓以证明其一生的成就,他们还效仿她丈夫的陵墓,选址在学院、清真寺或供苦修者住宿的旅馆附近,以树立其敬神的虔诚形象。随着时间的推移,这一潮流将马穆鲁克都城的街道变成了如今的陵墓大街,狭窄的道路两旁满是高耸的穹顶和尖塔,像华尔街一样。

开罗的建筑师们很快领会了这些来自土耳其的统治者对浮夸建筑的喜爱。他们的设计开始强调直立性,那些建筑嵌板、豪华的大门和条纹石雕工艺十分抓人眼球,将视线引向更高的尖塔。城市里建筑密度的增加进一步提高了建筑师的水平和工人的技能,各类建筑交错排列，展示着它们各自的特色，巧妙的布局使其内部庭院完美适应着不规则的地形并且朝向麦加，建筑的穹顶也变得更大，设计更加复杂。用穆卡塔姆石灰岩取代了普通的砖，被加工成能拼出复杂几何图案的形状。马穆鲁克王朝后期，苏丹们的陵墓穹顶设计可谓登峰造极，上面雕刻的图案如同精致挂毯上的星芒花海般，尤其在城东围墙附近15世纪的苏丹巴尔斯拜（Barsbay）和卡伊特拜（Qayt-bay）的陵墓中，这些工艺得以最佳体现。

马穆鲁克统治阶层对修建陵墓达到了一种病态的执着，这不完全是潮流。初期，这些奴隶统治者的暴死司空见惯。1257—1517年间的53位马穆鲁克苏丹中，有19人被谋杀、暗杀或处决，只有10人自然死亡，其余的都是被赶下台。马穆鲁克体制中，苏丹将封地授予他的将领们，允许他们拥有私有军队，所有苏丹统治的土地，即埃及、叙利亚和麦加以南的阿拉伯沿海地区，集中掌握在几个有势力的埃米尔（Amir）①手中。这些酋长死后，财产归国家所有，政府也鼓励他们在壮年时多多开支。于是他们修建陵墓以表虔诚，试图洗刷自己的种种罪行，用豪华的陵墓来博取后人敬仰的潮流便愈加风靡。

修建一座豪华的陵墓并不困难，在夏加尔为丈夫建造的陵墓对面，苏丹曼苏尔·卡拉温（al-Mansur Qalawun）建造的陵墓更具野心，其将马穆鲁克统治阶层的特质体现到了极致，这一建筑用当时流行的工艺设计，集庄严、奢侈、精美于一身。卡拉温选定的房

---

① 指酋长。

子前任主人是一位阿尤布公主，他召集了城里的顶级工匠将房子拆除并重建，令苏丹士兵抓了许多百姓，甚至一些酋长来搬运石头。不顾公众的愤怒，苏丹的宣传官还将这一事件传播开来，称建造陵墓的资金不是税收，而是在该地发现的秘密宝藏，这一浩大工程仅用一年就完工了。这一建筑在1285年开放时，曾明令禁止信徒在此祷告。那个被请来进行首次布道的传教士利用了这个机会，对苏丹的暴政进行了一番抨击。

毋庸置疑，卡拉温要立一座纪念碑来歌颂自己的功绩，为了博取民心，他开办了一家配备最好的医生和药剂师的公益医院，又在旁边为知识阶层开办伊斯兰学院。同时，卡拉温为自己建造了一间富丽堂皇的灵堂，外墙是精心雕刻的灰水泥表面，内墙用彩色大理石覆盖，上面重复雕刻着穆罕默德的名字，花岗岩制成的科林斯式法老柱支撑着巨大的穹顶，这些石柱是从早已衰落的亚历山大港偷来的。

这座陵墓以耶路撒冷的圆顶清真寺为原型，是中世纪开罗最精美的遗迹之一。马穆鲁克后来从十字军手中夺取了这个伊斯兰教第三大圣地。陵墓顶部由一个镀金的圆顶覆盖，下面铺设一块巨石。巨石下面围绕着八角形的建筑主体。卡拉温的陵墓里建有一个类似的走廊，专门作为虔诚敬拜的环形走道。一群由高级宦官组成的队伍守卫着宫殿以凸显此地的尊贵，如同苏丹的后宫一样。苏丹的墓室从建筑中凸显出来，沿街的路人可以在那里为苏丹祈福，墓室的窗外还有诵经者日夜诵读《古兰经》，人们也可以付钱换取他们的祝福。

第三章　亡灵之城

卡拉温低微的出身和他的暴政终将被遗忘。他未曾被当作圣人，但他代表着马穆鲁克王朝的政权。一个世纪以来，他的后代统治着国家，建造了壮观的陵墓，直到被同胞赶下台。他创立的医院数百年以来救死扶伤，14世纪鼎盛时期每天治疗近四千名病人。可是后来，这家医院逐渐衰落，一度变成精神病院，最终于19世纪成了一家眼科诊所。

但这座宏伟的陵墓屹立不倒，巨大的穹顶和尖塔依然是这座城市最主要的地标之一。现在只供游客参观。19世纪有报道称，直到那时人们仍然认为，唯一可以治疗头痛的办法是抚摸卡拉温石碑上的头巾。

中世纪墓葬热潮背后还有一个更黑暗的诱因。祭拜陵墓的习俗也是一种绥靖政策的体现。辉煌时期，饥荒和瘟疫一次又一次蹂躏着这座城市和她的人民，如同天谴。而一座座豪华的陵墓拔地而起，像泥石流一样遍布开罗。

基于对大自然的奇思妙想，人们总是十分关注尼罗河的水位问题。最早的穆斯林统治者在罗达岛与福斯塔特正对面建造了一座尼罗河水位测量仪，如今依然矗立在岛的最南端，一个世纪前才停用。夏末洪水泛滥时节，戴着黄色班丹纳头巾的测量员会每天宣布水位读数。由于尼罗河水位对物价和税收计算都有影响，一些杂货商还会感激地给他们一些小费。当水位保持在16腕尺（古时的长度单位）①，政府便可以保证国库的充足，而如果水位变化太大，麻烦就来了。

10 至 14 世纪，尼罗河的水位多变带来了惊人的后果。公元 950 年的一天，阿拉伯语学者伊本·纳哈斯（Ibn al-Nahas）哼着小调在河边漫步，一些机警的市民以为他是在河上施咒的巫师，于是把他推进河里淹死了。967 年发生了一场严重的旱灾，引发的混乱让法蒂玛人一举攻占了埃及。

尼罗河的反复无常是不分时候的。1065—1072 年，连法蒂玛王朝的哈里发也忍受了七年饥荒，城市陷入了恐慌。据编年志记载，当时的一块面包以高达十二第纳尔②价格拍卖，远超出穷人的消费能力。据说有些人甚至在街上拿着钩子钓人来吃。历史学家马克里齐（al-Maqrizi）称，穆斯坦绥尔（al-Mustansir，法蒂玛王朝第八代哈里发）也窘迫到出售家具、马匹、武器和财宝，把宫殿里能卖的都卖了，最后只能蹲在地上等人施舍，他的后宫也全部逃走。公主们试图逃往巴格达，她们披头散发，饥饿地喊叫，可刚走出开罗城墙就都饿死了。可怜的穆斯坦绥尔最后被迫典当祖先墓中的物品来换取食物。

在那样的境况下，穆斯坦绥尔的财宝并不值什么钱。与前什叶派统治者矛盾颇深的逊尼派马克里齐说，在饥荒最严重的时候，一个富有的孀妇典当了一条价值一千第纳尔的项链，却只换到一袋面

---

① 长度单位，广泛用于埃及、希腊和罗马，1 腕尺＝45.72 厘米。
② 货币价值已经发生变化，但可推算出当时一个法蒂玛第纳尔相当于今天的两百美元（计算结果基于谢洛莫·多夫·高伊泰因的研究，见参考文献 D. S. Goitein）。

第三章 亡灵之城

粉。她还雇了保镖来保护这袋面粉，可还是在城门外遭到抢劫，面粉只剩下一点点。她用这点面粉做成一块饼干，将其带到哈里发宫殿门口。"开罗的人们！"她向聚集的人群喊道，"托我们尊敬的哈里发穆斯坦绥尔的福，我花了足足一千第纳尔换来了这块饼干，这就是他治国的福祉！"

如这位孀妇一般，开罗街头再多抗议者的呐喊、再多的讽刺也无济于事，人们恐怕连起义的力气都没有了。后来，哈里发在军队从叙利亚归来后获救，继续执政25年。这个王朝又延续了一个世纪。法蒂玛王朝倒台30年后，同开罗经历的那场噩梦相比，这次饥荒简直是小意思。

来访的巴格达医生、学者阿卜杜勒·拉提夫（Abd al-Latif）亲眼看见了这一切。很显然，1200年的洪灾只是一个开始，能跑的人都选择离开埃及，开罗以外的人也在劫难逃：

> 当太阳照在公羊标志上，空气就被污染了，瘟疫在整个城市蔓延，穷苦的人们忍受着饥饿……很长一段时间里，他们以腐肉、尸体和动物粪便为食，直到吃小孩……

> 人肉成了食物，极度的恐惧和震惊引起舆论的轩然大波……但人们很快就习惯了，开始享受吃人，人肉成为一日三餐，成为款待的佳肴并被储备起来……

> 一大批人来到罗达岛，躲在泥棚里捕食无辜的过路人。当局接到通知准备处死这群人，但还是让他们逃脱了。警察在棚屋里发现了大量的人骨，一位诚实的警察告诉我，他们数出了400个头骨……

>只有神知道饥饿潦倒的穷人到底有多少……我意识到这座城市也许比想象中的还要恐怖：我所到之处尸骨遍野，人们垂死挣扎，还有无数处在噩梦中的人遍布这座城市的各个角落……
>
>每天几百具尸体从开罗运走……福斯塔特不计其数的死人无处埋葬，尸体只好被扔到城外。最后，连搬运尸体的人也死去了，大街小巷全是尸体……那些小镇变得满目疮痍，人烟稀少……有人说，福斯塔特曾经的九百家灯芯草制造商如今只剩下15家，各行各业大抵也都如此。

阿布德·拉提夫讲道，那两年的饥荒中记载的被妥善埋葬的人口就有11万之多，实际死亡人数则难以想象。

当时，相距只有几英里的福斯塔特和开罗相互对立。尽管法蒂玛王朝末期，福斯塔特经历了一场严重火灾（蓄意纵火者是一名法蒂玛王朝的高官，他担心十字军将毫无防御设施的福斯塔特作为进攻开罗的入口），但这里仍是工商业中心。开罗则成为新的政治中心，拥有更好的住宅和政府办公楼。饥荒使福斯塔特迅速衰败，阿布德·拉提夫提到，只有废弃建筑的木材和原料供人使用。开罗相对安全，但房价暴跌，还不到原来的十六分之一，从灾难中幸存下来的人们又纷纷回来了。

※

开罗就这样复兴起来，变得富足昌盛，人口迅速翻了一倍，直

第三章 亡灵之城

到一个半世纪后，死神再次降临。1347年，黑海的奴隶贩子载着未来的马穆鲁克来到了埃及，同时带来了更可怕的黑死病。瘟疫飞速在整个世界蔓延开来，开罗的疫情最为严重。两年多的时间里，它夺去了城市三分之一人口的生命，根据马克里齐的记录，当时每天有超过一千人感染：

> 病人感染后，先是发烧，再是恶心、口吐鲜血，紧接着就会死亡，他的家人将一个接一个地如此，直到全部死光。当时的开罗人心惶惶，所有的人都认为自己会死于瘟疫，于是都做好了准备。人们为了赎罪开始热衷做慈善，变得无比虔诚。

马克里齐说，在瘟疫之后，老城祖维拉大门（Bab Zuweila）和征服之门（Bab al-Futuh）之间那曾经最繁忙的一英里，现在也如此冷清。

如果不是高传染性瘟疫的反复侵袭，这里本可以像欧洲的城镇一样恢复过来。1347—1517年，鼠疫爆发55次，大流行20次，1517—1894年，鼠疫再次引发了33次大流行。14世纪以来，欧洲人口不断增长，而埃及的人口却一直在减少，1800年的总人口仅为一千两百年前阿拉伯征服埃及时的三分之一。埃及经济也遭受重创，1500年土地税收入只有1200年的四分之一。很多马穆鲁克死于瘟疫，奴隶兵及装备交易量骤减，为王朝造成巨大的资本流失。这也导致了16世纪初奥斯曼土耳其人轻而易举地推翻了马穆鲁克王朝。

当时坚不可摧的开罗被瘟疫毁于一旦，迷信的统治者和被统治者却将其归于天意。1438年爆发的一次瘟疫中，一位爱资哈尔清真寺的谢赫信誓旦旦地对苏丹说："男人之间通奸，或者女人打扮得花枝招展走在街上，瘟疫必在他们中间传播……"由于民众的强烈呼吁，苏丹不得不禁止妇女迈出家门。

生活在痛苦中继续，这个城市熬过来了。神秘主义者、占星师、诵经者和售卖死者衣物的商贩最先多了起来。17世纪，当欧洲游客看到市场上这些死人衣物时十分诧异。同样，修建陵墓的工匠也多了起来。

旅行志经典《日昇之处》(*Eothen*)的作者亚历山大·金莱克(Alexander Kinglake) 1835年曾到访开罗，他亲眼看见了这里最后一次严重的瘟疫。欧洲人都走光了，但这个英国人没有马上离开。在旅居开罗的三个星期里，他的房东、银行顾问、给他治过病的医生、雇用过的魔术师、车夫和他的仆人一家都感染身亡：

> 刚到开罗的时候，每天一个个葬礼在窗外举行，最近也会时不时传来死者亲友的哭泣声……这声音日益频繁，现在从早晨到中午几乎不间断，我觉得这段时间城里有一半的人都被瘟疫害死了。

其实不尽然，据官方数据显示，当时开罗25万人口中只有四分之一的人死亡。[①] 死亡对于开罗人来说已经司空见惯，可对初到开罗的金莱克却并非如此。当偶然发现城外的墓地里人们还在为庆祝祭拜会搭起秋千、帐篷，他的惊讶可想而知。

[①] 当时开罗已有约3.6万人死于四年前的霍乱。

第三章 亡灵之城

◈

1341年，年迈的苏丹纳西尔·穆罕默德·伊本·卡拉温（al-Nasir Muhammad ibn Qalawun）去世时，开罗处于最鼎盛的时期。他是苏丹卡拉温的儿子，1285年开始掌权，是马穆鲁克王朝统治时间最长的君主。尽管他残暴地处死了一百五十名酋长，残忍虐待了数千名少数反对派，但是他的统治处于繁荣太平的间歇期，当时开罗在世界上是无可匹敌的。那时候北部的奥斯曼土耳其人还构不成威胁，东部来自蒙古的威吓早已消退。基督教的欧洲商人纷纷来到马穆鲁克都城，他们通过垄断在对东方国家的贸易中获得了非常可观的利润。苏丹自己也赚足了钱，利用为将士们重新划分封地的机会，整个国家收入的十二分之五——包括麦加、大马士革、阿勒波的税收，还有来自吉达、亚历山大和的黎波里的关税都被他收入囊中。他为11个女儿每人准备了大约八十万第纳尔的嫁妆，他的14个儿子当然也成了世界上最富有的人。

这个家族终究是不幸的。纳西尔·穆罕默德死后的短短六年里，他的儿子们各自密谋、互相残杀，五个王子接连下台，最后他们12岁的弟弟哈桑（Hasan），一个长着雀斑的红发男孩于1347年继位，不久后黑死病席卷开罗，夺去了城里三分之一人的生命。

讽刺的是，这位小苏丹却空前的富有，家族成员相继去世，成千上万病死的百姓的财产均上缴国家。也许是希望通过虔诚的行为免灾，或是收了朝臣们的贿赂，哈桑用这笔钱建造了一座最辉煌的伊斯兰建筑——当然，这是一座豪华的皇家陵墓。

哈桑将地址选在他父亲修建的宫殿一层的马球场对面，他可以从窗户看到建筑工程的进展。这项工程始于1356年，此后五年里的日均支出高达一千第纳尔。它奢侈的装修是兼收并蓄的马穆鲁克王朝都城的真实写照。门前有巨大的下沉广场，仰头望去，顶部悬钟乳石半穹顶，雕刻工艺极其复杂，仿照安纳托利亚塞尔柱清真寺的大门，两侧的图案参照中国瓷器上的莲花和风信子雕刻而成，大门表面用光亮的青铜制成，上面雕刻着星芒花样，大门内侧门框为石制，图案是带有西班牙元素的黑白层叠条纹。从地中海彼岸运来的七种颜色的大理石铺满了庭院、喷泉和所有房间，然而整座建筑展现出宏大而有规律的美感。当然，这样的建筑只能在开罗这样的大都市出现。

苏丹哈桑的清真寺，包括宗教学院和陵墓总占地面积一万平方码（约8 361平方米），石灰岩围墙高一百三十英尺，尖塔在此基础上再高出一百五十英尺。在建筑过程中，该塔因高度问题导致一次坍塌，据说压死了三百人。建筑共四幢公寓，供五百名学员免费住宿，雇用了两名内科医生、一名外科医生、一名专业焚香员、六名领班教士、五十一名代祷教士和一百二十名诵经者，还有多名教授、书法家等。公寓坐落在中央庭院的角落，共有六层楼，一层设有厨房和水井。此外，院子里还有一个占地两英亩的对外出租的拱廊街，租金收入用以维护整个建筑。清真寺巨大的拱形顶从学院楼开始覆盖，笼罩着中央庭院，朝向麦加的那一座建筑最为宽阔，墙面用大理石镶嵌，边缘饰以带状的莲花图案，围绕着用库法体镌刻

第三章 亡灵之城

的经文。

祈祷龛两侧金银镶嵌的门向苏丹的墓室毅然敞开，哈桑希望信徒可以面向麦加，对着他的纪念碑跪拜，如同他在世时众人臣服在他面前一样，但这一设想最终未能实现。他所犯的致命错误在于大肆削弱将士和宦官的权力。朝臣反意不断累积，为免遭陷害，他26岁时就逃离了城堡，后被官员们抓获杀害，尸体至今下落不明。

清真寺的精雕细琢永远无法完工。现在还能看到雕刻师们的草稿，他们设计的图案一般由学徒完成。苏丹哈桑有关瘟疫的纪念碑却建造得十分坚固，后来叛军攻城时甚至将大炮架在上面。其内部保存完好，大概是因为某一位谨慎的苏丹拆除了前门的台阶，阻止人们进入——陵墓门上镶嵌的精美的黄金装饰便奇迹般地被留存下来。

哈桑建造了开罗最高的清真寺，在它庄严肃穆的外墙上，整齐而现代化的窗户镶嵌得严丝合缝，似乎仍在抵御着外面的瘟疫。当人们脱下鞋子进入寺内依然会被深深吸引，映入眼帘的先是一条昏暗的走廊，引导着人们向左、向右，再向左，遇到的人也在安静地向里走着，这使人更加好奇里面有什么，直到眼前出现那片巨大的方形光亮，人们不禁在这庭院里驻足，感受周围的平静与祥和。

✦

苏丹哈桑被杀的一个半世纪后，马穆鲁克王朝灭亡了。1517年是黑暗的，奥斯曼土耳其帝国的军队挺进开罗，征服了埃及，这里再次变成一个省城,归奥斯曼帝国统治。开罗还是败给了老对手君士坦丁堡,奥斯曼帝国的苏丹们在这座博斯普鲁斯的半岛上不停地修建宫殿和寺院,黄金时代的开罗遗迹黯然失色,这座城市即将没落。

陵墓不断垮塌,"亡灵之城"变得有些名不符实,衰败的福斯塔特成了一座巨大的垃圾场。从16世纪开始,有游客反映说,每年这里都有一次聚会,一群开罗人会聚集在一个古代科普特殉道者的坟前,据说他们是去观赏一个怪异的景象:每年的这一天,埋葬在此地的尸体都会出现,无声地摇摆一阵子后没入地下。法国冒险家卡利耶·德·皮农(Carlier de Pinon)在1579年曾说过,有些尸体是完整的,有些只剩下一部分——"所有的开罗人都可以作证,我借住的房子主人也特别确认这一点,他绝不是个迷信的人。"

一个世纪后,这支"死亡之舞"(danse macabre)[①]以某种方式穿过尼罗河流传到了孟斐斯的墓葬区,但它再也唬不了人了,尤其是不信邪的英国人乔治·桑迪斯(George Sandys),他这样解释道:

> 一两天后,我们从开罗穿过尼罗斯(Nilus)[②],来到了距离左岸三英里远的地方。那天正是耶稣受难节,许多尸体的四肢在地上伸展开来,众人看到后大为吃惊。这一点我可以从基督徒、穆斯林和犹太人的信仰里得到证实,这也许是船员们设的一个骗局,他们收集了大量的木乃伊,连夜把它们埋起来,

---

[①] macabre意为可怕的、死亡的,这一词语极有可能源于开罗,即阿拉伯语的 maqābir,是众多坟墓相关的词语之一。

[②] Nilus意指"拉丁语的尼罗河",也指尼罗河的河神。

第三章 亡灵之城

制造出四肢伸开的假象,于是每年成千上万好奇的游客都会乘船赶来,这些船员们的家人也一起保守着这个秘密。

桑迪斯说的大抵真实,18世纪后,编年史中再未出现有关的记录。

如今,只有在埃及博物馆陈列的玻璃棺里才能看到木乃伊。尽管瘟疫和饥荒几乎从不光顾幸运的现代开罗,但这里丧祭仪式仍然有着重要的意义。在这个愤世嫉俗的城市,反政府示威的人群规模远远赶不上名人葬礼。现代最伟大的"法老",贾迈勒·阿卜杜勒·纳赛尔(Gamal Abd al-Nasser)总统1970年去世时,他的两百万拥护者差点把卡斯尔·尼尔大桥(Qasr al-Nil Bridge)踩塌。开罗人还在继续为英雄们修建宏伟的陵墓,例如,民族主义领袖萨阿德·扎格鲁(Saad Zaghloul)被安葬在一座宏伟的新法老式神庙里,纳赛尔总统被安葬在新马穆鲁克式清真寺,安瓦尔·萨达特(Anwar al-Sadat)总统墓则是一座混凝土"金字塔"。而法鲁克国王(King Farouk)被安置在一个普通的家族坟墓里,他的政权被推翻了,根据古训,死去的敌人不能被善待。

漫不经心的开罗人对丧祭仪式却非常认真,参加亲友的葬礼是头等大事,逝世四十天和一周年还会举行悼念活动。开罗著名的《金字塔报》(*Al-ahram*)每天刊登的讣告就有三十多篇。有句老话说,如果《金字塔报》没有刊登一个人的死讯,那么他一定没死——巧的是,"金字塔"也是坟墓。女人们在闲暇时间也会翻看报纸,以便安排她们参加吊唁的日程。此外,讣告中的信息十分详尽,上面会列出死者的每个家庭成员、他们的工作地点以及与死者的关系。通过讣告，人们甚至可以轻松地解开这座城市各个家族的社会关系网。

　　开罗人最为显著的特征一定是他们天生的、不变的冷漠。这种冷漠从何而来呢，拿我在开罗一家酒吧里遇到的一个人来说，他夜晚昏昏沉沉，白天则是一名精神科医生，他痴迷地描述着对来世的向往，说这种向往可以化解所有生活中的痛苦，他向我讲述了这个城市的许多神秘之处。他说："你看，这里的每个人其实都住在棺材里，我们的身体都是一半木乃伊、一半神……"

第四章

繁华与开放的都市

第四章　繁华与开放的都市

1481年6月17日，在这个星期天，我们抵达开罗。起初只是想了解一下这里的人和故事，后来我发现，这本书根本无法将这里的盛况介绍详尽。毫不夸张，就算把罗马、威尼斯、米兰、帕多瓦、佛罗伦萨加在一起，哪怕再加上四个这样的城市，它们人口和财富的总和也不及开罗的一半。

——沃尔泰拉（Volterra）[①] 的拉比·梅什乌兰（Rabi Meshulam），选自埃尔肯·内森·阿德勒（E. N. Adler）的《犹太旅人》（*Jewish Travellers*）

雅各布·萨菲尔（Jacob Saphir）是一位来自立陶宛的犹太法

[①] 意大利古城。

典学者，他骑着毛驴到处流浪，为耶路撒冷的穷人筹集救济品。1864年，他雇了一辆出租车沿着马路向南行驶到达河边的郊区，就是现在的老开罗。埃及靠棉花致富的统治者在这里建造了最后一批奥斯曼帝国洛可可式宫殿。他穿过此处，经过运河上的一座桥，又经过了一座16世纪的高架水塔，在罗达岛的最右端，他看到了圆锥形的尼罗河水位计。这一景象会使人们想到一个当地传说：这座古代水位计旁边的一棵树就是法老的女儿发现婴儿摩西的地方。萨菲尔却想起了一年多前的一件事，英国人约翰·汉宁·斯皮克（John Hanning Speke）称自己在遥远的维多利亚湖发现了尼罗河的源头。

这位旅人继续前行，绕过一座科普特修道院围墙，呈现在眼前的是老开罗最早的破房子，后面是一座狭长而低矮的建筑。根据旅行指南描述，这是阿穆尔·伊本·阿斯（Amr ibn al-'As）建造的清真寺。阿斯是一位阿拉伯将军，曾于公元640年率军队占领埃及并建立了福斯塔特。这座早期清真寺极为普通，粗朴而方正，清真寺后面是一片灰白色的石堆，埋葬着他的城市，一直绵延到远处的穆卡塔姆山，沙斐仪的穹顶陵墓就矗立在那里。一路前行，萨菲尔最终到达了巴比伦要塞，斑驳的城墙外，护城河早已干涸，五十英尺高的圆柱形塔楼也被泥土埋没了一半。萨菲尔不得不下马，走下尘土飞扬的斜坡，钻过低矮的门道进入要塞中狭窄的小道。

一千年来，有一座小犹太会堂一直伫立在巴比伦堡后面的一条死胡同里，与同样古老的教堂和修道院共享罗马城墙的庇护。这是开罗最古老、最受人敬拜的犹太会堂，但其大多数会众很久以前就搬到了城里的犹太人区。萨菲尔了解到，老开罗只留下 12 个落魄的犹太家族，他们无暇顾及太多，这座会堂故而衰落了，可这并不能阻止萨菲尔进去一探究竟——看一看传说中藏有大量古代真迹的密室。

本·以斯拉犹太会堂（Synagogue of Ben Ezra）于是迎来了这位罕见的来访者。管理员以为萨菲尔想翻阅那部据说由以斯拉亲手写的《摩西五经》（*Torah*），他们介绍说，先知耶利米将它带到埃及，以将这里从尼布甲尼撒的蹂躏下拯救出来。其实萨菲尔上一次来时已经连哄带骗地看过了这部经书，这一次他想看的是密室，管理员说密室禁止入内，而且这个房间的看守者是一条致命毒蛇。

萨菲尔早有准备，他宣称自己得到开罗犹太教最高权威的许可，他还是个得到过认证的耍蛇高手，萨菲尔特意展示了他的护身符——一块普通的羊皮纸。为了说服管理员，他还摇了摇叮当作响的背包，于是管理员拿出一架梯子，萨菲尔顺着梯子爬上了一个狭窄的阁楼，钻过一个洞，他跳进一个布满灰尘的碎石堆，里面掺杂着木头、羊皮纸和纸莎草叶，还有许多带文字的碎皮纸和装订物。

❂

萨菲尔有些失望。他在日记中写道："我费了两天的劲，满身灰土，里面除了几张古卷和手稿之外，没找到任何有用的信息——谁知道它们是不是藏在最下面——我实在找不下去了。"萨菲尔绝对想不到，这座阁楼里有着描绘这座中世纪最大贸易城市生活全景的文献。

萨菲尔将本·以斯拉的藏经库翻了个遍。自会堂1041年最后一次修复以来，城里几乎所有的犹太教①文献都被杂乱地堆放在这座两个半楼层高的储藏室里。按照传统，所有希伯来文和带有神的名字的资料必须保留。除了数不清的经书，这里还有数千部世俗类文献，其中大部分来自10至13世纪鼎盛时期的福斯塔特，即城里犹太人大规模移居开罗之前。这里各类文书混杂在一起，有法庭证词、各类合同契约、公文和信件，有商家的账本和存货单，还有各种宗教案件的裁决书。简而言之，这个藏经库保存着迄今为止最完整的中世纪文献。

萨菲尔的发现很快在古籍收藏家中间传开了。② 当犹太会堂管理员发现这些破纸可以换取现金，一些破旧的古籍开始被拿出藏经库。从那时起，有约25万张纸片散落到圣彼得堡、巴黎、布达佩斯和费城，到1913年，开罗的这些古籍所剩无几。③

学者们花了几十年的时间才弄懂这些古籍。福斯塔特犹太人独特的写作手法让这些文字阅读起来十分费劲，他们大多用希伯来文

---

① 指大部分巴勒斯坦犹太人教派，而不是少数的卡拉伊特（Karaite）和伊拉克犹太教派，这些犹太人在开罗各自设有独立的机构。
② 萨菲尔在1866年出版了希伯来语回忆录，这可能引起了收藏家们对藏经库的注意，但有证据表明在此之前就已经有一些关于藏经库的传闻。
③ 藏经库的大部分文献被送至英国剑桥大学。1896年，在一位《塔木德》（*Talmudics*）读者的再三请求下，两位苏格兰姐妹同意他翻阅她们在开罗购买的一部手稿。他本以为是她们在集市上买的赝品，没想到打开包裹的一刹那不禁大为惊讶，这部手稿是《次经》（*Apocrypha*）中遗失的希伯来文本的唯一副本，是无价的。于是他马上去了开罗，想尽一切办法让犹太人同意他从藏经库带走其余文稿。

第四章 繁华与开放的都市

字来写阿拉伯语，也有的是用阿拉伯文字写希伯来语。西班牙犹太难民来到埃及之后，也出现了拉地诺语（Ladino）①，还有被人们遗忘的伊比利亚（Iberia）的意第绪语（Yiddish）②，甚至有卡斯蒂利亚语（Castilian）③。藏经库中也有许多来历不明的阿拉伯语、科普特语、拉丁语、叙利亚语、亚拉姆语以及格鲁吉亚语的非犹太文献，使得这些古籍如谜一般难解。

人们慢慢地发现，这些支离破碎的古籍描绘了一个惊世繁荣的贸易社会。家族与社会关系的纽带将整个贸易市场贯穿福斯塔特、安达卢西亚、撒马尔罕、也门，甚至横跨印度洋到达马拉巴尔海岸和锡兰，人们的活动在这些古籍中有着详细的记载。例如1016年突尼斯首都凯鲁万（Qairawan）的一名拉比写给福斯塔特的一封公开信，信中说，一位巴格达人在离家四千英里的摩洛哥去世，询问应该如何处理他的遗产；耶路撒冷的权威祭司写信称，一名伊朗的商人即将到来，这名商人是通过他们共同的朋友，一个在塞维利亚的商人介绍来的；还有一封来自突尼斯商人纳赫雷·本·尼西姆（Nahray Ben Nissim）的订单，列出了一百二十种不同的商品，其中包括用于制作眼影刷棒的高级水晶。

11世纪，福斯塔特的银行家们发行了本票并提供了有息贷款，和那些藏经库里的票据和契约差不多；医生和病人之间有了手术前的免责声明；交易员开始赊销；人们可以在福斯塔特购买一处房产

---

① 一种西班牙犹太人说的方言。
② 中东欧犹太人及其在各国的后裔说的一种从高地德语派生的语言。
③ 指古西班牙语。

的四十八分之一，还可以通过分期付款的方式购买奴隶。12世纪末开罗的最高拉比，伟大的改革家迈蒙·伊本·穆萨（Maimoun Ibn Musa），即我们所熟知的迈蒙尼德（Maimonides），也是《米书拿①律法和阿拉伯哲学经典达拉达特·哈伊林》（Mishna Torah and the Arabic Philosophical Classic Dalālat al-Hā'irīn），即《解惑指引》（The Guide to the Perplexed）一书的作者，他曾收到一封信，人们问他：有个人花12.5第纳尔从他那里买了一个奴隶，分期付款，每月支付一第纳尔，后来这个人逃跑了，该如何应对？但我们却查不到迈蒙尼德是如何回答的，也许这些破旧古籍的魅力就在于这种没头没尾的随机性吧。

有时，古籍中关于福斯塔特人有着惊人的记载。例如，1136年的黎波里有一位从事动物皮毛加工的手艺人，他在"天佑尼罗河岸边"租了一幢带花园和喷泉的房子，租赁合同中附有一份精致的阿里肖像，如同现在开罗的官僚们要求的形象照一样，画像在当时也是必不可少的。这位阿里是一个红褐色皮肤的中年男子，前额光滑而带有些许皱纹，前额浅色的头发覆至眉间，留着一圈胡须，有着鹰钩鼻和深棕色的眼睛，右边少了一颗上门牙。

在法蒂玛王朝相对自由的统治（969—1171年）下，福斯塔特和它的孪生弟弟开罗成为面向西方国家的主要商业中心。犹太教藏经库的文献还记录着11世纪集市上出现的大量商品：包括书商库存的《一千零一夜》、尼罗河三角洲地区生产的蚊帐、亚历山大和

---

① 犹太教经典之一。

第四章 繁华与开放的都市

巴士拉（Basra）的芦苇垫、艾斯尤特（Asyut）的鸦片、西班牙和西西里的穆斯林丝绸头巾、也门床垫、巴格达斗篷、亚美尼亚（Armenian）地毯、阿比西尼亚（Abyssinian）的兽皮和鸵鸟羽毛，还有中国瓷器、突尼斯香皂、摩苏尔（Mosul）铜器、镶嵌工艺的钢剑、印度柚木制成的《古兰经》支架、拜占庭锦缎、波罗的海（Baltic）的琥珀、马斯喀特（Muscat）的珍珠，还有可能由迈蒙尼德的亲兄弟大卫运来的锡兰红宝石，他不幸在印度洋溺水前曾做过宝石交易。市面上当然也有许多本地制造的商品，例如被一位波斯旅行者称赞像翡翠一样精美的彩色玻璃、晶莹剔透的琉璃瓷器，包括上等的中国唐宋瓷器仿制品；还有在欧洲尚不为人知，在福斯塔特却价格低廉的纸张，当时的糖果商和水果商都用纸来作包装；还有靛蓝色染料、白糖等；当时市面上已经有 26 种亚麻布料，其中最好的是福斯塔特亚麻，这种亚麻十分细腻，巴格达的哈里发甚至把它比作蛋壳里的白色薄膜。

  法蒂玛王朝时期，在开罗铸造的黄金第纳尔一直流传于世，成为那个时代的标准货币。相应地，当时阿拉伯语的商品术语也成为一种潜移默化的标准，丰富和改进了相对粗犷朴实的英语。例如，这里有福斯塔布（fustian）[①]，是一种在福斯塔特生产的由阿拉伯昆特棉和亚麻混纺而成的较硬的织物，还有杜姆亚特（Damietta）[②]的凸花条纹布、大马士革的锦缎、加沙（Gaza）的薄纱、摩苏尔的

---

  ① fustian 意为一种纬编起绒布或斜纹粗布，因其制造于 Fustat（福斯塔特），故本书译为"福斯塔布"。
  ② 埃及 29 省之一，位于埃及北部，首府为杜姆亚特。

细棉布、巴格达阿塔比区（Atabi Quarter）的斑纹布，以及柔软的马海毛和精致的雪纺、女式背心、腰肩饰带、亮片、床垫和沙发等；从福斯塔特运走的货物可能有罐装的樟脑、糖浆或果冻，有食用糖、各种糖果，还有朱砂、葛缕子、角豆、孜然和芝麻等香料，足够装满一个弹药库或军火库。这些商品被征以高额关税。也许有一位高级海军上将指挥着这艘货船，他一边查阅着年历，在太阳升到天空最高点时服下一瓶用茉莉花精油制成的长生药，在船的后桅前，有人正拍打着他的背，轻柔地为他按摩，还伴有琵琶奏乐。

埃及如此兴盛，欧洲却正踏入黑暗的深渊。从1229年的图卢兹会议开始，一个由密探和猎巫构成的巫术审判体系，即后来的宗教法庭逐渐建立起来，天主教会加大了对异教徒、犹太人和穆斯林的迫害。同二战期间瑞士的犹太人一样，福斯塔特的七千名还算幸运的犹太人对来自地中海对岸的粗野流亡者心生畏惧。这些人穷困潦倒，负担不起埃及对非穆斯林征收的个人赋税——大约每人缴纳一到四第纳尔，而这部分税必须由社区代缴。藏经库中有一封亚历山大市民写给福斯塔特的犹太教首席大法官哈纳内尔·本·塞缪尔（Hananel Ben Samuel）的信，日期是1235年5月15日，信中表达了他对政府税收感到的巨大压力："一艘从马赛来的船在航行了25天之后到了这里。您知道，那位曾经各处经商的羊皮纸商摩西，他告诉我们，一大群和我们信仰同一宗教的流亡者即将到来。愿神保佑我们免受他们带来的麻烦！"

第四章　繁华与开放的都市

同希罗多德时代的孟斐斯一样，排除不断涌入的奴隶、战争后城市的退化、因商业和宗教信仰的驱动而大量流入的移民等因素，11 至 12 世纪的福斯塔特不同的种族和信仰基本上能够和谐共处。例如，法蒂玛王朝的军队由柏柏尔人（Berber）、苏丹军和土耳其人组成。据 11 世纪波斯旅行家纳西尔·胡斯罗（Nasir Khusraw）所述，军队中包括一万人的宫殿护卫队为外国雇佣军，每个军团持其各自国家的武器。法蒂玛王朝因此被胡斯罗形容为一个政治避难所，来自马格里布、也门、拜占庭、斯拉沃尼亚、努比亚、埃塞俄比亚和格鲁吉亚的王公贵族和文人墨客都拿到了哈里发的津贴。"他们像国务大臣一样住在宫里，"胡斯罗在他的《旅行之书》（Safarnameh）中写道，"如没什么要事，他们就四处闲逛、聊天，然后回到自己的住处。"四百年后，弗拉芒（Flemish）[①] 旅行者乔斯·范·盖斯泰勒（Joos van Ghistele）在旅居开罗的那几天就遇到了做翻译的巴伦西亚（Valencia）[②] 基督徒、就职于财政部的来自但泽（Danzig）[③] 的普鲁士人（Prussian）、根特（Ghent）[④] 来的珠宝商和三名来自波尔多（Bordeaux）的马穆鲁克士兵。

位于通往麦加之路的埃及吸引了来自整个伊斯兰世界的朝圣

[①] 比利时地名。
[②] 西班牙地名。
[③] 波兰地名。
[④] 比利时地名。

者，也有许多人像 14 世纪出生于突尼斯的学者穆罕默德·伊本·哈勒敦（Muhammad Ibn Khaldun）那样，选择留在高津贴的福斯塔特和开罗的高校研修或任教，比如法蒂玛王朝哈里发穆仪兹建立的爱资哈尔大学，也是世界最古老的高校之一，为来自摩洛哥、叙利亚、土耳其和红海的进修者单独提供住宿。另外，基督教和犹太朝圣者也把这里作为朝圣之路的中转站。

贸易为埃及首都带来的国际影响力至关重要。996 年，意大利阿马尔菲港（Amalfi）设立了驻福斯塔特办事处，西西里国王罗杰二世（Roger Ⅱ）的父亲从法蒂玛王朝手中夺回了他们的岛屿，这使他对开罗非常好奇，便派阿拉伯地理学家阿布·阿卜杜拉·穆罕默德·伊德里西（Abu Abdallah Muhammad al-Idrisi）前去打探，并于 1143 年与法蒂玛王朝签署了一项贸易协定，又在马穆鲁克王朝时期与锡兰（Ceylon）、威尼斯、佛罗伦萨和热那亚（Genoa）签订商业条约，当时的东方香料贸易量达到顶峰。卡里米斯（Karimis）香料交易协会也发展起来，甚至成为政府贷款的出资方。1373 年，协会会长纳西尔丁·巴里斯（Nasir al-Din Balisi）去世，他的子孙继承了价值一百万第纳尔的遗产，以及一个覆盖印度、也门、阿比西尼亚（Abyssinia）①和马里（Mali）的庞大贸易网络。奥斯曼帝国时期，开罗成为世界咖啡贸易中心，从也门进口咖啡豆并出口到欧洲，当时繁荣的奢侈品集市——著名的哈里里市场（Khan al Khalili）也是波斯人和土耳其人的商业殖民地。

---

① 古代埃塞俄比亚时期的阿比西尼亚帝国。

第四章　繁华与开放的都市

中世纪的伊斯兰世界里，来自任何国家的穆斯林都可以毫无障碍地在埃及经营自己的生意，但这对于异教徒来说却十分困难。政府对非穆斯林征收的吉兹亚税（jizya）①直到19世纪中期才被废除，征税政策也十分严苛。穆斯林所占比例的增加使得政府财政收入逐年缩减，警方对基督徒和犹太人纳税证明的检查也更加严格，实行家庭成员负责制，没有纳税证明的人不得旅行，偷税、漏税者将被监禁。

藏经库的历史资料显示，困扰着福斯塔特非穆斯林人群的，除了被统治者压迫之外，还有同身边的穆斯林共同面对的日常问题，比如面包价格、尼罗河水位等。从福斯塔特现有的房产契约记录来看，这里几乎没有贫民区，归犹太人所有的房产也通常毗连着穆斯林和基督徒的房产，犹太商人也有穆斯林合作伙伴。从医生到酒商，基督徒和犹太人在这里从事着各种各样的职业，甚至在那些被穆斯林占据的酒水商业街、政府高级部门和普通的席子编织手工作坊，都有他们的身影。

法蒂玛王朝时期，相对于被大多数穆斯林视为异端的什叶派，社会对非穆斯林的同情要更多一些。政府颁布的法令也十分强调哈里发对少数教派的仁慈，例如法蒂玛王朝1 134条法令中有一条，承诺国家将"捍卫一切受王国保护的群体的权利，并以同情和善意待之"。法蒂玛王朝号召庆祝基督教节日和纪念日、按期支付犹太社区负责人薪水，偶尔也会资助修建基督教堂和犹太会堂。社会上

---

①　指人头税，按照穆斯林社会传统，人头税是强加给非穆斯林的，奥斯曼帝国统治时期取消，19世纪中期被正式废除。

流阶层和富裕阶层虽普遍是穆斯林，基督教徒和犹太教徒却也在其中崭露头角，比如三代从事宫廷御医的犹太家族、基督徒高官，还有大多数服务于哈里发复杂的财政体系的官员们。

有时人们也会对这种仁政心生怨恨，正如法蒂玛诗人里达·伊本·塔布（Rida ibn Thawb）所写的诗句：

> 犹太人都圆了梦
> 他们有权又有钱……
> 埃及人啊，我和你们讲
> 投靠犹太人吧，神已经站在犹太人那边了！

1171年，法蒂玛王朝统治结束，人们的不满情绪频繁出现。尽管如此，开罗的少数教派却从未经历当时欧洲犹太人的遭遇。除了法蒂玛王朝的伊斯玛仪（Ismaili）[①] 什叶派之外，这里没有哪个教派像西班牙的犹太人、穆斯林或者法国的纯洁派（Cathars）那样，被主流教派逼迫至灭绝的境地。

◈

迈蒙尼德在回信中写道："过去，我们因来自石头的威胁到处漂泊。蒙神怜悯，我们如今能在这城里找到安身之处。"这座城市便是福斯塔特，但在那个时代这里已经开始衰落。法蒂玛王朝统治在被推翻之前，考虑到防御薄弱的福斯塔特极易落入十字军手中，

[①] 伊斯兰教什叶派主要支派之一。

第四章 繁华与开放的都市

政府将部队驻扎在几英里外相对森严的开罗。经历了公元1200年的饥荒，福斯塔特人口骤减，为了稳固政权，法蒂玛王朝的继任统治者将开罗开放给平民，而他们自己则搬到了位于城市东南角的城堡。商业中心也随着政治中心而迁移，迈蒙尼德曾写信给一位朋友抱怨每天都要往返萨拉丁城堡（他和儿子在那里担任宫廷御医）和福斯塔特："我每天到了下午才能回到福斯塔特，都快饿死了。城堡的接待处挤满了人，有犹太人、异教徒，有贵族也有平民，我不得不下马，洗了手，走到我的病人面前，请求他们容我吃点东西再看病。"

福斯塔特吞没了孟斐斯，开罗又吞没了福斯塔特。埃及普通民众对首都的称呼Misr现在指的也是开罗。福斯塔特被称为Misr al-Qadima或"老开罗"，这也正是孟斐斯的名字。孟斐斯的遗迹消失于14世纪，但福斯塔特却没有消失，它变成了开罗的一个区，与沿尼罗河向北几英里处熙熙攘攘的新港口布拉克（Bulaq）默默地竞争着。

中世纪的开罗实际上是三座城市的集合体，庞大的建筑群从尼罗河绵延的漫滩遍布至通往南北港口的两条大路。萨拉丁城堡，包括宫殿、官署、兵营和马厩，是这座城市的核心。最初，核心区起于城南祖维拉大门，那里有一英里左右的空地，后来被朝臣和将军们的宅邸占据，祖维拉大门的圆柱形塔楼不再具有防御功能。这一地区形成了一条横跨整个城堡的商业街，北通征服之门（Bab al-Futuh），南抵福斯塔特。"开罗"的地界最终突破了北面和西面的城墙，延伸至城外的农田和尼罗河边的布拉克港。

无论是穆斯林朝圣者、犹太学者，还是基督徒商人，中世纪的旅行者普遍认同的是：开罗的规模是无与伦比的。

14世纪来到开罗的波斯人哈利勒·扎希里（Khalil al-Zahiri）说，这里比波斯的十个大城市加起来还要大；佛罗伦萨旅人莱昂纳多·弗雷斯科巴尔迪（Leonardo Frescobaldi）在1384年写道，开罗一条街上的居民比整个佛罗伦萨的人还多，他还称停泊在布拉克港的船只数量相当于威尼斯、热那亚（Genoa）和安科纳（Ancona）港口总数的三倍；克里特威尼斯人伊曼纽尔·皮洛蒂（Emmanuel Piloti）在开罗经营的丝绸和葡萄酒生意兴旺了二十年，他认为开罗是世界上最大的城市，称"这座城市的周长有18英里，里面住的居民难以计数……它是所有城市中最繁华的……"。有来自欧洲的旅行者说，开罗的规模是威尼斯的四倍。1483年，还有人说开罗是巴黎的七倍大，骑马绕城一周要花费整整12小时。

在刚到开罗的人看来，这里的城市规模、人口密度给人的直观感受，都与如今的纽约或香港一样，具有十分显著的城市化特征。开罗的人口在1348年的大瘟疫之前可能超过了五十万，成为自罗马衰落以来西方世界最大的城市。[①] 据说，从远处看，开罗像一座

[①] 开罗人口的确切数字尚存争议，但无疑超过了地中海的任何国家。据不完全统计，罗马在帝国鼎盛时期可能有一百万居民，但在公元1500年只有四万人口；巴黎是当时欧洲最大的城市，约有二十万人口；君士坦丁堡人口数量约十万；伦敦人口数量约五万。

第四章　繁华与开放的都市

高耸的山峰，十几层的高楼大厦耸立在几码宽的街道上，"像蝗虫一样密集"的路人把街道挤得满满当当。这里的一座公寓能容纳数百甚至数千人。编年史记载道，开罗曾经有两位三十年后偶然相遇的老同学，他们发现彼此居然一直住在同一栋楼里。马克里齐曾见证过一座大楼的建造过程，其底层是一个商队客栈，往上有三百六十套公寓，可容纳四千个住户。

地价飞涨，建筑师们也十分擅长把大楼设计得符合各种奇形怪状的地块，优化楼角和出入口的设计，将阁楼和窗户尽可能朝向街道。而在主干道以外的小巷里，再精妙的设计也无济于事，巷子里光线很暗，楼间距十分狭窄，白天甚至有蝙蝠在这里飞来飞去。新鲜空气也变得珍贵，高级公寓都配有捕风器，以收集凉爽的北风，高举架的设计与喷泉、大理石地板和朝北的庭院式阳台集成了一个通透的自然空调系统。而这样的公寓穷人根本无法负担，大部分来过开罗的游客都见到了许多无家可归的人。1483年，乔斯·范·盖斯泰勒曾写道："很多人住在郊区的简易房和帐篷里，甚至洞穴和井里，因为城里没有他们的住处。"在12世纪的开罗，有一年租金仅几第纳尔的简易房，也有黄金地段租金高达八百第纳尔的高级公寓。

中世纪开罗的规模对物流业产生了极大考验，城区与尼罗河水源的距离也考验着水的供应。根据马克里齐的记录，需要大约一万名运水工才能勉强解决这座城市的饮水问题，运水的驴队和骆驼队不停地往返于尼罗河和城区，以满足那些公共喷泉和私人蓄水池的需要，以及供应流动餐饮行业。森林覆盖率微乎其微的埃及，高昂的燃料开销使人们放弃使用自家厨房，取而代之的是，人们会买包头巾的膳务员托盘里的烤羊肉，会吃烤制好的人工养殖鸡——这种食物也曾是欧洲游客的最爱。有趣的还有，据公元前3世纪的托勒密学派记载，孟斐斯提供扁豆汤的公共厨房生意十分兴隆。

马克里齐还统计过，仅城内的卡萨巴（Qasaba）① 就有1.2万家商店，整个开罗有87个独立的市场。比起城郊的一般商品贸易，市中心的商品则更加精细化、专业化。例如爱资哈尔清真寺附近聚集着售卖铭文象牙梳子的精品店；旁边是售卖西伯利亚貂皮、山猫皮、白鼬皮、松鼠皮的市场；从土耳其弓到锁子甲，还有金银镶嵌的剑，这些武器都在苏丹哈桑和马里达尼（al-Maridani）两座清真寺之间的街道上出售。祖维拉——法蒂玛王朝时期开罗的南门早已被城市的扩张所吞没，现在成了城市的象征性建筑，附近出现了卖糖果的小摊和一个乐器市场（据说也是富家公子们聚会的场所），征服之门和胜利之门的集市上则售有马鞍、布料、鸟类，还有奴隶。

奴隶制在整个世界范围内兴起之前，开罗的奴隶交易市场就已经十分兴盛。成千上万的奴隶随着苏丹、阿拉伯半岛、叙利亚和利比亚的商队，穿过红海和地中海来到开罗交易。早在19世纪60年代，每年交易量就有一万人，其中大多数人在城里服劳役。据记载，埃及只有15世纪末发生过一次奴隶起义——几百名马夫逃到

---

① 指有顶的户外市场和商店街。Qasaba字面意思大概是漏斗、峡谷或咽喉——贯穿开罗的南北大门。共有四英里长，每个区域都有不同的名字，例如铜器制造区、帐篷制造区、筛具区、宫殿区等。

第四章　繁华与开放的都市

河对岸的吉萨建立了奴隶政权，这里也未曾发生过如美洲一样残酷的奴隶制纷争。奴隶可以积聚财产，拥有巨额财富的奴隶并不罕见：1024年，法蒂玛王子的一个侍女死后留下了价值四十万黄金第纳尔的遗产。开罗商人通常指派他们信任的奴隶负责运输货物，或去往较远的港口作为他们的代理人。奴隶为奴隶主生的孩子也是自由的，为表虔诚和善意，奴隶们也经常解放他们的奴隶。

15世纪，市场上有价格在十第纳尔的普通女佣，也有几千第纳尔的漂亮舞女，但是人力商品的价格并不算高。早在1320年，苏丹纳西尔·穆罕默德（al-Nasir Muhammad）花费了三万第纳尔购买了一匹骏马。马穆鲁克市场中最受欢迎的是骁勇善战的鞑靼人。据伊曼纽尔·皮洛蒂说，一般为每人一百四十达克特（ducat）①，然后是切尔克斯人、希腊人，接着是阿尔巴尼亚人、斯拉夫人，最后是塞尔维亚人，每人约七十达克特。想纳妾的人也有广泛的选择，阿比西尼亚女人以性感和"舒适"闻名。一个土耳其人大胆描述其为"红宝石般深邃的珍珠盒"，也有其他买主选择小眼睛的蒙古人和亚麻色头发的白人。许多人建议要谨慎选择，因为人贩子们会把她们的金发染成黑色，以卖个好价钱。

开罗的"吸金"表现在许多方面。1324年，五百名奴隶每人手持一卷约五磅重的黄金第纳尔，通报去往麦加朝圣的马里（Mali）国王曼萨·穆萨（Mansa Musa）将经过这里的消息。从前的非洲国王出行是浩浩荡荡的，一般有一百只骆驼随行，并各驮着三坎

---

① 当时流通于欧洲各国的钱币，一威尼斯达克特的价值相当于一黄金第纳尔。

塔尔（kantar，约三百磅）的贵重金属。然而，曼萨·穆萨着实在开罗花钱如流水，后来他只能向一个埃及香料商借了五万第纳尔来支付回程的花销。

曼萨·穆萨来访埃及的 12 年后，黄金的市场价格仍没有走出那段风波，开罗的店主们还在吹嘘他们是如何从这位虔诚的统治者和他的随从手中赚钱的。叙利亚旅行者伊本·法德拉拉·奥马里（Ibn Fadlallah al-Umari）听说："他们可以花五第纳尔买一件不值一第纳尔的衣服，这些人实在是太好骗了，任人宰割。"也有其他史学家证实过这些非洲人的"慷慨"。奥马里说，非洲人以为他们的钱是用之不竭的，而他们最后面对的，就是"整个国家的财富所剩无几，他们越来越贫穷，最后不得不半价出售那些高价买来的东西"。在马里的廷巴克图（Timbuktu）以外的地方，开罗的贪婪也是众所周知的，即使是开罗最博学的科学家和宗教学者，也会受到马里人的鄙视。

如果开罗是一件珍宝，那么开罗皇室就是上面那颗最为璀璨的明珠。坚固的城墙绵延近两英里，使城堡内变成了一座城中城，紧密分布着清真寺、市场、宫殿、监狱、武器库、马厩、国库、铸币厂和法庭。14 世纪，在马穆鲁克苏丹纳西尔·穆罕默德统治时期，城堡的厨房每天烹饪约 25 吨的食物，开一次筵席就要宰杀三千只羊、六百头牛、五百匹马，还使用一百吨糖制作甜点和冰沙。

除了众多国家行政官员，这座城堡还容纳着苏丹的两个"家庭"——马穆鲁克军团和他的后宫，还有服侍他们每个人的等级分明、身着制服的庞大的宦官队伍。马穆鲁克士兵在城北营地，12

第四章 繁华与开放的都市

个兵营里各有一千名年轻士兵,都是苏丹的密探从土耳其、蒙古和斯拉夫(Slavic)兵营中挑选来的最上等的士兵。城南的掩体下,是苏丹后宫居住的五所皇家住宅。纳西尔·穆罕默德的四个合法妻子都有自己的住宅,住着她们的孩子和侍女,还有为他的一千两百个嫔妃准备的"第五大殿"。

当时一直有欧洲人坦言,他们从未见过像马穆鲁克皇宫这般富丽堂皇、雄伟宏大的宫殿。来自佛罗伦萨的外交官费利斯·布兰卡奇(Felice Brancacci)1422年拜访苏丹巴尔斯拜的经历令他印象无比深刻。他写道,他们黎明就被叫起床了,使馆一行人在宫门外的马球场等了几个小时才被领进去,他们在严密的监视下穿过漫长的走道和两侧排列着皇家卫队的门洞,在被从头到脚搜查了一番,确认未持有武器后:

爬了足足八层楼,我们终于到达了苏丹的住所。一路上重兵把守,我们走过时,他们手中的长戟仿佛就在我们头顶上挥舞着。

我们走进一间由石柱分隔成三部分的大殿,大理石铺成的地面上覆盖着柔软的地毯。正对着入口有一个两侧设有阶梯的平台,苏丹在平台中央端坐,穿着白色亚麻长袍……他看起来年近四十岁,留着棕色胡须。身后是众多马穆鲁克守卫,一个手里拿着剑,一个拿着水罐,另一个拿着一支长一英寻、直径一英寸的金币筒,这场面犹如一幅描绘凯旋场景的壁画,四周有奏乐的琴、琵琶、鼓、钹,还有演唱的歌者。

眼前的景象使我眼花缭乱、头晕耳鸣,我无法——描述这一切，只是清晰地记得我们每走一步都要亲吻地面，被两个人抓着肩膀，被像牲畜一样对待：每次需要亲吻地面时，他们就大喊大叫，声音震耳欲聋。大概亲吻地面七八次，离苏丹有约五十码时，我们停了下来，喧闹声也停止了。大臣们要求我们的提问尽量简短，这期间还一直有三把闪闪发光的小斧头悬在我们头上，没等跟翻译说几句就被打断了，"够了！够了！"我们再次亲吻地面时，就不得不随他们撤退到入口……

还有一个细节，我们在呈递照会时吻了一下信封，用双手举在面前，大臣一把拿走信件，大声朝我们哼了一声，然后狠狠地扇了我们一巴掌……

后来所有人都告诉我们，这是西方使节头一次受到这么高规格的接待……

布兰卡奇后来接受了一个热情的私人邀约，他完成了任务，苏丹同意授予佛罗伦萨贸易优先权。

开罗其实是好客的。即使现在走进这座11世纪的祖维拉大门，那种来自中世纪游客的共鸣还是会油然而生。

世间两种最大的慈悲是给口渴的人以水、给无知的人以智慧，虔诚的信徒们捐赠建造了许多专门为孩童设立的宗教学校。城里不少通道里都设有诵经的窗台，以便用神的话语祝福经过的路人。奥斯曼时期为游客准备的公共饮水机也随处可见。

马克里齐曾经统计过，城里共有七十多家商队旅舍，其中较为典型的一座，上面的楼层曾作为旅行者的住所。现在这个建筑大部分已经倒塌，院子被商店和车间占满，这里原来是一个供商队卸

第四章 繁华与开放的都市

货、交易的公共场所，前方还有一间公共澡堂，也是马克里齐曾列出的52间澡堂之一。街对面是15世纪苏丹穆雅德的陵墓、清真寺和宗教学院，马克里齐在这里教授伊斯兰传统教礼。清真寺宽敞的庭院里，伴着信徒们的鼾声，麻雀叽叽喳喳地在树林里飞来飞去，信徒在清真寺午睡的习惯已经延续六百多年了。从13世纪到16世纪，开罗至少还存在过六所免费的伊斯兰科学院，后来作为旅游景点保存了下来，附近还有一小部分苏丹卡拉温时期修建的大型慈善医院遗迹。

开罗在四百年前开始兴建慈善医院，用奴隶市场收缴的税款承担一切开销。这座13世纪的建筑由苏丹卡拉温所建，是当时城里几所大型慈善医院之一。根据规定，医院负责给病人提供良好的照顾，直到病人恢复到"能吃掉一整只烤鸡"方可出院。医院基金会章程明确指出：在每年五万第纳尔的总预算中，有一笔款项专门用于购买棕榈叶以应对酷暑。医院优先接收那些"最为穷困、最孱弱、最可怜、最需要帮助的人"。不同疾病的主治医生每天查房两次，并设有专门的药剂师负责安排病人按时吃药。

大多数这类慈善机构的资金来源一般为宗教慈善信托基金，这种机构属于伊斯兰继承法的灰色地带。按照该法律，遗产的划分有一套严格的算法。财产所有者若想规避划分、保持遗产完整，可指定自己的某个后代为"瓦克夫"（waqf，意为持有者，指捐赠人），只要将其财产以慈善名义进行捐赠即可。理论上，这类信托是永久有效的，还可使财产免于被政府征用。到1339年，开罗13万英亩的农田和大量城市地产的收入用于城市喷泉、学校和医院等公共设施的维护。18世纪末，埃及五分之一的可耕地（约六十万英亩）已掌握在瓦克夫手中，其中还有一处13世纪捐赠的小块土地收入用于喂养开罗的流浪猫。

❈

在中世纪的开罗，女人们蒙着面纱，可以说是一种保护隐私的最佳做法。1390年，一位游客说，开罗的集市上每天人山人海，不知情者还以为这里正在举行婚礼或葬礼。有意思的是，喧闹的人群成了年轻男女打情骂俏的好地方。

对于穿着打扮的潮流，人们总是后知后觉。大约在这个时期，时髦的女士们开始穿男装。正如马克里齐所说，这是因为"年轻男性在贵族阶层更受欢迎，女人为了抓住男人的心，也试图让自己看起来像男孩"。苏丹对此大为震惊，便禁止女士戴头巾。

这些谄媚奉承的行为反映了一种信条，即控制和保护女性是为了女性本身。佩戴面纱作为一种礼仪，并不只是宗教训诫，而是为了保护男人免受诱惑，因为受到诱惑是正常男性无法抗拒的。相反，人们认为女性是诱惑的主导因素，所以有法律规定，只要一个男人支付了妻子的全部嫁妆，他就有权禁止妻子离开家。14世纪，一位开罗的谢赫在这一方面被树为典范，他要求妻子在他不在的时候汇报自己的一举一动，哪怕只是把一个罐子从一个架子移到另一个架子上。因为作为她的丈夫和"主人"，男人要在上帝面前对妻子的行为负责。

第四章　繁华与开放的都市

马克里齐在叙述关于塔塔尔·赫加齐娅（Tadar al Higaziyya）陵墓的一则轶事中阐释了女性贞节的重要性。塔塔尔是苏丹纳赛尔·穆罕默德的一个女儿，其陵墓的瓦克夫雇用了若干诵经者，并请宦官时刻把守在她的墓前。其中一位诵经者用了一个非常"开罗式"的计策来报复同僚的轻蔑，他向总管告发说，这个厚颜无耻的家伙在不穿内裤的情况下偷偷溜进了塔塔尔女士的墓室。总管怒火中烧，将那个困惑的同僚抓来就是一顿鞭打："你竟敢如此亵渎这位尊贵的女士！"

也有一些游客认为开罗的妇女享有相当程度的自由。1761年，丹麦旅行家卡斯滕·尼布尔（Carsten Niebuhr）发现，这里每天都有许多女士前往墓园，她们"用虔诚的行为，以掩盖享受外出散步的乐趣"。其实去墓园的另一个便利是，妇女们可以按习俗摘下面纱，来面对已故的家人，或者她们的"男性监护人"。

伊斯兰教的法律允许妇女拥有财产，这比西方要早得多。据档案记载，从853年到1516年开罗有四分之一的宗教捐赠者为女性。女性也从事着许多职业，如发型师、专业送葬者、婚介、助产士、时装和化妆品零售等。开罗有许多女性商人，还有一些女性在苏菲派修道院苦修或担任教士。一些社区的女性领导者也因为其杀伐决断的作风而名声大噪。19世纪，祖维拉之门附近有一名出名的"野兽阿齐扎"（Aziza the Beast），从事着收取保护费的工作，她用头撞人的功夫让许多店主十分畏惧。

然而，当时社会对女性的刻板印象普遍是懒散和娇生惯养的。根据15世纪的旅行家哈桑·瓦赞·扎亚提（al-Hasan al-Wazzan al-

Zayyati),也就是利奥·阿弗里卡纳斯(Leo Africanus)所说,开罗上流社会的女士们非常在意自己的名声,没有一个人愿意屈尊去做烧饭和缝纫的活:"丈夫工作的时候,妻子会好好梳妆打扮,喷上香水,然后牵着驴到城里去拜访父母和朋友。"男人们也不得不谨慎行事,虽然法律上妻子有义务接受丈夫的同房需求,但妻子可以在法官面前控诉丈夫的阳痿。利奥说,这是一个"十分常见"的离婚原因。1341年法庭裁决离婚案件的书面判决书表明,不管出于什么原因,离婚是很常见的,比如有马穆鲁克贵族的女儿结了六次婚,也有哈里发的女儿找过五个丈夫。开罗宗教法庭的档案记载,1898年,每四对夫妻就有三对离婚。

统治阶级中家族之间通常有联姻。爱德华·莱恩在19世纪20年代曾写过一篇文章,描述了妻子的社会地位高于丈夫时的情况:

> 妻子父亲的社会地位高于丈夫是很常见的。这种情况下,妻子通常会对丈夫进行严厉的控制。一位巴夏或其他大人物把自己的近身侍女赐婚给他的下属,情况也大致相同。妻子不允许丈夫纳妾,把丈夫的侍女都收为己有,甚至会在丈夫回来时派那些不漂亮的侍女侍奉,或者规定她们佩戴面纱。有些妻子则采取不同的做法:她们表面上允许丈夫纳妾,但若其中哪一个比自己更得宠,妻子便下毒将其害死。[①]

那时和现在开罗的一样,肤白和丰满被认为是完美女性的两个

[①] 笔者认为这段文字是杰森·汤普森(Jason Thompson)的学术成果,他从大英图书馆和牛津大学的莱恩手稿中挖掘出了其未发表的作品。

第四章　繁华与开放的都市

重要特征。第一个比较容易实现，因为戴面纱可以遮挡日晒，而变得丰满却没那么简单。据编年史记载，女性对婚姻有着迫切的需求，为了使她们保持丰满，穆斯林父母甚至不要求家里未婚的女儿在斋月期间禁食。摩洛哥评论家伊本·哈吉（Ibn al-Hajj）告诉我们，14世纪的贵族妇女会在睡觉前吃高热量的食物，或者用面包屑和坚果混合做成睡帽的样子以便夜晚取食。有些人认为碾碎的昆虫更有营养，还有一些"增肥"狂热者甚至认为喝人的胆汁能增加食欲。

　　中世纪的开罗人十分注重外表。在那些穿戴黑色薄面纱、小圆帽、白色大衣、亚麻贴身背心、丝绸马裤和镶着宝石的拖鞋的女士身上，通常都有文身或身体彩绘。她们也会染指甲、涂口红和胭脂，喷昂贵的香水。有一段时期长袖子的衣服十分流行，需要用长达92腕尺①的布料。政府觉得禁止这种奢侈行为十分必要，但在1472年却提倡人们戴"至少三分之一腕尺"的高帽子，而不是不体面的矮帽子（了解开罗的人可能会猜测，有马穆鲁克官员在操纵市场并从中获利）。

　　宗教规则被强制执行时，公众容忍度便逐步下降。开罗的穆斯林戴白色头巾，基督徒戴蓝色，犹太人戴黄色，少数撒玛利亚（Samaritans）教派则戴红色。苏菲派的每个教团也都有自己的头巾颜色，一般为绿色、黑色和深红色。衣着代表身份和信仰，从执鞋官到传令官再到书记员，宫廷里的每一级官员都有特定的制服和头

---

①　埃及广泛使用的测量单位。

饰。在马穆鲁克王朝，体现最高荣誉的服饰是由苏丹授予的马褂，由亚麻、丝绸、皮草、镶金腰带、精致的马鞍和盔甲组成，其价值和现代的一辆豪华轿车相当。

随着1517年马穆鲁克王朝的垮台，人们的服饰不再华丽，时尚业的衰落令人惋惜。戴马穆鲁克人高高的红毡帽成了罪犯，可处以死刑。有开罗人抱怨说，洗劫这座城市的奥斯曼侵略军衣衫褴褛，不仅喝醉了酒，还戴着愚蠢的锥形帽子，穿着邋遢的制服，"以至于分不清他们是主人还是仆人"。更忍无可忍的是，相比于习惯给胡子染上时尚的颜色和用麝香涂抹胡子的开罗人来说，那些人没有胡子。

◈

这座中世纪城市为达官显贵们安排了许多相互炫耀的社交活动。城堡下面的竞技场每周都有马球比赛和射箭比赛，马穆鲁克官员的私人军队和苏丹的皇家军队会展开激烈的竞技。当地除了圣日和宗教节日，还有一年一度去往麦加的朝圣车队游行日。最具代表性的还有尼罗河节，在这个庆祝丰收的日子，君主乘坐皇家游船到罗达岛，用麝香涂抹水位计测量柱，紧接着在他的指示下，工人们开闸放水，将一个代表处女的人形玩偶以尼罗河新娘的身份献祭，随着水流掉进河里，在壶鼓和炮声中奔流而出的河水涌向城市。夜晚，灯火通明的小船载满狂欢的人。正直而审慎的马克里齐描述说，这一天，羞耻和罪恶污染了尼罗河："人们醉酒谋杀、公开

第四章 繁华与开放的都市

犯罪。"

早期的编年史家并不认同马克里齐的观点。作为942年1月10日基督教主显节的见证人,历史学家马苏第(Al-Mas'udi)曾在这一天的聚会上见证了信徒们告解的有趣场景。统治者下令在福斯塔特和罗达岛的河岸上燃起一千支火把,"成千上万的穆斯林和基督徒聚集在尼罗河的小船上和岸边的亭子里,他们在装备、服饰、金银器皿和珠宝上比来比去,十分欢乐。音乐响起,人们载歌载舞……那是一个美好的夜晚,大家在尼罗河里洗澡,因为他们深信尼罗河水是治愈一切疾病的灵丹妙药"。

每逢打了胜仗,大街上都会有军队沿着卡萨巴游行,炫耀战利品和俘虏。1426年塞浦路斯被马穆鲁克攻占之后,国王约翰被铁链拖着穿过开罗。记录者伊本·塔格里伯蒂(Ibn Taghribirdi)描述道,城里人山人海,为胜利大声欢呼,人们彼此间都听不见对方讲话。于是有人发现了开罗民众的一个特点,这种场合人们会自发地聚集在一起,"没有一个是被谁派来的"。

河湾绿树成荫的岸边酒馆林立,船只在时令湖上游弋着,这是那些喜爱音乐的人、吸食大麻和鸦片的人,还有酒鬼们最热爱的活动。尽管被虔诚的信徒所唾弃,这些活动却给国家带来了巨额收入。在14世纪早期,葡萄酒行业和被严格管制的色情行业每天带来的税收达一千第纳尔。开罗省长甚至一度亲自把控着本地的色情产业。马克里齐批判道,马穆鲁克的税官如此贪婪,从事这一行业的女性不得不寻找那些有潜质的客人,以求得他们为自己赎身。这类交易在开罗西部郊区和祖维拉城门附近尤为兴盛。16世纪时,仅巴布·卢格区（Bab al-Luq）一晚就有近八百名妓女从业。当时的一位土耳其游客说，她们十分擅长卖弄风情。

这里当然还有许多纯洁的游乐活动。15世纪，乔斯·范·盖斯泰勒就对城区和尼罗河间的花园十分着迷，尤其是他从未见过的香蕉树："贵族、富太太和商人们没事就去这些花园、果园打发时间，带着食物和饮料，惬意地在小房子、帐篷和亭子里休憩……。我们可以看到许多太太、小姐们来这儿聚会，找亲朋好友串门，果真像在天堂里一样无忧无虑。"

小商贩们和杂耍的人聚集在城墙外的阿兹巴基亚湖（Azbakiyya）和巴尔卡特·菲尔（Birkat al-Fil）附近，有风水师、占星家、皮影戏演员、说书的人，还有专业栽培师、表演喷火和碎石的杂技演员等。1517年，利奥·阿弗里卡纳斯曾在阿兹巴基亚看到了训练有素的跳蚤和跳舞的骆驼，还有一头驴的表演使他印象极为深刻：

> 跳了一会儿后，驯兽师对驴子说，苏丹要让城里的驴子都去工地运石头，驴便立即跌倒在地，四脚朝天，闭上眼睛，好像死了一样。这个江湖骗子马上向他们哭求，请他们帮他再买一头驴。他继续说道："别以为我的驴死了，它只是想要你们请它吃顿饭！"接着他命令驴站起来，又朝驴身上连击了几下，驴还是一动不动。于是他又喊道："先生们，苏丹又颁布了一项法令，明天我进城时所有开罗的人民都必须出来为我欢呼，找来城里最漂亮的姑娘，骑上用上等大麦和甘甜的尼罗河水饲养的最好的驴！"还没等说完，驴子一下子跳了起来，趾高气扬，

第四章 繁华与开放的都市

神气十足。驯兽师接着说:"可惜!我住那条巷子的首领①要我把这匹骏马借给他那又老又丑的妻子。"这只聪慧的驴听了,马上垂下眼睛,一瘸一拐地走了,好像真的瘸了一样。"这么说,你喜欢漂亮的姑娘喽?"驴子点点头。"好吧!"驯兽师说:"这里有很多!告诉我们你最喜欢谁?"驴子就绕着观众小跑,看到漂亮的姑娘就用嘴靠近。"嘿!驴子太太!"众人们便笑着戏弄这位姑娘。这时,驯兽师已经骑上驴走了。

13世纪的作家伊本·达尼亚尔(Ibn Daniyal)创作的皮影戏是最早的阿拉伯语戏剧作品之一,讲述的就是这些江湖骗子和杂耍者的故事。"奇奇"(Ajīb)和"怪怪"(Gharīb)是这部滑稽小品的两个主角,故事发生在祖维拉城门外。奇奇是一个骗人的传教士,十足的伪君子,而怪怪则靠假装失明和癫痫,以兜售假护身符为生。故事还介绍了许多其他生存在社会底层的人物:耍蛇者、化装成苏丹的小丑、吞剑者和自残的乞丐等。这些人都有着悲惨的命运,却每天愚弄着那些容易上当的开罗市民。

即使开罗遭到侵略,人们依旧热衷于看戏。1517年,奥斯曼帝国的铁骑席卷了整座城市。一位开罗的皮影艺人为苏丹塞利姆(Selim the Grim)重现了开罗最后一位马穆鲁克苏丹图曼贝(Tumanbay)被抓捕处决的一出戏,为了更真实地还原处决场景,戏里图曼贝的吊绳被皮影师拉断了两次。"冷酷的塞利姆"看后大悦,

---

① 到19世纪,小巷(hāra)一直是开罗主要的社区单位。每个小巷都有自己的首领或长老,承担维持秩序和收税等工作。

脸上露出了满意的笑容。这些傲慢的土耳其人赏给这位艺人两百第纳尔，把他带回了君士坦丁堡，为他的儿子，也就是未来的苏莱曼大帝（Sulayman the Magnificent）表演这部戏。

❈

中世纪的开罗也遇到过环境问题。据法蒂玛哈里发穆斯坦希尔的医生伊本·里德万（Ibn Ridwan）说，11世纪这里发生了严重的空气污染，福斯塔特澡堂的锅炉冒出滚滚浓烟，病人们不得不搬到郊区去（有趣的是，为了保持澡堂内的空气清新，他们禁止男女浴室的服务员吃大蒜和洋葱），于是这位受人尊敬的医生把这件事记录在一本介绍埃及人身体疾病的书中。他的描述即使在现在看来仍然十分贴切："晚上，尤其是夏天，城市被一团阴郁的黑雾笼罩着，一天之内就会使人喉咙痒痛、衣服变脏，没有风的时候空气尤其浑浊。"尽管政府有法令要求店主们定期浸湿路面来压住灰尘（这一习惯至今仍在延续），但这对于净化空气来说还是无济于事。

开罗的交通状况也十分糟糕。和现在一样，人们习惯性地无视政府部门制定的交通规则。按照先知穆罕默德立下的传统，道路应尽量宽阔，足够两侧满载的骆驼通行。而道路不断被挤占，警察不得不拆除路障，要求所有人靠左通行，运水工要保证做好密封工作不让水溅出来，载有重物的牲口要装上铃铛，主干道上禁止运输易燃物品。1241年，格拉纳达（Granada）的诗人伊本·赛义德（Ibn Sa'id）在集市旁的一场连环车祸中困住了，有一辆装满石材

第四章 繁华与开放的都市

的牛车挡住了一位官员的车队。"官员停了下来，局面愈发紧张起来，旁边熟食店的油烟飘进我的鼻子，飘进官员的长袍，人们若无其事地经过，我被卡在路当中，差点断气。"而在那些官员们不常走的偏僻小巷子里，交通堵塞几乎每天都在发生，如今也是这样。

1800年以前，开罗几乎没有轮式车。骆驼是当时最好的运输工具，这看起来似乎奇怪，因为骆驼不需要十分平坦的路面，更加节省人力，驮载量也足够。早些时候，社会顶层的女士们乘坐骆驼轿子，而城市里的公共交通工具以驴为主。据马克里齐估算，14世纪大约有两万头"交通用驴"。在城门和广场等交通枢纽，一头驴只需几便士就可以租一整天，游客们也很享受这种便利。一个半世纪前，亚历山大·金莱克曾说，在这种缓步行走的坐骑上可轻松写完一封信。从我曾祖母的时代再往前数六个世纪，伊本·赛义德先生曾在骑驴时遇到了一些麻烦：

> 祖维拉城门绝对是我见过的驴子最多的地方，它们通常往返于开罗和福斯塔特。有一次，我的同伴骑上一头驴，示意我也骑一头。我开始并没有照做，直到他告诉我，在埃及，骑驴是一件非常普遍的事，名人志士也是如此。我也注意到，许多法学家、布商和名人也都骑驴。我便模仿他们坐在了一头驴身上，还没等坐稳，看驴的男孩打了个手势，驴子便顺势冲了出去，扬起一大团尘土，我的眼睛看不见了，衣服也脏了。万般挣扎，我还是被摔进了土里。

伊本·赛义德有理由抱怨，他摔倒的地方很可能堆满了垃圾，因为这座古老的城市从来没有认真掌握清洁的技巧。① 虽然垃圾每天都有人收，这座中世纪城市的街道还是很脏。

随着时间的推移，囤积和浪费引发的无尽后患逐步显现。在现代开罗的老城区，数百年累积的碎石以及雨水过后垫在路面上的稻草把街道高度提升了二十三英尺。今天用脚走过祖维拉城门附近的行人，也许和11世纪骑骆驼走过的人位置一样高。

两百年前拿破仑到来时，他占领的或许已经是一座濒临毁灭的城市。开罗"坟墓圈"外的地方大部分被百英尺高的废墟占据，因为这里世世代代的居民都把垃圾倾倒在城墙外。

尽管19世纪时大部分垃圾曾被清理过，但古老的爱资哈尔清真寺和巴特尼亚（al-Batniyya）大麻市场外仍有堆砌于中世纪的垃圾山。这一景象令人印象深刻，垃圾山高达15层楼，延伸一英里长，甚至淹没了法蒂玛王朝的巨石城墙。这是开罗长期建造的"垃圾纪念碑"，某种程度上也证明了其中世纪的财富，正如马克里齐所说：

> 在埃及的首都，每天扔掉的垃圾也许就值一千黄金第纳尔。比如……小贩用来盛装牛奶和酸奶的陶罐，还有小吃摊上穷人吃东西用的容器。他们也在想……制作乳制品用的柳条架、药剂师用的锥形纸，还有捆粮袋的绳子等。因为这些包装品一旦从市场带回家，就会被人们扔掉……

---

① 从古代孟斐斯开始，这里的垃圾清理工作就没什么成效，虽然没有塑料等废物的污染，但三千年后考古学家发现了许多当时丢弃在路上的莎草纸碎片和破碎的陶器。

第五章
失落的中世纪

第五章　失落的中世纪

> 对每个初访者来说,最令人震惊的就是阿拉伯人的凄惨处境和突厥人金碧辉煌的宫殿。
> ——马登(R. R. Madden),《游记》(*Travels*),1825 年

早在拿破仑率领东方军团抵达废墟中的开罗之前,另一群入侵者早已叩响了这座城市的大门。1167 年春,基督教十字军团从巴勒斯坦进入埃及,已是强弩之末的法蒂玛王朝疏于抵抗。实际上,埃及人已经暗中与这伙入侵者勾结,以共同对抗驻扎在开罗城北的叙利亚军队。一天早上,凯撒利亚的休(Hugh of Caesaria)爵士和格雷·富尔彻(Geoffrey Fulcher)爵士率使团来到"征服之门",他们跳下战马,在一支步兵护卫队的带领下进了城。使团沿着两座宫殿之间用于节日游行的街道(Bayn al-Qasrayn)① 行进，经过哈基姆（Caliph al-Hakim）清真寺的扶壁尖塔和阿克马尔（al-Aqmar）清真寺（也称"月华寺"）月光下银波浮动的墙壁，到达两座宫殿之间开阔的阅兵场，最后进入足有四千间房间的法蒂玛王朝宫殿——东宫。

与他们同时代的提尔大主教威廉在他的《大海彼岸的历史往事》(History of Deeds Beyond the Sea) 中记录了使团的见闻。根据他的描述，这些基督教士兵们步伐铿锵有力，令人印象深刻：这里就是教皇乌尔班二世（Pope Urban Ⅱ）在一个世纪以前用来吸引追随者发起圣战的流奶与蜜之地。法蒂玛王朝的高官们护送他们穿过守备森严的大厅、喷泉花园中石子镶嵌的小径和金顶回廊，经过皇宫御厨的储藏室，这里每天要储备由 14 匹骆驼满载运来的西奈山的冰雪。他们穿过饲养着鹦鹉、长颈鹿和各种珍禽异兽的皇家动物园，里面如同"沉睡者夜梦中的异想，自东方和南方而来，在西方却见所未见、闻所未闻"。最后，他们被领进了这座皇宫的正殿。绣着金线和珍珠的帘子骤然拉开，里面正是端坐在金色王座之上、伊斯玛仪派教义中永远光辉正确的伊玛目。休爵士坚持要和时年 18 岁的哈里发握手，这着实让大臣们捏了一把汗。但事实证明，作为法蒂玛王朝的末代哈里发，阿迪德（Al-'Adid）对待使团比他的大臣们更有礼貌：他甚至脱下手套与休爵士握手。他的妥协获得了回报，这群异教徒使团接受了他的条件，十字军仅拿着二十万

---

① Bayn al-Qasrayn 意为在两宫之间，指的是法蒂玛王朝统治时期的东宫和西宫之间。虽然这些宫殿很早以前就被马穆鲁克人建的清真寺所取代，但这片游行队伍通过的区域名称还是延续了下来——甚至成为小说家纳吉布·马哈富兹一部作品的标题。这些宫殿现存的遗迹只有一些雕工精美的木过梁，藏于开罗的伊斯兰艺术博物馆。

第五章 失落的中世纪

第纳尔便同意离开，第二天就从开罗撤回到巴勒斯坦。

正因如此，这座城市才有幸免于耶路撒冷当年的命运。1099年，法蒂玛王朝下辖的耶路撒冷陷落之时，十字军屠杀了城中所有的平民，彻底改变了中东地区的局势。

在之后的两个世纪里，十字军不断对埃及这个更大的目标发起攻击。1149年，他们洗劫了亚历山大港和杜姆亚特港。1168年，他们占领了距开罗仅四十英里的比勒拜斯（Bilbays）镇，并将镇上的居民屠杀至仅剩一人。无奈之下，法蒂玛王朝只能以贿赂来暂缓入侵者的步伐。而当这些都于事无补时，他们开始与基督徒结盟、和叙利亚的逊尼派穆斯林结盟。可是这个什叶派王朝气数已尽，大臣们深受宗派分裂所困，最终在血腥的宫廷斗争中倒下。实际上，这种分裂是无法避免的。虔诚的民众坚信统治者永远光辉正确，但现实中部分哈里发不是尚在幼年就是孱弱无能。在四处弥漫的不安之中，将领们发现有机可乘，于是发起政变将大权把持在自己手中。萨拉丁从叙利亚率军前来增援摇摇欲坠的法蒂玛王朝，却在1171年取而代之。哈里发阿迪德在牢里神秘死亡。萨拉丁下令抵制什叶派，并将其追随者关押或流放。他打开了开罗的宫殿，出售了传说中的法蒂玛王朝的宝藏，包括一颗两千四百克拉的红宝石，一颗四指长的祖母绿以及皇家图书馆，用来给他的突厥骑兵支付报酬。随后萨拉丁以新的封建制度取代了法蒂玛王朝复杂的官僚制度，将埃及大片肥沃的农田分给他的官员们。

巨额财富的支撑令萨拉丁在巴勒斯坦地区无往不胜。在1187年的哈丁战役中十字军受到沉重的打击，从此一蹶不振。成千上万名战俘被押往四百英里外的开罗，派去扩建开罗的防御工事，将法蒂玛王朝时期的开罗城和前朝旧城合并，并加筑了城墙。与此同时，萨拉丁城堡在开罗城东缘的制高点穆卡塔姆拔地而起，它是这个穷兵黩武的时代最好的见证。作为中东规模最大的城堡，它居高临下俯瞰开罗城，昭示着其强大的军事实力。

萨拉丁的后代，也就是阿尤布王朝后来的几位苏丹，在这个城堡中统治埃及八十年，直到最终被他们自己豢养的奴隶兵推翻。骁勇善战的马穆鲁克骑兵是苏丹用于对外作战的武装力量。随着他们的势力渐渐崛起，朝政大权旁落。马穆鲁克用一个又一个战场上的胜利证明了自己的价值。他们击败了1260年自东边长驱直入的蒙古军队，并在1291年粉碎了近东最后一个十字军国家。

然而，与温文尔雅的法蒂玛王朝和阿尤布王朝统治者不同，马穆鲁克人既残暴无道又无视礼法。拜伯尔斯（Baybars）① 是第一位伟大的马穆鲁克苏丹，他花钱请吟游诗人歌颂他作为伊斯兰世界英雄的美德，却因误饮一杯有毒的马奶酒而死。在宗教方面，他任命了四名伊斯兰教的首席法官，分别代表逊尼派的四大法学派，而非依靠沙斐仪派法官一人。这一举措让马穆鲁克得以将宗教势力分而治之。1258年，当逊尼派的名义领袖阿拔斯家族因蒙古人入侵而逃离巴格达时，拜伯尔斯为他们提供了庇护。因此，阿拔斯家族一脉得以在开罗延续。但拜伯尔斯和他的继承者们只是将这些哈里发当成傀儡，使自己的王冠合法化。这些哈里发养尊处优但没有任何

---

① 在突厥语中的意思是狮子王。

第五章　失落的中世纪

实权，时不时地被拉出来作为表演的工具。

通过阴谋诡计和不懈斗争，拜伯尔斯建立起一个一切服务于他庞大军队的王国。他和他的 24 名贵族在招兵买马、训练以及装备马穆鲁克士兵上耗资巨大。在战场上，他无疑是个可怕的对手。一位十字军将领形容他比恺撒更聪明，但比尼禄（Nero）更恶毒。拜伯尔斯的性格从他在 1268 年春天写给安条克（Antioch）末代公爵博希蒙德六世（Bohemond Ⅵ）的一封嘲讽信中可见一斑。在信中，拜伯尔斯以优雅的韵文祝贺博希蒙德六世的头衔从公爵降级为侯爵。他甚至还表示很遗憾，因为博希蒙德没能现场亲眼看见安条克的陷落：

> 如果你能看到你的骑士被践踏在马蹄下，你的宫殿被入侵洗劫一空，你的女人被成批卖掉来换取第纳尔！如果你能看到你的教堂被拆毁，你的贵族们的坟头被夷平，那时你恐怕只会说："祈求上帝，愿我只是尘土！"……但这封信于你是个好消息。上帝保佑了你，让你苟延残喘。因为你不在安条克！

回顾这两个世纪的战果，开罗无疑是胜利的。它消灭了所有贸易对手：巴格达和大马士革被蒙古人劫掠一空；基督教的安条克、提尔和阿卡都被穆斯林攻占；另外，十字军出卖了他们曾经的盟友——拜占庭帝国，占领了君士坦丁堡。开罗一跃成为当时最强大的军事政权的首都。说突厥语的统治者不仅控制了圣城麦加、麦地那和耶路撒冷，还将埃及所有肥沃的农田划归为自己个人所有。在两个半世纪的统治之中，他们通过封地制度，将埃及的财富源源不断地运往首都开罗。

在 1347 年黑死病爆发前短暂的半个世纪里，这座城市达到了空前的繁荣。在埃及苏丹纳西尔·穆罕默德·伊本·卡拉温（al-Nasir Muhammad ibn Qalawun）的统治期间（虽然有两次短暂的中断，但这位苏丹的统治从 1293 年持续到 1341 年，是统治埃及时间最长的马穆鲁克苏丹），开罗的面积几乎翻了一番。建筑的热潮让萨拉丁城堡和祖维拉城门之间的广阔空地变成了人口稠密的聚居地。马穆鲁克人在开罗的西郊和南郊建造了宫殿，在市中心建起了清真寺和学院，在墓地里也修起了宏伟的陵墓。

然而，尽管辉煌，胜利的开罗最终还是陷入了败落。由十字军东征引发的两个世纪不间断的战争导致了这样必然的后果：商人地位降低而军人地位提升，包容和开放的都市精神也让位给了狭隘和封闭。政府的本质变为了国家财富的掠夺者。掌控埃及的马穆鲁克领主们对这个国家的未来和过去没有任何感情。除了忠于自己的阶层以外，他们没有任何信仰。对于他们而言，埃及只是任其宰割的牛羊。

与之相反，欧洲的统治贵族们保持了他们与欧洲土地本身的联系。当欧洲这片土地繁荣之时，他们也就跟着富足起来。同时，欧洲各国互相制衡，贸易、工业和技术领域的竞争愈演愈烈，新的思想文化洪流涌入欧洲。十字军虽然被赶出了巴勒斯坦，但通过与东方文明的接触，他们收获了不可估量的财富。欧洲从阿拉伯人那里学会了造纸术、指南针、水磨的使用，玻璃和水晶的制造，陶瓷、染料、肥皂以及香水的使用等。一位来自意大利比萨，名为列奥纳多·菲波纳奇（Leonardo Fibonacci）的商人在 12 世纪访问埃及后，将阿拉伯数字带回了意大利。来自意大利阿马尔菲的建筑师们

第五章　失落的中世纪

复制了他们在法蒂玛王朝时期的开罗所见到的尖拱顶和拱门；以此为灵感诞生的哥特式风格立刻席卷了整个欧洲。另外一些人带回了希腊时期的医学和化学知识。这些古老的知识在欧洲早已遗失，却被阿拉伯人翻译、实践、保留了下来，并获得了改进。

从穆斯林军队身上，欧洲人学会了使用最先进的战斗武器：马镫、十字弓、反曲弓、投石机、燃烧弹，还有威猛造势的战鼓、作战服、纹章标志如鸢尾花、双头鹰和拜伯尔斯的跃立狮形徽标。欧洲人还学会了玩扑克牌这一马穆鲁克人用来消遣的活动，但他们修改了苏丹宫廷中象征等级的元素。例如，苏丹的侍马人手持的长槌被缩短，变成了类似三叶草形状的梅花；宫廷大管家的餐巾被保留下来成为方块；宫廷副总管则衍生为了扑克牌中的J。同时，欧洲人还学会了训练信鸽。这是法蒂玛德人非常擅长的一项活动。虽然当时的埃及不产樱桃，但是当哈里发尼扎尔·阿齐兹（al-Aziz，975—996年）说他想吃樱桃时，第二天早上他的侍从就能给他呈上满满一碗。这是因为黎巴嫩的总督一接到信鸽的传令，就会立刻将一簇簇樱桃绑在鸽子脚上，随后鸽群接力飞行400英里，将这些樱桃送往遥远的开罗。

此时，欧洲人已然从奢侈品的消费者转变为生产者。到了15世纪，地中海贸易的平衡已经向有利于他们的方向转变。欧洲仍然进口香料、染料、宝石和其他初级商品，造就了开罗富有的商人阶层，而商人上缴的税费又养肥了埃及的统治阶级。但是，此时所有最优良的商品都是地中海北岸的欧洲生产的。马赛的肥皂、法布里亚诺的纸和穆拉诺的玻璃，不仅质量远超阿拉伯人的产品，而且价格更低。文艺复兴时期涌现的一系列发明完善了水磨坊和踏板织机等技术，而严格的技术保密和专利权措施又保护了它们的发展。与此同时，埃及的主要工业纺织业也陷入了衰退。15世纪马穆鲁克王朝的历史学家马克里齐（死于1442年）见证了开罗人从只穿埃及产的细麻布，逐渐改穿廉价的欧洲布料的历史。其他行业也受到进口商品的冲击。例如，在阿拔斯王朝时期，开罗制糖厂的数量从1325年的66家减少到1400年的19家。

在许多方面，正是马穆鲁克人建立的苏丹王朝给了欧洲反超埃及的机会。在14世纪和15世纪，开罗对印度的贸易控制达到近似垄断的程度。埃及的统治者由于惧怕宫廷政变，一度迫切需要金银来购买和豢养奴隶卫队，因此他们对贸易征收的关税也越来越重。例如，根据15世纪30年代苏丹颁布的一项法令，埃及商人从印度以两枚第纳尔购得的一批胡椒，到了麦加能卖到十第纳尔。但若是卖给欧洲人，价格不得低于八十第纳尔。曾有在开罗做买卖的威尼斯商人抱怨道："因为开罗就在这里。我们只能来这儿进货，也只能眼睁睁地看着自己的钱被苏丹和他的官员们拿走。"

随着时间的推移，欧洲人意识到他们可以另辟蹊径。除了自行研制各种商品以外，他们还去寻找新的贸易路线。到15世纪末，伊比利亚的水手挂上了从阿拉伯人那里学来的大三角帆，改进了过去用的横帆船。在航行中他们发现了新的大陆，并成功地绕好望角航行一周。葡萄牙掠夺者甚至会在红海侵袭商船，而在这之前的五百年里，红海被开罗的统治者们视为埃及的内湖。此外，这些突然崛起的入侵者甚至还配备了长枪利炮，而马穆鲁克的骑兵无法在马

第五章 失落的中世纪

背上操纵这类重型武器,他们还十分骄傲,拒绝下马拖着这些重型武器行进。

❈

即使 14、15 世纪的马穆鲁克酋长们争相为自己的地盘添砖加瓦,其本质已经发生改变。当时还有战争、疾病,鼠目寸光的王朝政府及其强硬统治——这些好战的马穆鲁克让妇女们戴上面纱,后宫妻妾成群;奴隶兵建造了臭名昭著的开罗双子监狱,使用"发汗剂"和"剥皮刀"(因囚犯被监禁时的遭遇而得名)。他们还发明了非常残忍的死刑,如将囚犯钉死在十字架上、绑在骆驼背上游行,受害者们赤身裸体排着队列紧随其后,再将囚犯腰斩,尸体串在涂满油脂的杆上。在这样的统治下,马穆鲁克统治者只有不断煽动和激化偏见,以加强对民众的奴役。

苏丹穆雅德(al-Mu'ayyad)从一开始就对宗教信仰问题十分敏感。他在统治末期(1412—1421 年)颁布了一项法令,要求穆斯林传教士在提到统治者的名字前,必须从讲坛上走下一级台阶,以确保其名不能与真主相提并论。这种谦卑的姿态让穆雅德声名鹊起,他也十分需要以此来挽回自己的名誉——曾一度因酗酒导致严重的痛风发作。另外,穆雅德对年轻英俊的马穆鲁克侍从有着特殊的癖好。据说,当时有一位酋长花费一千第纳尔找来一位美貌的男侍从做伴,穆雅德听说后勃然大怒,但那位酋长笑称,苏丹恐怕愿意为了这男孩花费一万第纳尔,不过幸好他已经归苏丹所有了。穆雅德当即原谅了这位幸运的酋长——毕竟他曾因莫须有的罪名处决掉近八十位酋长。

相对开罗的少数犹太教徒来说，科普特基督徒在马穆鲁克王朝的统治下更加难以生存。穆雅德禁止科普特人参与政府事务，虽说马穆鲁克苏丹们历来如此，但因为科普特人以富于理财智慧著称，这类禁令在早期并未被严格执行。穆雅德对此则丝毫不松懈，甚至迫使身为政府高级书吏的科普特人脱光衣服上街游行。

苏丹穆雅德为何要镇压科普特人呢？过去的一个世纪已经见证了基督教在埃及地位的严重下滑。在此之前，埃及的大多数人民（尤其是首都以外地区的人民）都是信仰基督教的。然而，从1293年开始，反复的骚乱导致了一波又一波基督教徒改信伊斯兰教的浪潮。1301年，一位摩洛哥的使者访问了开罗。在当时的摩洛哥，人们正为基督教重新夺回对西班牙的控制权而愤恨不已。目睹开罗的基督徒享有的自由后，这位摩洛哥使者火冒三丈。开罗当时的地方长官出于惭愧，强制推行了废弃已久的着装规定。他宣称，穆斯林劫掠任何不佩戴蓝色或黄色头巾以表明宗教信仰的基督徒或犹太人属合法行为。1321年，开罗的11座基督教堂被烧毁，1354年又有4座教堂被烧毁。苏丹没收了教会的财产，而且对那些已经皈依了伊斯兰教的基督徒，禁止他们担任公职。除此之外，他还命令士兵摧毁了保存在开罗古城最有名的圣髑：一名基督教殉道者的手指，在此之前人们每年都会将它浸在尼罗河中，因为相信它能引来一年一度的洪水。"当基督徒的苦难越来越重，而收入却越来越低时，他们决定改信伊斯兰教。"当时的历史学家马克里齐写道，"这是埃及历史上

第五章 失落的中世纪

的一个重大事件。从那时起，世系就开始混杂了。"换句话说，科普特人的占比被缩减到了当时的水平——不到埃及总人口的十分之一。

这个变化带来了深远的影响。到了马穆鲁克王朝结束之时，没有任何一个正统的穆斯林，甚至没有一个像历史学家伊本·泰格里伯蒂那样的文人贵族，会认为可以与一个异教徒开展哲学辩论。伊本·泰格里伯蒂是一位优秀的骑手、出名的才子，也是开罗最杰出的文人之一，同时他还是宫廷礼仪方面的权威，以及出色的突厥语和波斯语诗歌翻译家，而他对异教徒受到的迫害幸灾乐祸。在那个时代，"哲学"这个词本身就带有贬义。在15世纪的开罗，研究哲学就是无聊的瞎扯。

相比之下，12世纪如拉提夫（Abd al-Latif）这样的学者则会乐于和开罗的首席拉比讨论柏拉图。事实上，他曾对犹太哲学家和医生迈蒙尼德给予盛赞。而根据当时的资料记载，他去开罗旅行的最初目的就是聆听这位犹太教圣人的演讲。

但是早在拉提夫与迈蒙尼德相遇的一个世纪之前，法蒂玛王朝的宫廷医师伊本·里德万（Ibn Ridwan）就曾将他的数百部科学著作中的好几部献给了他的犹太同僚雅胡达·伊本·萨达（Yahuda ibn Sa'ada）。里德万是那个自由时代以掌握知识改变社会地位的典范，他出生于吉萨省一个不起眼的面包师家庭，靠着售卖占星图完成了学业，成为一名事业有成的医生。他尤其喜爱在开罗的古城和市区的图书市场里搜寻各类书籍。根据里德万自己的描述，他的私人图书馆收藏了希波克拉底（Hippocrates）55部中的43部著作，还有迪奥斯科里季斯（Dioscorides）的《药物志》（*Book of*

Herbs）、以弗所的鲁弗斯（Rufus）、奥里巴西乌斯（Oribasius）及埃吉纳（Aegina）的保罗的书。除此之外，还有9世纪阿拉伯医生阿布·贝克尔·拉齐（Abu Bakr al-Razi）的《医学总汇》（Comprehensive Book），他主张人类理性在所有事物中居于首位。伊本·里德万还拥有多部科学著作，包括托勒密的《天文学大成》（Almagest）、《占星四书》（Quadripartia），以及柏拉图、亚里士多德、亚历山大的阿弗罗狄西亚（Aphrodisias）、狄米斯提厄斯（Themistius）的哲学著作，还有穆斯林穆罕默德·法拉比（Muhammad al-Farabi）的著作，这位哲学家曾大胆暗示，宗教不过是帮助那些需要借助某种教义去领会哲学真理的人。

伊本·里德万会从法蒂玛高官伊本·基利斯（Ibn Killis）建立的皇家图书馆里寻找书籍。伊本·基利斯是一个改信伊斯兰教的犹太人，他出色的组织才能为法蒂玛王朝奠定了坚实的执政基础。图书馆共藏有十万本书，据说其中的1.8万本都是古代的科学手稿。法蒂玛王朝的哈里发哈基姆（al-Hakim，996—1021年）虽是一名暴虐无道的君主，却崇尚知识。他向开罗捐建了一座天文台和一个名为"智慧之家"的科学机构。像学者伊本·海赛姆（Ibn Haytham，撰写了第一篇有关暗箱的光学类论文）、科学家阿马尔·伊本·阿里（Ammar ibn Ali，发明了眼病新疗法）等人的研究都得到了国家的资助（但由于伊本·海赛姆没能发明建造出控制尼罗河泛滥的水利工程，导致反复无常的资助人哈里发极为愤怒，海赛姆不得不装疯卖傻以逃避惩罚）。

法蒂玛时期，学界产生了十分激烈的争论。伊本·海赛姆就曾

第五章　失落的中世纪

与伊本·里德万展开过关于银河系本质的讨论。而伊本·里德万本人则与一位名叫伊本·布特兰（Ibn Butlan）的基督教医生进行过长达十年的科学争论。布特兰写了这首小诗无情地嘲笑他的傲慢和粗鄙，在当时的开罗和福斯塔特学界流传甚广，所闻之人不禁掩面而笑：

> 当接生婆看到他的脸时，
> 一下子晕了过去。
> 唉！她们抱怨道，
> 我们就不该把他接生下来！

从伊本·里德万的时代到1798年拿破仑来到开罗，中间相隔了七个世纪。跟随拿破仑来到开罗的一位阿拉伯裔学者出于好奇，整理了一份当时宗教学者的书目清单。这份书单充分表明了文化水平的下降。除了宗教类书籍以外，这位学者只拥有一本关于爱情的论文、一本诗歌选集、一本历史奇闻、一本性爱指南、一份结婚和离婚合同的模板以及一份书信模板。所有这些都是手抄本而非印刷本。虽然阿拉伯人早在9世纪就有了雕版印刷术（比德国的古腾堡早了六百年），但此时科学已经消亡。而且虽然阿拉伯人知道欧洲已经采用活字印刷术，但是开罗的文化阶层在很大程度上无视这项发明，因为害怕这会挑战他们对文字传播的垄断地位。①

---

① 这些文化阶层认为他们是在捍卫自己的职业。他们沉浸在对《古兰经》的解释和书法艺术之中，认为他们职业的唯一目的就是解释经文作者的意图。他们相信文本的价值和意义不是固有的，而是必须通过正确的阅读和写作来重新构建。他们相信印刷不会增加知识，只会增加无知者的错误。正是这种逻辑，以及出于政治目的控制信息的需要，促使奥斯曼帝国的苏丹塞利姆一世在1516年下令禁止印刷，违者处以死刑。但这项禁令对非穆斯林并不适用：开罗就有一个从16世纪开办至今的希伯来语印刷出版社。

❋

后来,阿拉伯人将萨拉丁尊为"狮子王",因为他打败了十字军,终结了"异端邪说"的什叶派的统治。他引进的神学院确实重振了逊尼派,但其代价是扼杀了自由探寻的精神。当开罗唯一能提供的教育只有宗教教育时,知识生活就枯萎了。柏拉图被遗忘了。人们一心祈求天堂的福报,忘却了此时此刻的生活。学者们有的转向了苏菲神秘主义,有的专注于寻求形式、行为的完美,而非心灵的完美。关于符合伊斯兰教义的洗澡、吃饭方式的争论,或者女人在与"精灵"(阿拉伯传说中的神怪)接触后是否需要进行沐浴仪式等琐碎的问题取代了哲学猜想和科学发明。

即使是像伊本·哈勒敦(Abd al-Rahman Ibn Khaldun)这样的圣人,也不敢挑战他那个时代的宗教传统。伊本·哈勒敦是当时日渐黯淡的伊斯兰知识天空中最闪亮的星星。在他于1382年到达开罗之前,他早已在西方诸国担任过大臣,做出了杰出的贡献。但命运曾把他囚禁于非斯的地牢,后来又让他担任格拉纳达的穆罕默德五世的使臣,去往塞维利亚拜会暴君佩德罗(Dom Pedro)一世。后者十分敬佩他的学识和才能,希望他留下来,并允许发还他祖先在西班牙的领地。但这位学者早已厌倦了政治,只是带着他的书回到了阿尔及利亚柏柏尔部落的一个城堡,并在这四年的遁世生活中完成了巨著《史纲》(Prolegomena)的初稿。该书对历史的本质进行了深刻的探究,将文明的兴衰归结为必然的周期循环。这部

第五章 失落的中世纪

作品覆盖范围之广、讨论内容之复杂，令马基雅维利一百年后发表的《君主论》(*The Prince*) 相形见绌。

伊本·哈勒敦于1382年出发前往麦加朝圣。但是在开罗登陆后不久，他得知跟随着他的妻女在亚历山大港的一场风暴中不幸淹死。悲痛欲绝的他选择留在了马穆鲁克的首都开罗，度过他生命中最后25年的时光。在开罗，他得到苏丹的青睐，成为一名严厉而受人尊敬的法官。在中世纪的开罗，一名博学者享有这种官职实属正常。他还在开罗一些最负盛名的学院讲课，包括爱资哈尔清真寺学院、萨拉丁创建的卡姆西亚学院、萨希米什亚学院。

他是一位极具天赋的教育者。他发明的权力心理学理论——权力心理随着部落的团结而上升，随着部落的衰落而下降——以及关于经济学、形而上学和教育学的理论给他的学生留下了深刻的印象。他的学生中就有15世纪的历史学家马克里齐，这位杰出的编年史学家认为，伊本·哈勒敦的《史纲》是所有知识的精华。有关这本书的风格，马克里齐赞誉为"如珍珠般璀璨，如春雨般细腻"。这本书在后世的评价同样极高。英国历史学家阿诺德·汤因比 (Arnold Toynbee) 认为，《史纲》是有史以来在任何时间、任何地点出现的同类书籍中最伟大的一部作品。

此时的欧洲正经历着从文艺复兴到宗教改革再到启蒙运动的剧变，而开罗却将自己困于信仰的厚茧之中。诗歌这种在阿尤布王朝曾受到格外珍视的艺术（一位苏丹甚至曾让他最喜欢的吟游诗人睡在自己的卧室里）现在却逐渐被书法所取代。在马穆鲁克时期的开罗，一本漂亮的手抄本《古兰经》的价值甚至超过了供奉这本书的一座华丽的清真寺。虽然埃及在人体医学方面的研究一度领先于世，以至于开罗医生伊本·纳菲斯（Ibn al-Nafis，1213—1288年）早在威廉姆·哈维"发现"血液循环系统的三百五十年前就对其进行了描述，但由于受到痴迷于战马的马穆鲁克人的影响，医学研究的重心从人体医学转到兽医学。15世纪的开罗工匠在木头和大理石的镶嵌细工中创造了极为繁复优美的几何图案，但这些也只不过是枯燥乏味的装饰工程。

虽然阿拉伯人发明了代数，并详细阐述了三角函数，但是当一位18世纪的地方长官以一个平平无奇的数学问题挑战爱资哈尔清真寺学院的七十位教授时，只有一位教授给出了答案。这并不奇怪。自萨拉丁统治以来，这所学府研究数学问题的唯一用途就是计算符合伊斯兰律法的财产分割。到了20世纪早期，这座学府依然使用着法蒂玛时代的科学家伊本·海赛姆在一千年前写成的数学课本。

当然，伊本·哈勒敦并不这么认为。他称开罗是他所处时代最伟大的学术中心，而这要归功于萨拉丁和他的后代。他写道：埃及的突厥裔高官们非常惧怕苏丹的贪婪，因此将大量钱款捐赠给学校和各种宗教基金，而"这样做的结果是，学校的资金成倍地增加，甚至吸引了从伊拉克和摩洛哥远道而来的学者"。但仅仅一个世纪之后，在马穆鲁克统治时代的末期，根据利奥·阿弗里卡纳斯犀利的观察，虽然开罗的居民都是"非常善良和快活的人"，"但是他们擅长高谈阔论，却缺乏实干精神。虽然有很多人致力于法律研究，却很少有人从事学术研究。也正因为如此，虽然开罗的各种学院总

第五章　失落的中世纪

是挤满了学生,却很少有人从中获得真正的知识"。

此外,伊本·哈勒敦所说的"贪婪"也带来了必然的后果。这位学者自己的理论体系也曾精辟地预测过马穆鲁克统治周期的衰落。他的学生马克里齐则列举出一系列因马穆鲁克统治者的贪赃枉法而导致埃及在15世纪出现的弊病:通货膨胀和货币贬值、政府高级部门的退化、垄断制度、强制出售、腐败盛行等,甚至"政府官员对富人敲骨吸髓,将他们的财富剥夺殆尽"。

最后,马穆鲁克士兵的无法无天加速了国家的衰落。随着时间的推移,这个来自北方的群体已经失掉了纪律和忠诚。到了15世纪晚期,马穆鲁克人已经俨然成为一个寄生虫阶级,他们蔑视普通民众,并把自己的特权视作理所当然。有段时间,马穆鲁克人甚至开玩笑式地颁布了一项秃顶的税收。他们骑马在开罗市内晃来晃去,时不时扯掉路人的头巾来评估征税的费率。这些战场上杰出的弓箭手和骑手对城市生活的限制感到恼火。据马克里齐描述,他们变得比猴子更淫乱,比老鼠更擅长偷盗,比狼更具破坏性。马克里齐用最激烈的言辞谴责了马穆鲁克人的胡作非为:"他们闯入澡堂,强行绑架妇女。他们的荒唐之举就算是法兰克人执掌了埃及也不可能做得出来。"

✦

1516年5月18日,马穆鲁克军队全部在萨拉丁城堡脚下的竞技场集合,扬起一阵灰尘,笼罩了这座苏丹居住的宏伟城堡。24

位首领带领各自的军队举行了阅兵。这些军队中有的拥有一千名装备齐全的骑兵，有的则只有不到一百或数十名士兵。"苏丹马穆鲁克"是一支精锐部队，五千名士兵统一身穿白色亚麻长袍，手持弓箭、长矛、配对的长剑和短剑。士兵组成一排排队伍整齐行进。最后，苏丹阿什拉夫·坎苏·古里（Qansuh al-Ghuri）从宫殿走了下来。他时年 75 岁，胡子花白，酷爱香水、鲜花而见识浅薄。他发出了游行开始的信号。

士兵们一排排行进在城市的中心。王室小号手的嘟嘟声、鼓点声、马蹄声和开罗妇女的欢呼声围绕着游行队伍，各种声音震颤着苏丹哈桑清真寺的石墙，在祖维拉城门高耸的拱顶下回荡。三只装饰华丽、步履安详的大象缓缓行走在队伍前面，马穆鲁克骑兵们身着不同派系、装饰华丽的军服，得意扬扬地跟在后面，足足延伸一英里。护卫队首领戴着高高的毡帽跟在后面，而后是鼓手和四十架战鼓，代表四个法学学派的最高法官、戴着五颜六色头巾的托钵僧团的首领，以及开罗城中民团的首领。再后面是阿拔斯王朝的哈里发穆塔瓦基勒（al-Mutawakkil），他受到了民众同情式的欢呼。他是阿拔斯家族一脉最后的继承人，但这次他只是表演性地出现，用来证明苏丹王冠的合法性。正如编年史作家伊本·伊亚斯记录的那样，他头戴缀着流苏的巴格达式头巾，穿着一件黑色丝绸刺绣的巴勒贝克式外套，走在游行队伍之中。

接下来出现的是苏丹的仪仗马队。头两匹马戴着高高耸起的冠饰，马鞍套着皇室专用的黄绢，鞍旁缀着侧鼓。跟着后面走的两匹马的马鞍使用金边镶嵌，鞍套上有金线的绣花。最后两匹马的马鞍

第五章　失落的中世纪

则是用镶金的水晶制成，点缀着镶银边的玛瑙。马队后面跟着的是手持长戟的步兵卫队和苏丹的各种珍藏，其中有四十部巨幅的《古兰经》，经书的外壳裹着黄色的丝绸。走在队伍最后的是奉香者。苏丹自己骑在一匹威风凛凛的枣红马上，在散发着香气的烟雾中穿行。他的马鞍是镀金的。他戴着一顶简单的软帽（而非他平时戴的六角苏丹帽），穿着一件白色骑马外套，据说这件衣服黑色丝绸装饰条上镶的宽金边就重达 500 米斯卡尔（mithqāl）①。他的手上戴着各种戒指，上面镶嵌着红宝石、绿松石、祖母绿和钻石。

游行队伍穿过城门继续行进，经过埃及历代苏丹的陵墓：穆雅德、萨利赫·阿尤布、曼苏尔·卡拉温及其儿子纳西尔·穆罕默德，以及扎希尔·巴尔奎克的墓地，也经过苏丹坎苏·古里为自己新建的奢华陵寝。这支队伍向着征服之门一路行进，沿线街边的店主大声祈请生意兴隆，而妇女则从二楼窗户探出身来呐喊助威，叫声回荡在苏丹墓室的绿色穹顶和街对面清真寺的尖塔之间。

但埃及街头巷尾却流传着不安的低语。开罗人民为了养活这支军队，赋税繁重已经到了无以复加的地步，连拾粪人的钱也被征走了。就在不久之前，一群暴民杀掉了埃及的首席税务官。但即便如此，老一辈开罗人还是说他们那个年代接受阅兵的军队数量是如今的两倍之多，而支付给每位首领的军费金额也是如今的五倍。苏丹坎苏·古里本人看上去很憔悴。自从八十年前征服塞浦路斯以来，马穆鲁克人就再也没能取得过任何重大的胜利。尽管他们有着高超

---

① 重量单位，1 单位相当于 4.68 克。

的武艺和华丽的服饰，但他们的装备在过去两个世纪中几乎没有发生任何变化。

相比之下，马穆鲁克人即将面对的敌人——奥斯曼土耳其人，自从1453年占领君士坦丁堡以来，就一路征伐，势如破竹。奥斯曼苏丹塞利姆一世为了确保自己能继承大统，杀光了家族中的男性亲属，也因此获得了"冷酷者"的称号。此时他刚刚大胜波斯人（波斯国王出于挑衅，将自己的宠物猪取名为"塞利姆"），正是志得意满的时候。

此时此地列队游行的人群中，有的甚至已经得知奥斯曼人断然拒绝苏丹坎苏·古里的求和一事。土耳其人最近占领了安纳托利亚东部一个曾与马穆鲁克人交好的王国，塞利姆一世的特使被允许进入萨拉丁城堡，而他一进去就将亡国国王的头颅扔在了苏丹坎苏·古里的面前。事实上，奥斯曼苏丹的挑衅已经毫无底线可言。他羞辱了开罗派遣的新任大使，剥光了他的衣服，并强迫他光着头将一桶大粪顶在头上。

在那些知道内情的人中间，有流言说苏丹坎苏·古里耗费巨资建造的大炮根本无法开动，也不能发射。而更糟糕的是，队伍中甚至还出现了背叛者的声音。

※

三个月后，可怕的消息从叙利亚北部传来。奥斯曼人的军队击溃了马穆鲁克骑兵。塞利姆一世的机动野战炮兵让马穆鲁克骑兵的

第五章　失落的中世纪

战马惊慌失措。步伐沉重的步兵装配着马穆鲁克弓箭手们不屑于使用的火绳枪,有力挫败马穆鲁克骑兵。苏丹坎苏·古里的一名指挥官背叛了他,将他统领的整个左翼部队撤出了战斗。奥斯曼人俘获了哈里发本人,连同苏丹的《古兰经》、马穆鲁克国徽,以及五十头满载黄金的骆驼。因为害怕被盗,苏丹没有将这些财宝留在萨拉丁城堡。至于伟大的苏丹坎苏·古里本人,他从马上摔了下来,死于中风。他的尸体也没有找到。

除此之外,贝多因部落的盗匪又对逃回开罗的残部发起了袭击。据伊本·伊亚斯所述,当残兵败将逃回开罗时,"他们衣不蔽体,处于极端饥饿和虚弱的状态下,衣服从领口处被撕开,一片愁云惨雾"。

到了1517年2月,塞利姆一世已经兵临开罗城下。他的炮兵再次粉碎了最后一批马穆鲁克骑兵的抵抗。他的军队——醉醺醺的年轻士兵——冲进城市,大肆烧杀抢掠,持续了整整四天。他们俘虏并斩首了约八百名马穆鲁克人,把他们的尸体扔进尼罗河,头颅则刺在长矛上装饰塞利姆一世的营地。几个星期之后,最后一位马穆鲁克将军因遭人出卖而被捕,塞利姆一世将他吊死在了祖维拉城门之下。

随后,奥斯曼人开始了有组织的烧杀抢掠。伊本·伊亚斯写道,"埃及的渣滓将公主和淑女们的住所告诉奥斯曼人,她们昂贵的衣饰被劫掠一空。简而言之,这块富饶土地的珍宝落入了土耳其人的手中……衣饰和武器、马匹和骡子,甚至奴隶……以及一切值钱的东西"。奥斯曼士兵"不分高低贵贱"地拦下路人,强迫他们做搬运工,并且鞭挞他们,直到将战利品拖到码头。塞利姆一世亲自拆毁了萨拉丁城堡宫殿里的所有陈设。那些价值连城的手稿、地毯、斑岩柱、大理石地板,以及圣髑,甚至先知的胡须和著名的佐勒菲卡尔剑也没能逃过此劫。他还下令抓捕开罗城内所有知名人士,包括两千名富商、最优秀的工匠和最出色的法学家等,他们被押送到君士坦丁堡作为人质。塞利姆一世离开后,奥斯曼总督解散了宫殿里所有的仆佣,包括宦官、厨师、守门人、马夫和伺酒人。伊本·伊亚斯哀叹道:"萨拉丁城堡的一切都被推翻了,却实施了奥斯曼人的制度,也是有史以来最卑劣的一种制度。"

被囚禁在君士坦丁堡的哈里发穆塔瓦基勒期盼着回到开罗。他用伊斯兰逊尼派精神领袖的头衔、阿拔斯家族第五十四代后裔、寓言中的明君哈伦·拉希德(Harun al-Rashid)后裔的身份,换得了一笔微薄的钱款,并回到尼罗河畔——这座他热爱的城市,在这里度过余生。

中世纪开罗的辉煌终于落幕,从帝国的王城、世界伊斯兰教中心、地中海贸易中心沦为奥斯曼帝国一个平庸的卫戍城镇。对于从多瑙河一路劫掠到底格里斯河,再到里昂海湾的奥斯曼帝国来说,开罗显然没有那么重要。在奥斯曼帝国统治的三百年里,开罗再也没有一座建筑物能与马穆鲁克时代的清真寺、学院和陵墓的恢宏和巧思媲美。

✖

情况也并没有那么糟糕。开罗在奥斯曼帝国的统治下确实停滞

第五章 失落的中世纪

不前,远在博斯普鲁斯海峡的奥斯曼帝国首都也的确吸走了人才和贡品。荷兰人和葡萄牙人在海上的侵袭也确实阻碍了来自印度的过境贸易,但开罗仍然是一个庞大而繁荣的城市,仅次于奥斯曼帝国的首都君士坦丁堡。其实,随着奥斯曼帝国的分崩离析,开罗的衰落才真正开始。

劫掠开罗很快就喂饱了奥斯曼人的胃口。他们改制政府、废除封地,以更为完善的包税制取而代之。个人财富和遗产受到尊重,不再完全被武装阶级垄断。同时,一种新的贸易品——也门产的咖啡——取代了印度的香料,为埃及的商人带来了丰厚的利润。大批私人建造的豪华城镇宅邸兴起,城中随处可见公共饮水台,直至今天依然点缀着开罗。漂亮的清真寺也拔地而起,包括位于布拉克的西南清真寺、位于萨拉丁城堡内的苏莱曼清真寺,以及位于穆罕默德阿里街的马利卡萨非亚清真寺,尽管它们只是君士坦丁堡那些更宏伟建筑的仿制品。开罗阿兹巴基亚区和比尔凯特阿尔菲区的湖畔游乐区扩大了,成群的女士们在周边的果园里野餐,伴着歌伶们优美的歌声在水中嬉戏。

此时开罗的传统工艺明显衰落,不只是因为缺乏王室的赞助,更主要的原因是行业协会的激增导致手工业者整体意识的僵化。如今任何人想进入开罗三百个行业中的任何一个,包括侍候沐浴者和挑粪人的行当,都必须从学徒干起,经过严格的等级评定,升至店主,最后才到工艺大师的级别。这个系统保证了职业的稳定性,甚至对盗贼来说也是如此(开罗的盗贼们也有自己的行业协会,有时被盗者可以向协会的首领支付报酬让其归还赃物),这种漫长的职业进阶过程严重扼杀了"创造力"。

这些新事物对开罗来说也许有一些积极的作用,可这座城市依然停滞不前。

奥斯曼帝国总督最关心的事情是埃及谷物的供应和每年向君士坦丁堡进贡的金银,却毫不在意这些财物从何而来。马穆鲁克沦为一个讲突厥语、渴望将埃及人踩在脚下的非统治阶级,随即被奥斯曼人利用。事实上,早在1521年,埃及被奥斯曼帝国征服几年后,一个受统治阶层欢迎的鸦片商贩因为在斋月期间违规销售货物被处决,于是军队发动了暴乱,总督不得不请马穆鲁克来帮助维持秩序。从那时起,开罗的贵族们被允许继续招募新的马穆鲁克卫兵,他们的选择比过去更多,每年有大量来自德国、匈牙利、苏丹和马耳他的雇佣兵和奴隶士兵涌入开罗。包括以前被禁止当兵的马穆鲁克自由人的孩子,现在也被收入贝伊(beys)[①]的门下。

随着时间的推移,奥斯曼驻军的力量有所减弱。比起从埃及敛财,奥斯曼帝国的官员对统治这里没什么兴趣。到了17世纪,马穆鲁克的权贵们已经控制了埃及所有重要的政府部门。随着君士坦丁堡的控制逐渐放松,掠夺进一步升级,奥斯曼帝国在埃及的官员们不得不放低姿态。由于奥斯曼帝国深陷宫廷争斗和巴尔干半岛的战争,挑拨马穆鲁克权贵之间的关系成为他们在开罗的最佳策略。最终,开罗城被置于两个马穆鲁克派系的统治之下,这两个派系为了争夺税收权、关税和保护费进行了长达数十年激烈的圈地斗争。

[①] 指权贵。随着马穆鲁克苏丹统治的结束,过去指代马穆鲁克贵族的"埃米尔"一词也随之消失了。

第五章　失落的中世纪

由于使用了卡宾枪和手枪，他们的圈地斗争比以往任何时候都更加血腥。每一方都想通过伏击和暗杀等手段来彻底消灭对方。他们眼中没有任何神圣或信仰可言，甚至苏丹哈桑的坟头也被一支叛军当成炮台，用来轰炸萨拉丁城堡里的总督官邸。连奥斯曼帝国派驻开罗的卫戍部队也想加入掠取战利品的行列——毕竟他们远离家乡，薪酬也少得可怜。

1688—1755年，马穆鲁克权贵们与奥斯曼的驻军、贝都因的盗匪勾结，废黜了至少34名总督。他们甚至还设立了专门的职位，其唯一职能就是向奥斯曼苏丹派驻开罗的总督宣布"下台"的命令。此时，这些卑躬屈膝的总督们在萨拉丁城堡里的官邸由于年久失修而破败不堪。到了18世纪中叶，除名义之外，开罗已经实际独立于君士坦丁堡，每年进贡的数额也从刚被征服时的八十万大金币减到四十万小金币，还不及过去的零头。

马穆鲁克人在乡村地区实行暴力征税，首都地区也不安全。经常有贝都因的骑兵突袭城市墓地，将那些送葬者绑进沙漠。饥荒、瘟疫、通胀和暴政等让市民愈发频繁地发起暴动，人们将街区封锁得像堡垒一般，天一黑便锁起大门。富人们则把宅邸修成了城堡，建起高耸的城墙，入口竖起围栏，把金银财宝埋在地板下。但没有任何一个地方能幸免于难，连爱资哈尔清真寺学院也不例外，比如1689年，在一次有关院长的任职问题上就有十名学生丧命。

随着贸易和手工业的衰落，人们对学术的热情也消减了。到了18世纪，开罗只剩下二十所宗教学校，远少于马克里齐时代的七十五所。一个世纪以后，埃及博学多才的历史学家阿里·巴夏·穆巴拉克（Ali Pasha Mubarak）这样描述这段时期："贪婪之手捞走了宗教基金，而基金管理者也忽视了对学生和教师的资助。"这种情况愈演愈烈，直至学校关门，书籍也被出售，校园成了谷仓和牲口栏。据拿破仑军队的医生估计，当时埃及的婴儿死亡率达到百分之六十。据他观察，在1800年的开罗，医学专业的学生们唯一的学习方法就是一遍又一遍地抄写和背诵早已过时的文本。

末日厄运的景象让人们吓破了胆。在整个动荡的18世纪，世界末日即将到来的谣言使开罗的人们变得迷信，一半的市民窜逃到城外的沙漠和田野，这种迁移记录在册的就有三次以上。整个城市人心惶惶，在饥饿、贫困、疾病和战争的侵袭下，1800年开罗的人口已经降至不足二十五万。

那些曾冒险前去开罗的欧洲人现在对那里的肮脏卑劣嗤之以鼻，他们惊异于衣衫褴褛的贱民们面对马穆鲁克人时的畏缩和惊恐。这些衣着华丽的暴徒，如一位法国游客所说，"杀起人来就好像杀牲口一样"。普通民众则思想落后、狂热固执。普遍的无知让他们耽于卡斯滕·尼布尔（Carsten Niebuhr）笔下"乏味无聊的消遣"。

这个曾经伟大的贸易城市不再制造出口任何商品，甚至还要从南北卡地区进口大米，从欧洲商人那里购买香料。过去马穆鲁克苏丹时期宏伟的石头建筑已经倒塌，新的建筑大多是用不值钱的木板和泥土建成。开罗的街道也破败不堪，布局极不合理。就如尼布尔在1761年写的那样，大部分的巷子都是歪歪扭扭的，而且"都不与主干道连通，因此居住在巷子尽头的两户人能在屋后隔着墙交

第五章 失落的中世纪

谈,但是必须得走一英里才能碰面"。残破的城墙外是无人管理的垃圾山和大片废弃的房屋。来过这里的人们都认为,这衰败不堪、人口锐减的埃及,是时候被虎视眈眈的欧洲大国收入囊中了。这个世界的摇篮、美丽的都城已经崩塌,步入了衰朽的晚年。

第六章
笼中之凰

第六章 笼中之凰

再过几个月,这座古老而沉默、布满灰尘的城市,将轰然倾覆,成为欧洲人的地盘。它会成为法国人、意大利人、普罗旺斯人和马耳他人的居所,成为英属印度未来的商业中心。它会欣欣向荣,焕发光彩。

——杰勒德·德·内瓦尔(Gérard de Nerval),《东方之旅》(*Voyage en Orient*),1843 年

被征服者总是试图模仿征服者的服饰、符号、信仰和其他风俗习惯。

——伊本·哈勒敦,《史纲》,1380 年

1889 年的春天,马车沿着整洁宽阔的街道疾驰,街道两边种

植着繁花盛开的橘子树。穿着制服的努比亚人侍者光着脚,跟在威风凛凛的私家马车后面奔跑。大部分的马车都是租来的,马车篷向后折叠,以便乘客能一睹伊斯梅利亚街区的风光,一排排围在铸铁栅栏后面的新建别墅,以及当地人出门劳作等令人赏心悦目的景象。

这几辆马车都在一个地点汇合——赫迪夫地理学会的总部。几位先生走下马车,放下他们的高顶礼帽和红圆帽。其中代表科学部的是阿巴特(Abbate)博士,埃及的前公共卫生主管,现为赫迪夫殿下的医生。除此之外,还有赫迪夫天文台负责人法拉基·巴夏(Falaki Pasha)先生、赫迪夫图书馆负责人多克托·沃勒(Herr Doktor Vollers)先生、司法部部长法克里·巴夏(Fakhry Pasha),办公室主任盖拉尔多·贝伊(Gaillardot Bey),以及律师费加里(Figari)、博诺拉·贝伊(Bonola Bey)和博雷利·贝伊(Borelli Bey)。其中博雷利·贝伊刚刚完成了他在阿比西尼亚古老的盖拉族聚居区为期三年的冒险,高级委员长吉布森(Gibson)先生、温盖特(Wingate)上校和探险家梅森·贝(Mason Bey)则代表英国(英军已在会所附近的卡萨尼尔军营盘桓了七年)。公共债务委员的扎卢斯基(Zaluski)伯爵代表财政部出席会议。商务部和贸易部也派了代表:铁路管理局局长蒂莫曼(Herr Timmermann)先生和一名专营手表、象牙和鸵鸟羽毛的瑞士商人安德烈·比尔彻(André Bircher),表现出他们对知识进步十足的兴趣。另外还有几个旅居开罗多年的有爵位的欧洲人。这种场合并没有女士出席。

阿巴特博士以一封信件开始了会议。不久前,该协会的一名会

第六章　笼中之凰

员从上刚果地区发来了一封信。这名会员一直在班加拉人居住的密林中调研。这封信证实了一则电报传来的消息——有关亨利·斯坦利（Henry M. Stanley）轰动性的新发现。这位美国探险家、记者和炒作专家刚刚"解救"了埃及在赤道省的总督埃明·巴夏（Emin Pasha）。自从苏丹的马赫迪起义和埃及在喀土穆的总督查尔斯·戈登（Charles Gordon）被击毙以来，埃明·巴夏四年来一直被困在距离开罗三千英里以外的地方。他远离文明世界，身处埃及在非洲建立的帝国边缘，接近白尼罗河的源头。

这封信让代表们发出一阵满足的低语。① 随后，在阿巴特博士的邀请下，一位名叫皮佩尔诺（Piperno）的先生带着一个形貌怪异的人走进了房间，这是一个中等身材的中年男子，穿着礼服大衣，打着领结。他优雅地向与会的代表们鞠躬。虽然其他地方与常人无异，但他的面部完全包裹在浅赤褐色的长而柔滑的头发里，只露出两只略带东方特色的眼睛，看起来就像是即将被发明的泰迪熊玩偶。一阵兴奋的低语声在会场里传开。

皮佩尔诺先生解释说，眼前的这个样本正是蒙·福赛特（Moung Phoset），是1801年从老挝北部的森林被带进缅甸国王宫廷的原住民第四代后裔。皮佩尔诺先生介绍道，在那片森林里有一个原住民部落，部落中的每一个人都与眼前的这位先生一样呈现出这种多毛的外观。不仅如此，他们与常人不同的地方还在于他们缺

---

① 一年后，斯坦利本人来到开罗，并在对该协会的演讲中谈到埃明·巴夏（一个皈依伊斯兰教的维也纳犹太人）如何经过一千英里的艰苦行军到达安全地带，而后又在一场由德属东非的指挥官举办的庆祝宴会上向德国皇帝敬酒后，因意外从阳台栽下身亡。

少一颗臼齿。皮佩尔诺先生最后邀请与会的代表们仔细查看这位"毛人"。他还让大家放心,福赛特先生性格温和,英语说得很好。

其他代表们查看了福赛特先生异常的牙齿结构。随后阿巴特博士再次登上了讲台,扶了扶他的夹鼻眼镜,又整理了一下笔记,开始发表讲话。他现在讲话的内容涉及人类学、生理学,以及达尔文先生颇具争议的研究。在对"毛人"的发现进行了论述之后,这位杰出的医生建议更恰当的命名应该是"多毛人"。他援引迈耶(Mayer)和哈托文(Kaathoven)的开创性研究,明确了牙齿与鲸鱼、犰狳等哺乳动物皮肤表面特征之间的联系。总而言之,阿巴特博士认为,这个迷人的样本不仅是大自然一个偶然的异常现象,而且是种族进化的自然产物。他断言,福赛特先生代表了人类一个细小而不为人知的分支,一个他用带有西西里口音的法语称为"变种"的分支。

会场中响起了礼貌的掌声。几名参会代表主动发表了评论。其中值得注意的是,扎卢斯基伯爵提到,日本北部同样多毛的原住民阿伊努人,他们被日本人认为是人类和野熊杂交的后代。

✥

在这些通晓数门语言的达官显贵们聚集在这里开会的一个世纪以前,没有任何一个开罗人见过马车这种东西。开罗的街道太窄了,根本容不下马车通过。同样,没有人听说过缅甸,更没有人知道,甚至没有人关心,养育了这座城市的尼罗河的源头在哪里,只

第六章 笼中之凰

知道它来自遥远大地的彼端，那些非洲奴隶们来的地方。实际上，埃及人并不认为这些知识具有任何意义。

除了这些远道而来的怪异的稀客们，开罗城里唯一的欧洲人是为数不多的商人，大多是些勇敢无畏的普罗旺斯人和意大利人。他们大多穿着穆斯林长袍，戴着头巾，穿着拖鞋，以免受到普通民众公开的嘲笑或者侮辱。即便如此，他们还是得当心马穆鲁克人。如果挡了这些人的路，少不了要挨一顿鞭子。

虽然外国人受到的这种待遇与埃及本地的科普特人、犹太人甚至普通的下层穆斯林所受的压迫并没有什么不同，但还是被拿破仑·波拿巴用来作为他于1798年春末入侵埃及的借口。当然，这只是一个说辞。入侵埃及还有一些更实际的考虑：埃及巨大的经济潜力、奥斯曼帝国统治的羸弱、拿破仑的狂妄自大和他对东方的浪漫幻想、动摇英国对印度控制的愿望。另外，拿破仑在巴黎的政治对手们也在排挤他，他们希望这位时年29岁锋芒毕露的将军走得越远越好。不过这些在拿破仑的译者乘坐"东方号"战舰前往埃及时制作的宣传单里必然不会提及。这些传单只是宣称：伟大的苏丹波拿巴是作为真主和奥斯曼苏丹的仆人来到这里的。他的使命是惩罚邪恶的马穆鲁克人，把埃及从他们的手中拯救出来。

当这些传单到达开罗的同时，人们收到了一个不祥的消息：庞大的法国军队已经占领了亚历山大港。随后开罗人发现，这些印刷传单上的字体十分僵硬，毫无美感可言。这些形式上的特征引起了开罗民众的热议，受关注程度丝毫不逊于传单的内容。这也难怪，印刷术在当时的埃及已然销声匿迹。而开罗的学者们，如贾巴蒂

(al-Jabarti)，一位爱资哈尔清真寺教长的后裔，也是这个不幸时代的编年史作者，带着困惑读完了这份传单。在贾巴蒂写成的 27 卷编年史《历史和生活中的伟大事迹》(*Marvels of Deeds in Annals and Lives*) 中，他用了大量篇幅批评拿破仑这份传单的语法、拼写和语言风格，而不是关注传单想表达的意思。最后，这位学者以一个愿望结束了他猛烈的学术批评。他希望上帝能把这些只讲理性规则，没有宗教信仰的异教徒变成哑巴。有关开罗人对伟大的"苏丹"波拿巴的抗议，就先写到这里。

1798 年 7 月 17 日，马穆鲁克权贵们发起了总动员。壮汉们手持棍棒和菜刀冲向布拉克港口。他们引起的巨大骚动在贾巴蒂的眼里，无异于正在发动一场"噪音战"。与此同时，马穆鲁克军队的主力出发迎击法国人。据贾巴蒂说，这些士兵们"彼此不和，互相嫉妒，只担心自己养尊处优的生活即将不保。他们愚昧无知，自欺欺人，骄矜自傲，不可一世"。

当两万五千名法国士兵的眼前刚刚出现尼罗河对岸的金字塔时，数量不敌法国人的马穆鲁克骑兵们立刻发起了进攻。这些高超的骑手们坐在马鞍上，他们绸缎头巾下方的皮肤是一位法国军官口中描述的"玫瑰般的肤色"。他们用嘴咬紧缰绳，快马加鞭冲入长着苜蓿的田野。他们一边全速冲刺，一边向法国军队开火。先用卡宾枪，然后用手枪。他们用完就把枪扔在身后，之后再让仆人去捡。随后，还没被打下马的马穆鲁克军人射出了标枪，最后拔出弯刀。他们一手握着一把，试图在近战中砍杀敌人。

这种战术过去用来对付贝都因的土匪和逃税的农民很有效。然

第六章 笼中之凰

而此时，装备精良的法国军队排成整齐的方阵，他们的霰弹枪、葡萄弹和步枪扫射打散了马穆鲁克骑兵。这些装配浮夸的马穆鲁克骑兵几乎无法接近法国军队，更不用说造成什么实际伤害。"炮火和烟雾遮天蔽日，"贾巴蒂写道，"炮声震耳欲聋。大地像是在颤抖，天空也仿佛要坠落"。仅仅45分钟过后，战场上已经横七竖八地躺了一千具马穆鲁克骑兵的尸体。残部向南方奔逃，而法国仅仅损失了29名士兵。

贾巴蒂继续写道：

> 消灭了埃及军队的主力后，法兰克人把他们的枪炮转向了东岸。得知大军溃败的消息后，那里的显贵和平民留下了所有的物品和帐篷，没有带走任何东西。他们成群结队地涌入城市。所有人都吓得魂不附体，等待着毁灭的到来。他们哀叹着，恳求上帝把他们从这场灾难中解救出来，而女人们则躲在屋里声嘶力竭地哭嚎。

马穆鲁克的残部已经逃跑或隐匿起来。开罗唯一的权威代表，执掌那些宏伟清真寺的、在开罗出生成长的阿拉伯族长们，向入侵者交出了这座城市。7月24日，法国人赤手空拳地进入了开罗。他们在集市上寻欢作乐，豪掷千金。拿破仑在东郊阿兹巴基亚湖边一个富有的马穆鲁克人阿尔菲·贝伊（Alfi Bey）新建的宫殿里住了下来。让埃及人民颇感惊讶的是，这位"波拿巴"并不像马穆鲁克权贵们说的那样，是一个"留着一英尺长指甲的恶魔"。

在法国军队对开罗为期三年的占领中，最初的几个月可谓平静。开罗人被意大利商人建造的咖啡馆和餐厅等新奇事物迷住了。

他们聚集在一起，看穿着滑稽紧身裤的士兵们懒洋洋地倚在直背的椅子上，坐在又长又高的桌子旁吃东西。他们用叉子叉住食物，灌下醉人的美酒。他们在账单上逐项列出购买的物品。除了法国人从不脱靴子（甚至睡觉时也不脱）的习惯之外，最让贾巴蒂吃惊的是法国人对女人的殷勤。数百名营妓跟随法国军队来到了开罗。这些女士们不戴面纱，在城中四处游荡。"她们在街道上纵马疾驰，和最底层的人谈笑风生。这种不体面的自由吸引了开罗那些没有受到良好教育的女性；而且，由于法国人以讨好女人为荣，经常向她们赠送大量的礼物，开罗当地的妇女渐渐也开始与他们为伍。"①

当法国人宣布他们将发射一种可以飞上天并且把人载到遥远地方的设备时，他们逗乐了开罗人。当他们的三色热气球在短暂的飞行后坠落，像贾巴蒂这样的关注者们着实松了口气，确信他们的想法不过是天方夜谭。"这就像是家里的仆人们为节日制作的风筝。"他嘲笑道。另一个更实用的发明是法国人用来拆除各城区大门和建造防御工事的工具。这是一种一端有两个把手，另一端有一个轮子的手推车。只要使用这种手推车，最瘦弱的工人也可以非常轻松地搬运相当于五个篮子的东西。

然而，最让人惊讶的还是法国人对学习的痴迷。一心要让自己名垂青史的拿破仑不仅带来了军队，还带来了一批杰出的科学家。考虑到他的军队即将遭遇的命运，这无疑是个明智之举。这一百多位学者——天文学家、语言学家、古文物学家、植物学家、工程师

---

① 时至今日，尼罗河三角洲的农妇仍穿着18世纪晚期法国流行的服装。

第六章　笼中之凰

等——以让人吃惊的勤勉研究了他们的课题。三年恶补式的研究让一部 24 卷百科全书得以诞生。《埃及记述》(*Description de l'Égypte*)填补了欧洲对这个国家、人民、工艺、动植物以及古代遗迹等方面知识的空白。

令贾巴蒂惊讶的是，这些学者竟然很欢迎本地人参观他们在没收的马穆鲁克人的宅邸上改建的研究所。另外，贾巴蒂还惊异地发现，这些研究所的图书馆里挤满了安静读书的法国士兵，而当时埃及人的文盲率高达 99%。在研究所的实验室里，一位法国科学家向贾巴蒂展示了将液体变成固体的化学实验，还让他体验了一种叫"电"的东西带来的奇怪的震颤。他钦佩于异教徒科学仪器的精确和高超工艺。他还因法国艺术家的绘画技法倍受震撼。这些画不仅细致地记录了埃及的花卉和昆虫，还描绘了埃及的古代遗迹，甚至还有埃及主要人物的肖像。这些肖像栩栩如生，仿佛要开口说话似的。

然而，在所有这些事情中，有一件事让贾巴蒂感到十分费解，甚至惶惑不安。在一位法国鸟类学家解释了自己的工作后，贾巴蒂在爱资哈尔清真寺学院的一位同僚表示：这种对动物进行物种分类的工作纯属浪费时间，先知不是早就断言过陆地上有一万种野兽，水里面有两万种鱼吗？他的另一位同僚则质问这位法国科学家，他的科学是否允许一个人同时出现在两个地方？法国科学家表示不能，这位同僚立即据此断定，他的科学毫无价值。即使对贾巴蒂来说，这种逻辑也是愚蠢的。但法国人随后爆发的大笑依然刺痛了他。在贾巴蒂的字里行间潜藏着一种挥之不去的恐惧，似乎对法国人来说，他的城市和它所有引以为傲的传统，甚至他自己，都不过是一场怪异的展览。被当成一个"样本"让人观察是令人不安的。可以想象，当这位留着胡子、穿着庄严的深色阿拉伯长袍、戴着红色教士帽的教长，被那个窃笑着的法国科学家电了一下的时候，他是多么的难堪，努力想要维持最后的尊严。对开罗人来说，没有什么折磨比被人嘲笑更难受的了。贾巴蒂的年代如此，今天也是如此。

在最初的敬畏消失后，占领者和被占领者之间的关系立即恶化。奥斯曼帝国的苏丹作为埃及名义上的宗主，不仅否认与法兰西人同谋，而且派遣军队试图将其驱赶出去。拿破仑在陆地上打败了土耳其人，但在与英国海军的战斗中却表现不佳。仅在法国赢得金字塔战役胜利的两周内，纳尔逊上将就击沉了大部分法国战舰，将拿破仑的远征军困在埃及。由于被切断了补给、增援以及最重要的现金，拿破仑不得不采取绝望之举，向埃及市民强征捐税以补充军费，正是这个举措引发了开罗人民的暴动。这不是因为被异教徒统治的耻辱，也不是因为在南方游击作战的马穆鲁克军官们的煽动。

第一次暴动发生在开罗被征服后的六个月之内。1798年10月，法国颁布了一系列财产税制度，被贾巴蒂斥为"缺乏远见的"伊斯兰教士们煽动民众反抗。暴动的民众们高呼着宗教口号，用能拿到的任何武器攻击入侵者。为期两天的暴乱共造成三百名法国士兵丧生。作为回应，法军的枪林弹雨持续了整整一个下午，重点打击爱资哈尔清真寺。令教长们深感恐惧的是，到了晚上，法军冲进满是弹壳的街道，骑马闯入了这座古老的清真寺，将它洗劫一空。"等

第六章　笼中之凰

到了黎明，晨光出现，暗夜的乌鸦离开树梢之时，"贾巴蒂写道，"法军再次掌管了这座城市。大约有三千名开罗人在这场暴乱中丧生。"

之后，东方军团又苦苦支撑了两年。疾病的肆虐，再加上在巴勒斯坦地区与土耳其军的作战（虽然徒劳无功）逐渐损耗战斗力，拿破仑临阵脱逃，把军队扔在埃及自生自灭，自己则偷偷溜回巴黎谋求他的事业。开罗人民没有善罢甘休，在1801年再次发动起义。这一次，法国人有整整五个星期失去了对开罗的控制权，最终只能用一次次猛烈的轰炸才艰难夺回这座城市。当枪声停止时，整个布拉克港、阿兹巴基亚的娱乐区以及胡赛尼亚的工人社区都被夷为了平地。①

最后赶走这些异教徒的不是开罗人民，也不是疲弱不堪的奥斯曼帝国。当一支英国军队在亚历山大港登陆时，筋疲力尽的东方军团已经无力与军备同样先进的对手作战。最终，英、法达成妥协，法国军队被允许和平撤退。1801年7月15日，最后一支法国军队离开了开罗。离开这座城市之时，他们不论是精神上还是肉体上都饱受挞伐。而他们也打碎了开罗的骄傲，戳破了开罗的尊严。

❎

1841年的冬天，一位名叫杰勒德·拉布吕尼（Gérard La-

---

① 这不是法国人造成的唯一破坏。他们还毁坏了萨拉丁城堡里仅存的几座宫殿，将其改造为更适合作战的堡垒。"他们毁掉了它的美，"贾巴蒂哀叹道，"他们拆毁了萨拉丁的宫殿、那些有着高大柱子的苏丹议事大厅，以及清真寺、礼拜寺和神龛。"

brunie）的法国人来到了开罗。他是拿破仑一位军官的私生子。他性格忧郁，想象力极为丰富。法国读者对这位浪漫主义诗人和他的笔名可能更加熟悉。他就是杰勒德·德·内瓦尔。

内瓦尔此时正在居丧之中。他的情妇，一个巴黎的暗娼，刚刚死于痨病。他作为一个时事评论作家，也正处于职业的迷茫期。他认为开罗的异国情调能治愈他的忧郁。这位孤独的巴黎人似乎也很渴望东方式的浪漫。他试图对好几个蒙着面纱的开罗女子求爱，但遭到了她们的巴掌和拒绝。有一天，他又冒着危险，尾随两名咯咯笑着的蒙面女子穿过了半个开罗城。最后，这两名女子腼腆一笑，转身走进了一扇门。受挫的内瓦尔正耸肩准备离去，突然一名男仆出现在门口，用手示意内瓦尔进门。这让他欣喜若狂，因为此情此景与《一千零一夜》中搬运工的故事场景几乎如出一辙。在这个故事里，一名身份低微的搬运工被女雇主诱骗，度过了一个狂欢宴饮的香艳夜晚。

可是进门之后，内瓦尔发现情况和他想的完全不一样。后来才知道，那两位蒙着面纱的女子也是法国人，她们只是故意戏弄自己的同胞。内瓦尔也只是得到了一杯礼貌性的茶水。

无奈之下，内瓦尔只好去了奴隶市场。令他欣慰的是，奴隶贩子们表现得非常热情。他们脱下奴隶的衣服，扒开嘴给内瓦尔看她们的牙齿，又让她们展示弹跳性，尤其注重向他展示她们乳房的弹性。内瓦尔花 25 英镑买了一名 18 岁的爪哇女子。奴隶贩子告诉内瓦尔，这名女子刚刚被印度洋的海盗抓获，是他在麦加进货时买入的。喜出望外的内瓦尔立刻雇了一头驴子把这名女子送到了他的住

第六章　笼中之凰

处。但是，内瓦尔的浪漫到这里也就终结了。这名女子并非什么顺从的妇人，而是一个可怕的负担。她百无聊赖地噘着嘴，十分蛮横凶悍，也拒绝做饭或打扫卫生。

有关他们的闺中秘事，内瓦尔没有再多加透露。但他承认的是，很快他就开始想办法甩掉她了。但只要内瓦尔表现出一丝放她自由的意思，她就会急得跳脚。"自由？"她不解道，"那你希望我能做什么？我还能去哪儿？"当然，他俩是用什么语言实现了这些交流，也是另一个让人困惑的问题。

考虑到他经历的种种挫折，内瓦尔宣布《一千零一夜》里的城市令他大失所望也就不足为奇了。"开罗埋葬在灰烬和尘土之下，"他写道，"现代的精神和进步像死亡一样征服了它。"对于内瓦尔来说，只有开罗越来越多的欧洲人聚居区还在散发勃勃生机。事实上，拿破仑当时"关心"的外国商人如今在开罗过得很好。在古城的西边，被法国人炸毁的阿兹巴基亚区废墟上新建起一个熙熙攘攘的西方人居住区。这里除了有意大利人开的药店和一家出售马德拉酒、波特酒和麦芽酒的英国酒馆外，还有一排排玻璃橱窗的商店，展示着从曼彻斯特和曼海姆运来的各种制成品，售价之低足以让开罗的当地工业破产倒闭。除此之外，开罗甚至出现了一个欧洲剧院，女士们在这个剧院里可以不戴面纱抛头露面。但在这位幻想受挫的浪漫主义作家眼中，最让他感到震惊的还是他在故乡常常见到的那些怪人，如今也越来越多地出现在开罗的街道上。

内瓦尔写道，一位绅士骑在驴子上，他的长腿拖行在地上，圆圆的头饰里"一半是弹簧垫子，一半是帽子"，缀以厚厚的白色织物装饰以抵御阳光。在他的绿色防尘面纱下，他戴着一副蓝色钢制镜框的茶色护目镜。他那用天然橡胶制成的外套裹着打了蜡的亚麻布，用来防止瘟疫和避免与当地人发生触碰。他戴着手套的手里攥着一根长棍子，用来驱赶任何可疑的阿拉伯人。通常情况下，他出门时一边跟着马夫，另一边跟着向导。

游客这种奇怪的生物仿佛一夜之间充满了埃及。对于远不如内瓦尔富有冒险精神的欧洲人来说，开罗已经成为像德国的巴登-巴登小镇一样常规的旅游目的地。邮轮定期往返于尼罗河。前往印度"度假"的富太太们会下榻谢泼德先生开的英国旅馆，并且在那里一直住到苏伊士运河上的旗杆信号通知她们去往孟买的定期游轮已经到达了开罗。然后，这些外国旅客会乘坐高档马车，沿着一条小径穿过沙漠到达红海港口，这条小径上到处洒满了软木塞。这无疑是那些读了英国人写的旅游指南的游客留下的，该指南建议旅行者应该"每人携带24瓶雪利酒、白兰地和水"来缓解连夜赶路的疲倦。

几年前，参观金字塔的游客需要雇用护卫以防止贝都因强盗的突袭。如今，这个古老的遗址守卫森严，一个很有生意头脑的法国人甚至把一座法老墓改建成了高级餐厅。一个警觉的美国人描述了他于19世纪40年代去看狮身人面像的时候，被衣衫褴褛的村民们手中挥舞的棍棒吓了一跳。但这些棍棒并非用来对付外国游客，而是防止竞争对手抢生意——小贩们会蜂拥而上，向游客兜售木乃伊珠子和罐装水。他们也不理解为什么这些外国人这么热衷于爬上金字塔的顶端，让自己双脚踩在基奥普斯（Cheops）法老的墓顶上以

第六章　笼中之凰

示征服。当内瓦尔坐着由四名本地人抬的轿子到达大金字塔的顶端时，他发现这些古老的石阶出现了越来越多粗鲁的涂鸦，其中还有一个是"伦敦皮卡迪利大街某个店铺的改良调味酒广告"。

✠

在拿破仑的东方军团撤退后不久，开罗就被一个名叫穆罕默德·阿里（Muhammad Ali）的奥斯曼变节将军给霸占了。穆罕默德·阿里原本受苏丹派遣，率领着一支阿尔巴尼亚雇佣军前去增援埃及，可他却用计将新上任的奥斯曼总督赶出了萨拉丁城堡。他非常清楚：远在君士坦丁堡的奥斯曼苏丹已疲于应对内忧外患，同时还在与俄罗斯对战，根本无暇顾及埃及。除了接受政变，苏丹别无选择，只好承认由这个冲动的手下出任他在埃及的总督。

1807年，穆罕默德·阿里率领阿尔巴尼亚雇佣军与仓皇入侵埃及的英军作战。取得胜利后，他在开罗城周围支起数百颗英国人的头颅以示庆祝。不久之后，这位总督又以黑帮的行事做派，除掉了最后一个统治的潜在威胁。他邀请了埃及所有的马穆鲁克显贵来萨拉丁城堡参加宴会。酒足饭饱之后，为首的24名马穆鲁克显贵和他们四百名全副武装的奴隶家臣排成一列，沿着陡峭狭窄的通道走向城堡脚下的大门。就在这时，阿尔巴尼亚军团砰地关上大门，用子弹扫射被困在城堡内的马穆鲁克人。根据开罗的民间故事，有一个马穆鲁克贵族从他的战马上跃过了城堡的外墙，因此逃过一劫。但这个故事并没有说明这个人是否也逃过了阿里随后对城中三千多名马穆鲁克人斩草除根式的追捕。

巩固自己的地位之后,穆罕默德·阿里开展了历史上规模最大的土地掠夺运动。他没收了马穆鲁克大家族的封建农场,不久之后又剥夺了开罗的宗教机构通过宗教基金占有的六十万英亩土地。一夜之间,开罗那些习惯于享用充裕资金和崇高地位的大清真寺和法学院——包括爱资哈尔清真寺学院——发现自己只能像流浪猫一样走上街头觅食,因为它们在13世纪获得的捐赠基金现在都不够为首席法官提供食物了。

穆罕默德·阿里一举推翻了开罗中世纪的秩序。权贵和神职人员权力绞杀的时代结束了,埃及成了这位总督的私人种植园。与前人不同的是,这位新的埃及总督极富远见和野心。穆罕默德·阿里于1769年出生在色雷斯(Thrace),在语言环境多样、向往西方文化的城市萨洛尼卡(Salonica)长大。多年的军旅生涯让他清楚地认识到奥斯曼帝国相对于西方的落后。因此他开始了大刀阔斧的革新,着手将埃及士兵改造成他素来推崇的训练有素的欧式军队。

在法国顾问(其中很多人都曾是拿破仑远征军的顾问)的帮助下,穆罕默德·阿里发起了根本性的变革。他下令大规模种植一个新的棉花品种,这个经济作物后来极大地推动了埃及的经济复苏。他打破了埃及两千年来的传统,强制选派埃及原住民进入军队和参与大型公共工程项目。他将政府重组为一个个办公室,配备领取薪水的专业人员,并按照个人能力酌定职级。他建立了开罗的第一所世俗学校,并将埃及人送往国外学习欧洲的语言和科学。

第六章　笼中之凰

运河的修建带来了一百万英亩新的耕地，并加速了棉花的出口。棉花让埃及——或者更确切地说是它的主人——变得富有，并让这个国家成为全球贸易和金融链条的一环。法国顾问训练的军队节节取胜，它代表奥斯曼苏丹成功镇压了阿拉伯的宗教极端主义叛乱和希腊的叛乱。① 据穆罕默德·阿里所说，这支军队征服了苏丹地区。然后，令无力掌控局势的奥斯曼苏丹感到不安的是，它开始蚕食奥斯曼帝国的领地。到19世纪30年代，埃及总督统治的范围比15世纪的马穆鲁克人更为辽阔：苏丹、汉志（包括圣城麦加和麦地那）、叙利亚、巴勒斯坦，甚至有一段时间连半个安纳托利亚都落入穆罕默德·阿里的控制之下。他的儿子易卜拉欣（Ibrahim）领导了一场辉煌的战役，将埃及军队推进到距离君士坦丁堡只有几百英里的地方。这个新崛起的势力威胁到了奥斯曼帝国本身的存亡。

穆罕默德·阿里已经成为一个举足轻重的人物。但是他在这个全新的地缘政治游戏中过早地出了牌。由于担心俄罗斯会趁着奥斯曼帝国被困向地中海发起猛攻，英国和法国派出舰队进行了干预。面临大军被困叙利亚的风险，总督向英、法做出了妥协，同意撤军。作为交换，奥斯曼苏丹给了穆罕默德·阿里他真正想要的东西：让他的后代永久享有总督头衔。

---

① 叛乱分子是清教反苏菲派，被称为瓦哈比派的信徒。一个世纪后，他们中为首的沙特家族占领了麦加，并征服了阿拉伯的大部分地区。直至今天，沙特阿拉伯仍然信仰严格的瓦哈比伊斯兰教。希腊的起义（1824—1825年）是第一轮希腊独立战争。穆罕默德·阿里镇压希腊起义激起了欧洲人对希腊人的同情，并帮助希腊人在1829年从奥斯曼帝国手中赢得了独立。

名义上说，埃及仍然是奥斯曼帝国的一个省。但是开罗又一次成为一个王朝的首都，王座的所在。

❈

杰勒德·德·内瓦尔可能是个出色的诗人，却是一个糟糕的预言家（回到法国十年后，他精神失常后上吊自杀）。开罗并没有像他所说的那样发生巨变。抛开阿兹巴基亚区的法式装饰和布拉克港附近的工厂烟囱，也不提穆罕默德·阿里·巴夏在萨拉丁城堡新建的陵墓——仿奥斯曼风格的圆球状清真寺，在1849年这位总督去世之时，开罗看起来与半个世纪前并没有什么不同。没错，城市整洁干净多了，强盗们也不再出现。街道被贴上了标签，进行编号，障碍物也清理干净了。城墙外堆积如山的垃圾大多也已被铲平。然而，一个与内瓦尔的描述截然不同的开罗出现在了与他几乎同时代的英国作家爱德华·莱恩的著作中。

莱恩为了学习阿拉伯语，放弃了雕刻生涯。他于1825年抵达开罗，并在长达24年的时间里专心致志地研究了这座城市、它的语言和传统。他对现代埃及人风俗习惯的百科全书式的描述是一项开创性的社会人类学工作。他的著作对这个仍然保留了中世纪本质的城市进行了独特、全面和客观的描绘，内容涵盖育儿方法、魔法、音乐、服装和餐桌礼仪等种种细节。在莱恩看来，改革的影响依然没能突破统治精英内部。"一些在法国留学数年的埃及人告诉我，他们甚至没法将在国外学到的任何观念灌输给他们最亲密的朋

第六章 笼中之凰

友。"莱恩写道,"欧洲的风俗习惯还没有开始在埃及人中间传播,但也许改变马上就会到来。由于认识到这一点,我越发渴望探寻埃及在漫长世纪以来一直存续并被许多人认为是不可改变的社会状态。"

和莱恩一样,其他的欧洲人也想要捕捉"这个即将消失的世界",纷纷前去探索埃及。法国的普里斯·达韦纳(Prisse d'Avennes)、苏格兰的大卫·罗伯兹(David Roberts)和英国的罗伯特·海(Robert Hay)等艺术家都将开罗视作无与伦比的异国情调的源泉。罗伯兹在1839年冬写给女儿的信中描述了他的工作:"狭窄拥挤的街道使绘画变得有些困难。因为除了会有好奇的阿拉伯人围观以外,你还有可能被满载的骆驼挤成木乃伊。这些骆驼虽然看起来悠闲美丽,挤起人来倒是真不好受。"他写道,开罗宏伟建筑的石版画被广泛复制传播,并在很大程度上导致了东方主义在西方艺术中的普及,影响一直延续到20世纪40年代好莱坞的辛巴达系列电影。

此时的开罗仍旧提供了广阔的空间,让欧洲人可以畅所欲言。古斯塔夫·福楼拜(Gustave Flaubert),这位比内瓦尔更有名的作家,也曾被这座城市的魅力所倾倒。他说:"就算总督驱逐了巴布埃尔卢克区所有的妓女也没关系。"他在给巴黎朋友的信中写道:"整个城市就是一场露天的假面舞会。游客可以卷起头巾,穿着花哨的摩尔长袍嬉戏,拿着水烟袋躺在长沙发椅上,在东方之城美妙的声响中畅饮……单峰骆驼身上挂着的小铃铛在你耳边叮当作响,一大群黑山羊从人群中窜出来,对着马、驴和商人咩咩叫。"他在

1850年冬的这段抒情文字中写道:"这里有推搡,有争吵,有打闹,有大笑,有各种脏话,有十几种语言的叫声。闪米特语的音节当啷作响,就像鞭子抽在空中发出的声音……一切都令人愉快。"

福楼拜尽情地享用了这场感官的盛宴。他在集市上闲逛,在土耳其澡堂里按摩,沿着尼罗河上行到埃及北部的清真寺。在这里,他与一个被驱逐出开罗的舞女厮混,可能也是从她那里染上了梅毒,缩短了他的生命。

但是内瓦尔说的也不全错。在19世纪的中叶,开罗确实出现了变化,只不过这是一种更深层次、更微妙的变化。欧洲人的思想观念开始被接受。虽然1820年的旅行者震惊于埃及人的凄惨处境和突厥裔统治者金碧辉煌的宫殿,此时的埃及却正在出现一个冉冉上升的本地人阶层。这些教师、政府官员和工程师们被称为"阿凡提"(effendi)①。他们曾在穆罕默德·阿里建立的世俗学校里接受过外国教师的培训,也阅读过他设立的语言研究所和出版社翻译印刷的科学文献,其中一些人还在他的资助下,去过遥远的欧洲首都学习。这些阿凡提们不仅坐在挂着自己名牌的办公室里工作,而且还用刀叉吃饭。他们穿外套和裤子,偶尔还会戴墨镜,有一些甚至还会饮酒。他们蔑视迷信,反对奴隶制。福楼拜眼中的"异国情调"于他们而言是衰朽落后的标志。他们向往的是欧洲式的进步与发展。

在这些人的影响之下,变革的速度开始加快。电报和铁路网也

---

① 土耳其的一个尊称,多指有较高学识的精英阶层。

第六章　笼中之凰

发展起来。1854年，定期往返的火车连通了开罗和地中海，而此时瑞典和日本等国家还尚未铺设铁轨。对非穆斯林征收人头税的规定于1815年失效，之后被正式废除。基督教牧师被允许在埃及传教，欧洲列强又从苟且偷安的奥斯曼帝国手里为其国民夺得了法律特权[1]，种种机会让开罗的吸引力越来越大。地中海沿岸诸国的外国人纷纷跑来埃及淘金，其中有躲避迫害的基督徒和犹太人，希腊和意大利来的商人、店主、放贷者，等等。

除此之外，这座城市也吸引来了欧洲各行各业的杰出人士。19世纪20年代，法国医生克洛特·贝（Clot Bey）创建了开罗第一所现代医院和医学院，并建立了堪称典范的基本公共卫生服务系统，包括覆盖埃及全境、训练有素的助产士。正是在克洛特·贝的医院里，德国科学家西奥多·比尔哈兹（Theodor Bilharz）博士于1853年发现了血吸虫的生命周期，揭开了这种肆虐埃及的衰竭性疾病的面纱。出生于巴勒莫的奥诺弗里奥·阿巴特（Onofrio Abbate）博士于1846年抵达开罗，并在这里待了六十年——除了1860年短暂地回到西西里加入朱塞佩·加里波第（Giuseppe Garibaldi）领导的统一意大利的红衫军行列（阿巴特是一名坚定的共和党人——他甚至给他的儿子取名为"华盛顿"）。除了担任埃及总督的首席医师之外，阿巴特还发表了他在多个领域的研究成果，诸如可卡因的麻醉

---

[1] 投降协议中的欧洲人特权包括贸易优惠条款、外国居民的免税地位以及当地法律的豁免权。据拉迪亚德·吉卜林所述，"开罗的每个外国人对于任何事项，不论是处理垃圾还是处理尸体，都有权向自己的领馆求助。结果就是所有体面和不体面的外国人都有了自己的领事。开罗城内的领事几乎多到了摩肩接踵的程度。"虽说投降协议中的条款对埃及人极不公平，但它一直实施到了1947年（尽管形式有所简化）。

特性和狂犬病在流浪狗中的传播等。他的杰出贡献使他收获了巴西、夏威夷、巴伐利亚、土耳其和埃及颁发的荣誉勋章。法国考古学家奥古斯特·马里耶特（Auguste Mariette）不仅创建了埃及博物馆，而且是最早引入科学挖掘方法的古文物学家之一。1854年，他的同胞斐迪南·德·雷赛布（Ferdinand de Lesseps）向总督展示了一个鼓舞人心的图景——随着苏伊士运河的动工，开罗将再次掌控全球最重要的贸易路线。

与阿凡提们一起，这些外国人（khawagāt）① 也开始提出他们的需求。两者共同组成了一个繁荣的统治阶级。他们要求用平板玻璃窗和阳台取代木质屏风，用马车取代驴子，用舞台表演取代市集说书，用仆人取代奴隶。他们需要现代化的法律体系、通信手段、自来水和铺砌的路面。他们认为古城虽美，却已与时代不符。在他们批判目光的注视下，开罗也觉得这层老茧让它越来越不舒服了。

✡

正当美国处于激烈的内战之中，一系列重大事件席卷了埃及：1862年，一个名叫约翰·汉宁·斯皮克的英国人发现了白尼罗河的源头；一位新总督于开罗就任。当美国的北方军封锁南方军的港口之时，埃及的棉花出口量在一年内翻了两番。在这笔意外之财带

---

① 该词源自波斯语，意为"主"。在埃及最初是指希腊和意大利商人，尤其是奴隶贩子。到了20世纪，它囊括了所有欧洲人，并开始带有一种类似"外国佬"的轻微贬义。单数形式是 khawāga。

第六章　笼中之凰

来的错觉中，埃及的新任总督——穆罕默德·阿里接受了法国教育的孙子伊斯梅尔（Ismail）——以为自己足够富有，可以把埃及变成法国，把开罗变成巴黎，把他的宫殿变成凡尔赛宫。在蜂拥而来给他贷款的欧洲银行家们的怂恿下，伊斯梅尔花钱如流水。

这位赫迪夫（这是伊斯梅尔自己花重金从君士坦丁堡贿赂来的头衔）此刻很是匆忙，因为他正在策划一场全球最盛大的派对。为庆祝苏伊士运河的开通，他决定将他的首都变成一个橱窗，而它必须符合欧洲皇家贵客的品位。它要有装点着英雄雕像的开阔广场，以及排列着宫殿和别墅灯火通明的街道。它要有公园，园子里要有岩洞石雕和中式的亭台楼阁，以及一个可以泛舟的人工湖。除此之外，它还得有一个喜剧院、一个歌剧院、一个博物馆、一个图书馆，以及许多像赫迪夫地理学会这样的学术机构。

因此在贷款被银行家们收回之前，开罗和尼罗河之间一英里见方的地区变成了一个巨大的建筑工地。道路两旁铺设了人行道。任何愿意花不少于两千英镑在一年半内修一栋别墅的人都直接获得了一小块土地。市政煤气和供水的特许经营权给了一个叫查尔斯·勒本（Charles Le Bon）的人。巴里耶-德尚（Barillet-Deschamps）先生是巴黎市的首席园艺师，伊斯梅尔在1867年的万国博览会上认识了他，现在聘请他来按照巴黎布洛涅森林的样式将阿兹巴基亚区改造成一个市政公园。

至于开罗的老城区，除了两条穿城而过的笔直车道以外，基本没有得到任何修整。不过它的命运本有可能更糟：伊斯梅尔精力充沛的公共工程部长阿里·巴夏·穆巴拉克（Ali Pasha Mubarak）

急于拆除城中那些宏伟的清真寺。对他来说，它们只是代表着马穆鲁克人压迫的痛苦记忆。"我们不想再保留这些记忆了，"穆巴拉克宣称，"我们想像法国人摧毁巴士底狱一样摧毁它们。"这句话是他后来在1881年时说的。不过由于受到文物保护主义者的阻止，他的计划并没有付诸实施。

1869年运河的落成是伊斯梅尔的高光时刻。欧洲的贵族和富豪们为此齐聚开罗。普鲁士的王储、黑塞的路易王子、荷兰的亨利王子和各种名人乘坐华贵的马车穿过崭新的街道。赫迪夫本人在庆典上对法国的欧仁妮皇后大献殷勤。① 宅邸、宫殿、青铜狮子点缀的尼罗河上的铸铁桥、歌剧院、景观公园等都已全部就位。开罗是如此的"文明"，以至于已经成为埃及自己建立的庞大殖民帝国的中心。为了让埃及真正跻身强国之列，伊斯梅尔雇用了前美国南方邦联军队的专家（也是当时最有经验的军事专业人员），带领军队深入非洲。到了1870年，他们在非洲占据的领土已经达到美国国土的一半，使埃及成为当时非洲最大的帝国。伊斯梅尔出资赞助的欧洲探险家制作了整个尼罗河流域的地图，并描绘了当地的情况，这也是这块区域有史以来第一次几乎完全落入埃及的掌控之中。

在落成庆典结束后很长一段时间里，伊斯梅尔统治下的开罗见证了许多辉煌的场景。这位赫迪夫热衷于与样貌出众的人为伍。凭借着自己两倍于维多利亚女王的收入，他可以向各种各样的底层皇室成员发放丰厚的津贴。其中一个就是德拉·萨拉（della Sala）伯

---

① 据说赫迪夫曾送给欧仁妮一只纯金的夜壶，壶内的碗中有眼睛形状的装饰，眼珠用一颗绿宝石做成，而伊斯梅尔的瞳仁也是绿色的。

第六章 笼中之凰

爵夫人。她在三十年里一直是开罗上流社会的固定成员。她嫁给了一个阴郁的俄罗斯贵族。这个贵族被她的情人——一个英俊的奥地利伯爵——在一次发生于萨卡拉的决斗中意外杀死。她以机智过人著称。在一次聚会上,当一名表演的印度苦行僧的缠腰布滑落时,她用一句俏皮话打破了尴尬:"不要惊慌。那只是青铜雕像!"在她的晚年,伯爵夫人喜欢讲各种有关赫迪夫铺张浪费的故事来取悦她的朋友。比如,在赫迪夫的歌剧院里表演的《阿伊达》中,三千名表演者中就有如假包换的埃塞俄比亚奴隶。[1] 另外,这个歌剧的大游行场景中用到的古代众神雕像也都是真品,是专为表演从马里耶特博物馆偷来的。表演结束后的宴会上,在伊斯梅尔位于阿布丁占地24英亩、有五百间内房的意大利风格宫殿中,六名最性感的舞女被装在金盘子上端进了餐厅,配以蛋羹作为装饰。不过这些都只是伯爵夫人讲的故事。

但是伊斯梅尔并没有把精力全部浪费在娱乐上。在他的统治下,埃及开办了五千所学校,这使得当时埃及的国家教育系统超过了沙皇俄国之类的国家。埃及的铁路网和灌溉运河网均扩展了一万英里。伊斯梅尔成立了议会,并参照拿破仑的体系编纂了法律。在阿凡提们看来,用伊斯兰的教法处理现代世界事务实在是太麻烦了。伊斯梅尔欢迎移民,允许他们拥有土地,并创建了一个特殊的外国人法庭,以处理各种投降协定遗留下来的领事管辖权的纠纷。

---

[1] 伊斯梅尔委托朱塞佩·威尔第为苏伊士运河落成典礼创作一部埃及主题的歌剧。这位意大利作曲家未能按时完成《阿伊达》,因此开罗歌剧院的开场演出改为《弄臣》——考虑到伊斯梅尔今后的命运,这部作品也许更适合。

这些外来移民中就有一些叙利亚基督徒，如1876年创办《金字塔报》的塔克拉（Takla）兄弟，他们之后将成为引领阿拉伯新闻业的先驱。① 另外，埃及本土少数民族的生活也有所改善。改革大大增加了私有土地的数量，埃及的土地贵族中间也在一千年里头一次出现了大量的科普特基督徒。非穆斯林人在伊斯梅尔治下的埃及也过得很是自在：1872年开罗有不少于486家葡萄酒和烈酒零售商铺。

除此之外，赫迪夫还禁止了奴隶买卖。不可否认的是，这个禁令推行得半心半意。伊斯梅尔最喜欢的妃子，一个名叫内塞迪尔的切尔克斯人，在城外拥有自己宏伟的宫殿，她被允许保留她的八十名高加索和阿比西亚人奴隶。事实上，直到20世纪初，拥有宦官仍然是埃及上层人士的身份象征。尽管如此，开罗的奴隶数量（在19世纪50年代约为一万两千人）确实在减少。可悲的是，那个被杰勒德·德·内瓦尔买来的爪哇女子的担心成为现实：大多数获得自由的奴隶女子最终沦为妓女，成了越来越多因旧社会秩序的崩溃而地位下滑的开罗人中的一员。

伊斯梅尔的慷慨也带来了其他可怕的代价。当他的挥霍无度超过了棉花出口的收入时，他的债权人牢牢攥住了埃及的未来。就在埃及的农民因繁重的赋税变得赤贫之时，巴黎和伦敦的银行家们却瞅准时机，将继续发放贷款的利息推高到令人发指的地步。到了1878年，埃及的债务——经过各种狡诈的计算之后——已高达一

---

① 顺便说一句，这些外来移民中很多人来自贝鲁特。他们选择逃离家乡是因为那里的美国传教士谴责他们是达尔文主义者。

第六章 笼中之凰

亿英镑，相当于十年的棉花出口收入，远远超过了20世纪末任何一个发展中国家的债务。伊斯梅尔抵押了自己的财产，甚至抵押了他在开罗的歌剧院，最后他不得不出让自己的传家宝——埃及在苏伊士运河的份额被英国以区区四百万英镑的价格夺走，而它产生的年收入很快就能达到这个数字。

即便如此，债权人仍然向他施压。当赫迪夫拒绝把埃及的财政大权交给外国人时，他们使出了撒手锏。奥斯曼苏丹（他自己也是这群高利贷者的债务人）被迫向"埃及前赫迪夫"发了一份电报。伊斯梅尔受到了他课以繁重赋税的子民的鄙视，只好于1879年乖乖地流亡海外。他把王位留给了懦弱的儿子陶菲克，而陶菲克欣然将埃及财政这个烫手的山芋交给了一群外国会计师。自此之后，埃及每年有一半的收入将尽数归于欧洲的各家银行。

得知此消息的开罗人民群情激愤——并不是出于对伊斯梅尔的爱戴，而是因为自尊受到了伤害。阿凡提们加入教士和士兵的行列，他们大声疾呼，抗议欧洲的干涉和特权。演说家们第一次阐述了阿拉伯语中从未出现过的词语："自由""暴政""埃及人民""民族主义"。懦弱无能的赫迪夫首鼠两端，他前一天还支持民族主义军［第一次不是由突厥人，而是由埃及本土人艾哈迈德·乌拉比（Ahmad Urabi）领导］，第二天他就退缩了，跑去恳求欧洲干预。随着开罗人民情绪进一步升级，欧洲列强勃然大怒，将舰队开进了亚历山大港。事态开始失控，本地仇外者在这个港口城市闹事，引得欧洲报纸对"东方野蛮人"大加挞伐。不久之后，英国舰队用猛烈的炮火炸毁了亚历山大港。乌拉比上校一夜之间成了民族英雄。

赫迪夫陶菲克匆忙逃往海外，寻求英国皇家海军的庇护。

对于蓄势待发、正要开始全球殖民的欧洲列强来说，埃及这个横跨全球最重要水道的国家是一块肥肉，他们是不可能留给一个只会煽动群众的独裁者的。干预是必须的，唯一的问题是由谁来干预。最后关头，法国退缩了，英国军队独自前去迎战乌拉比。在开罗东北五十英里的泰尔哈比尔，英国军队的加特林机枪将埃及军队打得支离破碎，赫迪夫·陶菲克在英国军队的护送下回到了开罗。1882年10月30日，三万名"叛军"被拘禁在沙漠营地，英军成为在不到一百年的时间里控制这座城市的第二支欧洲军队。

第七章
碰撞中的"美好年代"

第七章　碰撞中的"美好年代"

　　随处可见马球场、网球场、赛马场和骑马场的开罗变得越来越像一个英国城镇。原有的景观成了仅为满足当地居民审美需求的场所，就像一位农庄主保留了一片禁猎区或养鹿园作为消遣。

　　——威廉·莫顿·富勒顿（William Morton Fullerton），《开罗见闻》(*In Cairo*)，1891 年

　　这群在 1952 年革命前住在开罗的讲法语人士自认为属于这片土地。他们甚至认为自己将在这个城市度过一生，直至死亡将他们遣往各自的坟墓，只有不同的宗教和仪式将他们区分开来。他们把开罗当成家园，但也确信巴黎才是世界的中心。

　　——马格迪·瓦巴（Magdi Wahba），《开罗记忆》(*Cairo Memories*)，1978 年

英军占领后的开罗是一座虚幻的城市。英国深居幕后操纵着大权，但又极力认可出现在埃及的其他势力。赫迪夫仍然作为埃及的统治者，并保持着对奥斯曼帝国名义上的忠诚，英国驻开罗总领事仅向他提供大臣任命和政策制定方面的"建议"。同赫迪夫一样，那些身穿晨服、头戴土耳其帽的官员也不过是提线木偶。欧洲的副部长们会确保他们务必遵从英国的指示。努巴尔（Nubar）巴夏是一位受过法国教育的亚美尼亚人，在被占领前后曾三次担任埃及总理。他曾开玩笑说："英国人很好骗，但就在你认为自己骗过了他们的时候，突然被狠狠踢一脚。"

驻守在萨拉丁城堡的士兵们对故乡思念深沉，他们在墙上褪色的法语、土耳其语和阿拉伯语印迹上刻下蹩脚的英文诗句。萨拉丁城堡之下，这座古老的都市魅力不再。它就像杰勒德·德·内瓦尔预言的那样陨落了。传统的民居和建筑也在成片地消亡。如果不是少数文物保护主义者的负隅顽抗，恐怕连那些恢宏的清真寺和学院也难逃厄运。富裕的开罗人向往新的居住条件。他们厌弃了狭窄逼仄、蜿蜒曲折的老旧小巷，搬到了城市新区宽阔马车道两旁的意大利风格别墅。传统的行业协会也不复存在，除了景区市场出售的工艺品外，开罗的各行各业都受到了欧洲制造商毁灭性的冲击。

开罗城中，外国人的各种生意蓬勃发展，其地位因得到英国军队的保护和偏袒性法条的执行而日益巩固。20世纪初，外国人持有埃及大涨的股票交易中96%的资本；他们也把银行、酒店、奢侈品商店和工厂收入囊中。这些工厂马力全开，为开罗的建筑热潮提供资金，好抓紧实现赫迪夫伊斯梅尔建立"尼罗河畔的巴黎"的构

第七章 碰撞中的"美好年代"

想。一名1908年到访开罗的游客说，在伊斯梅利亚街区的大道上，人们唯一可见的"本地元素"就是一名苏丹裔搬运工。高堂华屋掩映在棕榈和热带灌木之中，而这名搬运工坐在豪华宅邸外的公共长椅上。

来自德国、奥匈帝国、法国和意大利的建筑师给这座新城市披上了巴黎"美好年代"的外衣，又不时加入伊斯兰式的装点，以保留些许东方的氛围。一幅法式风情的市政建设图景从歌剧院广场一直延续到附近的阿塔巴广场，也就是开罗快速扩张的电车网络的枢纽。伊斯梅尔的父亲易卜拉欣的骑马像（由巴黎雕塑家科迪耶的工作室创作）立于歌剧院前，面向西方。在他的右边是阿兹巴基亚区的花园，那里有蜿蜒的小路和喷泉，有榕树和演奏台，还有意大利风格的赫迪夫击剑俱乐部。13匹专门从英国进口的好马拉着崭新的红色消防车。易卜拉欣身后，左边是圆拱顶的邮政总局和消防署。街对面阿塔巴广场的中央，外国人在气势恢宏的混合法庭里伸张着他们的正义（本地人的法庭则隐藏在一条幽深的小巷子里）。广场连拱廊的店铺后面高高耸起的是新中央市场钢铁玻璃的屋顶。在这个全新的市场里，标有号码的商贩档口、严格的开放时间和卫生检查制度似乎都在挑战着从这个古老的城市传扬出去的商业习俗。在中央市场附近，一位名叫奥斯卡·霍洛维茨的设计师为法国人开的维克多·蒂林兄弟百货公司五层的商场大楼加盖了顶部装饰——四名铁铸的大力士举起一个闪闪发光的玻璃球，他们的裸体常引得开罗妇女掩面而笑（一百年后，它们被涂上黑色的缠腰布，以遮盖那些令人不适的部位）。

来自东西方的两种文明在阿塔巴广场交汇。在1909年埃及年鉴的英国作者眼中，两种文明的碰撞有如一场战斗：

> 可以听到小贩们喧闹的叫卖声、挑水工的小铜盘发出的咔嗒声、汽车的喇叭声和有轨电车的铃声、车轮碾过路面和铁蹄在鹅卵石路上的碰撞声。男人和女人激烈的争论声进一步放大了这里的喧嚣，让人仿佛置身于一座陷入混乱的东方疯人院。在这里，东方与西方的相遇爆发最剧烈的冲突。在这里，广场西边的欧洲文明逐渐侵蚀着广场东边的东方文明。在与数条阿拉伯人居住的小巷交错相连的穆斯基大道上，常常能看到伊斯兰建筑物或宗教机构的头上顶着大名鼎鼎的威士忌厂商的巨幅广告牌。

到了1910年，开罗城七十万人口中的八分之一都是在外国出生的。在阿塔巴广场以西，他们的人数达到埃及本地人的三倍之多。这些外国人有自己的理发师、服饰商和制鞋匠，也有自己的医院、俱乐部和学校。开罗的其余部分对他们而言仅仅是一个背景，一个偶尔冒险寻求刺激的场所或是风景画的创作素材。慢慢地，外国人看待这座城市的方式也成为它看待自己的方式：到1925年，三分之一的开罗小学生就读于外国人开设的学校，同时学习二十种宗教信仰和六门语言。对每个怀有抱负的埃及人来说，掌握职业英语或外交法语是成为成功人士的先决条件。

外国人在开罗建造了令老城相形见绌的大片新区，他们趾高气扬地建立了复杂的社会秩序，以提高自身的安全感。最接近社会底层但高于本地劳工的是来自马耳他、意大利南部和希腊的石匠、泥

第七章 碰撞中的"美好年代"

瓦匠和五金商，除此之外还有服务员、小混混和妓女——她们的营生在领事保护下蓬勃发展。外国人的特权地位惹怒了埃及本地人，其中就有受过美国教育的教授埃明·博克特。他写道，在投降主义的大旗下，开罗成了欧洲弃儿们的避难所："来自雅典的卖假酒的小贩，来自蒙特卡洛的赌场老板，来自巴黎的妓院老鸨，来自那不勒斯的销赃者，来自维也纳打着卖专利药品的幌子贩毒的药剂师，以及各种各样的白人奴隶贩子、走私犯、杀人犯和打手。"

比这些人再高一个等级的是由讲法语的知识分子组成的文职阶层、亚美尼亚的电车售票员、波斯尼亚的女售货员和保加利亚的秘书。开罗的药剂师、医生、工程师、餐饮服务人员和高档珠宝商来自更加偏北的欧洲地区。开罗最优秀的摄影师是德国人，最时尚的定制裁缝是英国人，最有名的糖果商是瑞士-意大利人。法国人和法语主导了开罗的知识生活，因大流散奔赴开罗的犹太人在金融领域雄踞一方，叙利亚-黎巴嫩人则在贸易行业独占鳌头。在赫迪夫和他的巴夏地主们组成的内阁的陪衬下，两千名英国人和数百名法国官僚处理着国家事务。这些外国人的薪水相当丰厚。当一名意大利司法顾问回到意大利继续任职时，他发现自己的收入竟赶不上他留在开罗的秘书的收入。

在开罗新兴的工人阶级聚居地——舒布拉、阿巴西亚和布拉克区内，说各种语言的族群紧凑拥挤地混居在一起。总的来说，这些人相处得很愉快，虽然不同文化间的影响主要是单向的，跨宗教婚姻也非常少见。首先采用地中海地区的服装、礼仪和措辞的是中产阶级的叙利亚基督徒和西班牙犹太人，然后是本土科普特人，最后是穆斯林。科普特人给他们的孩子取名为"玛丽"和"乔治",而不用阿拉伯语中对应的"玛利亚姆"和"杰尔吉斯"。热恋中的黎凡特人情侣们会用法语说"我爱你",而用阿拉伯语说这句话则稍显露骨。在布拉克铁路站,意大利无政府主义者鼓动本地工人罢工。在打着拉丁语招牌的咖啡馆的吊扇下,来自意大利里雅斯特脚踩高筒靴、头戴软呢帽的零售商们抽着水烟,而来自埃及北部缠着头巾的批发商们则喝着威士忌谈生意。喝酒只是外国人带来的危害最小的恶习:到20世纪20年代,可卡因和海洛因取代了印度大麻,成为开罗人首选的毒品。

阿兹巴基亚花园以北是开罗的两个游乐区。它们首尾相连:一端,可以看到拿着弹簧刀的外国皮条客监视着面色苍白、持体检证明营业的士麦那妓女;而另一端,肤色稍深的民谣歌手们正在沉思。这些民谣歌手中为首的(1916年)是一个肥胖的努比亚异装癖者。为了嘲笑穆斯林的刻板规矩,他坐在自己的小巷子里,身披白色面纱,浑身散发着广藿香的气味,戴着金手镯和脚链,伸出一只珠光宝气的手让路过的仆从们亲吻。最后,英国警方将他拖进了监狱。

但与此同时,埃及上层阶级内部的分裂也越发严重。开罗本地上层阶级虽然钦佩欧洲人取得的成就,但对这群不速之客攫取特权感到恼火,而外来者们则对他们的东道国不屑一顾。其中,一位来自英国名叫梅布尔·卡拉德(Mabel Caillard)的开罗居民在1935年写的回忆录中说道:在开罗生活的五十年里,她想不起欧洲人与埃及人之间有过任何密切的往来。她唯一记得的是,在社交场合不

第七章 碰撞中的"美好年代"

得不近距离相处时,双方同时感受到的极度不适:欧洲淑女们在宫廷自助晚宴上皱眉蹙额,因为极不文雅的赫迪夫的朝臣们直接用手抓食物,还"大声地吐出不合自己口味的食物"。而这些绅士们则对邻座"袒胸露乳、不知廉耻"的女士们怒目而视。

虽然有极少数亲法派或讲英语的巴夏获得了"上流外国人士"的认可,但大多数人的尝试都以失败告终。英国历史学家斯坦利·莱恩-普尔(Stanley Lane-Pode)在1892年的一篇诙谐的评论中写道:"他们和外国女士跳舞,穿法国人的衣服,抽烟,看法国戏剧。如果不是因为他们东方式的专制、贪婪、虚伪和腐败,他们也许确实能被当成欧洲人。"私底下,殖民主义者的傲慢更加猖狂。19世纪80年代梅布尔·卡拉德曾造访位于歌剧院广场上一位英国官员的豪华府邸。面色阴郁的女主人给她的印象是,"如果一位出身如此高贵的人还能有感情的话,她的感情则集中在她对自己被迫居住的国家、本地仆人和气候的厌恶上……"20世纪20年代在开罗大学任教的诗人罗伯特·格雷夫斯(Robert Graves)遇到了一位英国棉花制造商,他对自己工厂恶劣的工作环境给出的辩护理由竟是——埃及人口呈现畸形增长,而工厂里流行的肺结核病正是少数能起到遏制作用的因素之一。

不过,英国人对任何非本国人都表现出无区别的冷漠。当法国人光顾欧陆酒店、萨沃伊酒店和塞米勒米斯酒店时,英国人则非谢泼德酒店不住。他们的赛马俱乐部和杰济拉体育俱乐部也不对外国人开放。一个傲慢的英国人认为与之竞争的赫迪维尔俱乐部是"外国人和骗子"的胜地。当时就读于开罗一所英式学校的学生回忆说，学校里穿着束胸衣的女教员们"认为法国人是窝囊废，而埃及人则比骆驼好不了多少"。

当然，报复也在开罗的人群中悄然进行。据另一本回忆录所述，开罗的商店都是看人下菜碟，价格依据顾客是讲阿拉伯语、法语，还是英语而不同。其中，讲英语的客人总是被宰得最狠的。

❈

是金钱充当了和平的保障。英国人把管理埃及看成了经营一项业务，经营宗旨就是支付埃及欠下的债务和利息，并创造财富以购买英国的商品。为此，他们不顾埃及民族主义者的抗议，拆毁了赫迪夫伊斯梅尔建立的大部分学校。英国将公共教育部降级为公共工程部的一个分支，并将其在政府预算中的份额减少至不到1%（公共教育部声誉极低，以至于有人开玩笑称，该部门一名英国员工恳求偶然遇见的一位老友不要告诉别人他在教育部工作，因为他早就告诉家里人说，他在妓院弹钢琴）。没有人关心穷人的医疗健康和住房需求。相反，大量的资金被用于维持秩序和扩建基础设施：修建电话线路、有轨电车、水坝、运河和公路。

这套经营策略的效果很不错——至少对英国占领者和埃及的本地精英而言是如此。"进步"这个西方观念继续高歌猛进。房地产、棉花、旅游业以及始于20世纪20年代的制糖和纺织等规模产业创造了巨大的财富。虽然埃及整体仍是个极为贫穷的国家，但其1913年的人均收入达到了意大利的三分之二——而且它不断壮大的城市

第七章　碰撞中的"美好年代"

中产阶级的收入水平比这还高得多。开罗证券交易所的市场总值从1890年的七百万英镑飙升至1910年的一亿英镑。赤脚的女孩在光线昏暗的开罗卷烟厂里制作的椭圆形埃及香烟，随后被精心包装并打上"库塔雷利"或"西蒙·阿尔兹"的金色浮雕式商标出售，成为全球香烟的优雅典范。开罗的地价急剧上涨。除1907年的小幅波动以外，在第一次世界大战前的二十年里，开罗某片郊区的土地价值飙升了1 000％。

由房地产开发席卷而来的风暴改变了开罗。随着1902年第一座阿斯旺大坝的竣工（这座大坝由英国的约翰·艾尔德公司使用埃及的劳动力和资金建造），尼罗河两岸逐渐巩固，可以开展大规模建设了。建筑师们用云尺规划出了一座"花园城"——一块由沿河而建的宏伟宅邸组成的外来飞地。一名瑞士酒店大亨开发了杰济拉岛；法国利益集团策划修建了位于市郊的库巴花园；从刚果的生意和巴黎地铁的建设中赚得盆满钵满的比利时实业家爱德华·恩帕恩（Édouard Empain）也匆忙赶往开罗。他手握巨资，用他的远见卓识和饱满热情说服政府给了他开罗城东北部的一大片沙漠。在这里，他使赫里奥波里斯古城起死回生，变成了一个由具有新摩尔风格的别墅和公寓组成的现代化卫星城。这片沙漠绿洲由高速电车线路与开罗相连。在1925年，这里已经有了一个赛马场、一个卢娜公园游乐场、一家豪华酒店①，以及两万五千名富裕的居民。爱德华·恩帕恩男爵的别墅是仿照一座印度教寺庙建造的，里面装点着

---

① 赫里奥波里斯宫酒店后来被收归国有，更名为"乌鲁巴宫"，并被改造成埃及共和国国家元首的办公室。

顽皮的滴水兽雕像和圆拱顶。赫里奥波里斯新城的中心与它在古埃及时代一样，也是一个宗教机构，只不过这次修建的是一座新拜占庭风格的基督教堂。出于必要性而修建的清真寺则不起眼得多，位于这座新城"仆人居住区"的三等住宅楼中间。

在开罗以南15英里，尼罗河对岸孟斐斯的废墟对面，一眼古老的硫黄泉被开发成了一个别致的温泉度假村。除了疗愈浴和豪华酒店之外，赫尔万-莱斯-班斯还为它配备了一个日式花园，里面有宝塔和石膏佛像。附近沙漠的新鲜空气使它成为骑小马驹和野餐的理想场所。

从19世纪90年代开始，一群世代联姻的西班牙企业家族悄然买下了连接开罗与赫勒万铁路沿线的土地。到1904年，他们已经积累了足够多的地块，并一举进入企业化运营。他们引进了园艺师，制定了建筑规则。到20世纪30年代，这个名叫马阿迪的村庄已经发展成为一个自鸣得意的排外郊区，居住着埃及的显贵、外国的银行家和股票经纪人。高山木屋紧靠着建有柱廊和门廊的新古典主义风格宅邸。爬满三角梅的树篱将印度风格的花园别墅与屋顶高耸的英式庄园宅邸分隔开来。园艺比赛、男童子军、女童子军、体育俱乐部（这个俱乐部不仅有高尔夫球场，还把游艇俱乐部开到了尼罗河上）、教堂、清真寺、信众越来越多的犹太会堂等一应俱全，共同汇成了这首完美郊区的交响曲。

到1910年，就连开罗最早迈入现代化的地区也再次臣服于进步的力量。公寓楼和生态建筑取代了赫迪夫伊斯梅尔为建设"模范城市"而修筑的第一批别墅。开罗的市中心越来越远离阿塔巴广

第七章 碰撞中的"美好年代"

场,向着西边的尼罗河移动。如今的市中心挤满了商铺和办公楼,看起来与米兰或者巴塞罗那毫无区别。梅布尔·卡拉德在暂别开罗五年后的1912年归来,这座城市的变化速度之快令她错愕:"旧住宅区的宽敞、典雅和宁静完全消失了,让位于鳞次栉比的建筑和花里胡哨的店面。就连那个绿意盎然的杰济拉岛屿边缘也盖满了房子。"另一位"一战"结束后回到开罗的英国人写道:"一排排洒下绿荫的树木都被砍掉了,巨大的花园被庞大的欧洲建筑吞噬,美也消失了。"

❈

正当开罗处于1914年夏季的热浪之中(就连背阴处也达到了华氏117°的高温),欧洲爆发了战争。当奥斯曼苏丹不再含糊其词,宣布支持德国之时,埃及发现自己被置于一个十分荒谬的境地:它名义上还是奥斯曼帝国的一个行省,实际上却处在敌国的占领之下。这种反常现象让向来喜欢和稀泥的英国人都无法忍受,并迅速揭下了幕后统治者的面纱。英国人将现任赫迪夫赶下台,用他更听话的叔叔侯赛因·卡米尔(Husayn Kamil)取而代之,宣布由卡米尔担任埃及苏丹,还将埃及列为英国的受保护国,并将其置于严格的军事管制之下。土耳其人、德国人和奥匈帝国人被扔进了拘留营。由亚美尼亚人、希腊的爱奥尼亚人和白俄罗斯人组成的难民大批涌入埃及,而埃及民族主义者首领则被驱逐到马耳他。

英国调遣了新的部队,扩充了过去仅仅是象征性的驻军。军队的到来填满了城中妓女和小贩们的口袋。澳大利亚步兵团举行演练，他们途经金字塔，窜入阿兹巴基亚区后面的廉价酒馆花天酒地，每八个士兵里就有一个从红灯区三千名注册营业的妓女身上感染了性病。尽管如此，开罗还是比加里波利安全多了。被派去攻打约翰尼·特克（Johnny Turk）的五十万士兵中伤亡人数达到半数，开罗的医院挤满了从加里波利撤离的伤员。当这场注定要失败的战斗被宣告终止之时，据闻约有两百名将军住进了谢泼德酒店，但他们也没闲多久。1917年，英国从陆路将战线推出埃及，占领了奥斯曼帝国治下的叙利亚和巴勒斯坦。

真正的大战只有一次触及了开罗。当时一艘德国齐柏林飞艇在英国运营的大东电报公司总部门前投下一枚炸弹，炸死了一名正在遛狗的女士。由于战时食品短缺，价格水涨船高。富人从中获利，而穷人的日子则越发难过，很多人不得不忍饥挨饿。英国军队不仅征用了数千匹马，还征用了两万名农民组成劳工营，其中有四分之一的人最后患病死亡。

英国的高压政策激起了埃及长期积累的民族主义情绪。在1918年11月停战后的几个月内，这一情绪突然被点燃了。当英国禁止埃及代表团参加凡尔赛和平会议，并监禁或流放了以神色庄重的萨德·扎格鲁尔（Saad Zaghloul）巴夏为首的代表团成员时，埃及人民的民族主义情绪爆发了。1919年春天，罢工和暴乱使全国陷入了瘫痪。来自开罗各个阶层的民众（其中甚至包括妇女，这也成为一个重要的先例）组成的抗议群体要求英国人释放埃及的民族主义英雄。他们辱骂甚至攻击英国士兵，英国士兵偶尔会开枪还击。铁

第七章 碰撞中的"美好年代"

路、电报和电力线路均遭到破坏，英国商品也受到抵制。经过了三年的动乱，英国的态度终于缓和，而埃及也在1922年重拾骄傲与独立——一场选举让萨德·扎格鲁尔以压倒性的胜利当选了总理。

这位广受欢迎的民族主义者也有着现实主义的眼光。为了维持秩序，扎格鲁尔同意保留英国在埃及的影响。外国顾问被允许继续任职直到退休，领事特权也仍然存在。英国军队控制着苏伊士运河。在开罗，他们继续占领着萨拉丁城堡和埃及博物馆旁的尼罗河畔军营。侯赛因·卡米尔去世后，埃及的君主被赋予了更大的权力和更尊贵的头衔。赫迪夫伊斯梅尔的第十二个儿子福阿德一世（Fouad Ⅰ）接受过意大利教育。他衣冠楚楚，性情阴沉。此外，他还贪婪、专制，并蔑视他统治下的埃及臣民。埃及民众讲的阿拉伯语他也说得不好（"那些白痴"是他对臣民惯用的蔑称）。虽然他的个人财富不断增长——他的儿子法鲁克继承了全球最肥沃的7.5万英亩农田，但福阿德强力镇压了议会中的民族主义倾向。立法也无一例外地偏向那些收买农民以赢得投票的人，也就是那些拥有棉花种植园的巴夏们，而他们的终极利益就是捍卫自己的田产。

随着战后繁荣带来的资金涌入，开罗本地上层人士与外国精英之间有了更多的往来。巴夏们会去里维埃拉避暑，逛塞纳河边的书店，偶尔也会像当时美国的百万富翁一样，买几幅印象派画作带回开罗。① 他们接受了耶稣会士或方济会士教育的子孙延续了被他们所取代的外国官员的行事作风。据20世纪20年代到访开罗的一位

---

① 今天在吉萨的马哈穆德·赫哈利勒博物馆里还能看到这些画作。这座博物馆的藏品还包括毕沙罗和莫奈以及安格尔、库尔贝和米勒的真迹。

纽约人观察，富有的开罗人会不无自豪地戴着土耳其帽，却"像个巴黎人一样"生活。他也会拥有一个俱乐部，其菜肴之丰盛、装饰之豪华不逊于任何一家伦敦顶级俱乐部。随着埃及人开始打网球、高尔夫球，进而玩扑克、桥牌，甚至杰济拉体育俱乐部也开始接纳少数聪明入流的本地人入会（众所周知，该俱乐部的职业壁球运动员会先让着英国学员，等他们领先老远之后，然后"绝地反击"，一次次猛烈地扣球得分）。贵族妇女们纷纷摘掉脸上的面纱。瑟库海、汉诺、奥罗斯蒂-贝克赛德瑙伊等百货商店提供最入时的巴黎时装和昆庭、路易威登以及 Mappin & Webb 的商品目录，以迎合埃及贵族的新口味。埃及的中产阶级也开始穿夹克、打领带，墙上挂着浪漫主义的画作，客厅塞满了路易十六的家具赝品，这些都是他们从庞德勒莫里先生开在市中心的高档家具城里挑拣来的。

这位来自纽约的游客声称，除了在美国以外，他从未见过这么多在建的"看起来又大又贵的房子"：

> 它们并不都很漂亮，但无疑都非常昂贵——就私人住所而言，不论是仿哥特式教堂风格的建筑，还是摩尔式天花板、阿拉伯风格大理石地板，宽敞而高大的房间，以及带大理石阳台的凉廊，成本都是极高的。这里的道路宽阔，豪华汽车比比皆是。女士们穿着炫目华贵的服饰，其魅力并不因她们半遮半掩的面容而稍减。

市中心的街道两旁是粗琢砖面的圆顶公寓楼，竖立着交通信号灯和咖啡馆的遮阳篷，每一个细节都完整地再现了欧洲的城市生活。沿着伊马德丁街散步，行人会经过托纳扎吉斯糕点店、克拉里

第七章 碰撞中的"美好年代"

奇餐馆酒吧〔老板是乔治·布切罗（Georges Boucherot）〕和帝国电影院旁的约瑟夫格拉泽画框工坊。附近的美国宇宙电影院播放着当时最受欢迎的默片，配乐则是音乐大师波利雅科夫现场指挥的管弦乐队演奏。这个电影院偶尔也会举办晚宴活动，包括《埃及新闻周刊》(*Étoile Égyptienne*)报道过的 1928 年 2 月 15 日为开罗犹太医院举办的慈善舞会：

> 临近午夜，气氛一片活跃，杯中香槟满溢，人们开始跳交际舞。掌声经久不息，爵士乐队开始演奏。不论男女老少，一直跳到凌晨。

据 1929 年的开罗旅游指南所述，开罗最好的酒店都是顶级水准的，穿晚礼服也是出席晚宴的必要礼节。歌剧院仍为戴着面纱的女士们保留了有纱网屏障的雅间，不停推送各种语言的剧作演出。在 1929—1930 年，它还推出了由业余爱好者创作的三部英语作品、一部土耳其语作品。除此之外，还有 22 部阿拉伯语戏剧和喜剧、25 部法语轻歌剧以及 55 部意大利语歌剧在这里上演。福阿德大街上蒙戈齐书店报刊区的当地外文刊物垒得老高，其中就有《进步报》(*Le Progres*)、《埃及证券交易所》(*La Bourse Égyptienne*)、《开罗日报》(*Le Journal du Caire*)、《自由报》(*La Liberté*)、《祖国报》(*La Patrie*)、《觉醒报》(*Le Reveil*)和另外四份法语日报；几份希腊语、意大利语和亚美尼亚语刊物，另外还有英语的《埃及公报》(*Egyptian Gazette*)，这家报社成立于 1881 年（一直运营至 1998 年）。法语写就的科学和文学评论展示着开罗人的创造力。开罗本地诗人艾哈迈德·拉希姆（Ahmed Rasim）、埃蒙德·雅贝斯

（Edmond Jabes）和小说家阿尔伯特·科塞里（Albert Cossery）正是以这些评论文章崭露头角，后来在巴黎声名鹊起。

重要的社交场合成了开罗城中各种语言、宗教和信仰的大杂烩。1928年5月15日，开罗的显贵们齐聚在马格拉贝大街具有奢华巴比伦风格的沙尔·哈沙姆（Shar Hashamaim）神庙，参加查姆·纳胡姆（Chaim Nahum）之女的婚礼。查姆·纳胡姆是埃及学会成员、开罗的大拉比以及埃及参议院的议员。婚礼的来宾包括埃及的战争部部长以及公共教育部部长（这两位都是穆斯林）、外交部部长（科普特人）、前财政部部长（犹太人）。福阿德国王也关切地委任了他的典礼官前来出席。另外还有开罗总督、多位大使、银行行长，希腊东正教、希腊天主教、科普特东正教、科普特天主教和亚美尼亚东正教的代表，以及犹太望族如卡特奥伊斯、莫塞里斯和德梅纳塞斯的后裔（这三位都说法语，但分别来自埃及、意大利和土耳其）出席。

开罗不再渴望成为一座国际化大都市——它已经是了。根据1927年的人口普查数据，少数族裔在埃及全国人口中占比为20%，其中包括9.5万科普特人、3.5万犹太人、2万希腊人、1.9万意大利人、1.1万英国人、9 000法国人，还有其他未完全统计的俄罗斯白人、帕西人、黑山人和外来人群。（相比之下，1930年英国殖民统治下的印度全境只有11.5万"白种人"。）20世纪30年代，随着失去土地的农民，以及各种逃避希特勒统治的欧洲人大量涌入，开罗人口激增至一百万以上。三万辆汽车挤满了开罗的街道，漂亮整洁的公寓楼越盖越高。大幅标牌上打着五花八门的开罗本地商品

第七章　碰撞中的"美好年代"

广告："谢尔托克斯杀虫剂——让虫子无处遁形""每天一瓶斯帕西斯苏打水！""布斯塔尼香烟""巴塔鞋业"，也宣传着开罗电影制片厂制作的电影，如巴希格·哈菲兹主演的古装剧《沙漠女孩蕾拉》。

外国人仍然主导着商业。仅一家欧洲银行——贝热国际银行——就占有了整个赫里奥波里斯卫星城，以及开罗所有电车轨道和电力网络系统的股份。在1940年建于开罗市中心的埃姆特马大厦的17家承建商，就有16家是外国公司。这座现代主义公寓大楼共有18层，里面设有218间房。当年担任埃及央行行长的是一位名叫爱德华·库克（Edward Cook）的英国爵士；工业联合会的主席也由英国人艾萨克·利维（Isaac Levy）担任。但是根据埃及与英国在1936年签署的一项条约，这些外国人的法定特权将在十年内逐步取消。此时的开罗已经培养出了本土的工程师、建筑师和金融家。到1948年，埃及人占据了开罗证券交易市场40%的股份。在自1933年以来成立的所有公司中，埃及人掌控了4/5的股份。开罗城最富有的大亨（除了君主以外）是一个土生土长的埃及人：阿鲍德（Abboud）巴夏。他是糖业巨头，也是开罗纺织厂、化工厂和船运公司的所有者——埃姆特马大厦也是他的产业之一。

然而，"朱门酒肉臭，路有冻死骨"。到20世纪40年代，有一半的开罗儿童在五岁前因痢疾和营养不良死亡。外国人的识字率高达90%，但只有1/7的埃及人识字。在远离宽敞街道和豪华别墅的地带，大多数的开罗住户依然没有自来水，也没有通电。他们只能梦想有一天能买上一辆自行车，甚至一双像样的鞋子。

随着欧洲再次陷入战争,动乱再次波及开罗。迫于与英国签订的条约压力,埃及允许联盟国军队使用其军事基地、港口和铁路。随着意大利从其在埃及邻国利比亚的殖民地发动进攻,德国沿着巴尔干半岛向希腊推进,开罗再次进入戒严状态,并实施了新一轮的种族清洗。这一次,成千上万的意大利裔埃及人和德国人、匈牙利人、罗马尼亚人以及其他族群一起被送进了战俘营。[1] 有相当多的奥地利与德国犹太人被抓起来,和顽固的纳粹分子关进了同一个营房,上演了一幕典型的战时悲喜剧。

到1941年,共有14万英联邦军队驻扎在开罗。习惯了纳粹德军闪电攻势的英国军官在开罗城中的豪华酒店里煎熬度日。他们开玩笑说,如果所有抵抗都失败了,那么谢泼德酒店有名的长廊酒吧调制的酒水定能击垮德军(对此甚为得意的瑞士裔调酒师乔·塞科洛姆调制出一款招牌鸡尾酒,并将其命名为"痛苦挣扎的混蛋")。少数出身高贵的军官在文职部门(如间谍部、反间谍部、阴谋破坏部)领取高额的佣金,坐在酒吧里大谈特谈"沙漠奇袭"以及"向巴尔干游击队空投物资"等战时轶闻。但在这支等级森严的军队里,普通士兵是进不了这种高档酒吧的,他们大多数都住在跳蚤肆

---

[1] 大多数意大利裔埃及人都是狂热的法西斯主义者:我在一家旧货店里见过一张黑衣党成员在开罗某条街上集会的快照,他们统一举手敬纳粹礼,令路过的本地人面露困惑。

第七章 碰撞中的"美好年代"

虐的郊区营地。休假进城时,他们就跟所有当兵的一样惹是生非。英国士兵最喜欢的一项消遣(这与肆意妄行的马穆鲁克骑兵如出一辙)就是看谁能摘掉最庄严的东方绅士们脑袋上的毡帽。另一项常规活动是在开罗的电影院里跟观众一起唱电影开场时的埃及国歌,但篡改了歌词。开头他们是这样唱的:

> 善良的法鲁克,法鲁克国王
> 全是胡说八道

这些占领军中更具艺术素养的士兵则去参观开罗的清真寺,还尝试诗歌创作。但他们写的诗里也透露出自傲和反感。一位名叫布鲁姆的列兵写了一首关于开罗的令人不快的小诗,并将其发表在一份战时文学评论刊物上:

> 每个族群发出地狱咆哮
> 每种肤色,每种信仰
> 深蓝的努比亚人
> 黑黝黝的希腊人
> 大蒜散发出恶臭
> 小贩叫卖不停
> 乞丐躺在树荫里
> 电车丁零作响
> 沙哑号角响起
> 小屁孩冲你嚷
> "快给酒钱!"

这种反感无疑是相互的，埃及人也受够了英国人。绝大部分的开罗人都盼望看到英军败北。

法鲁克一世（Farouk Ⅰ）于1936年加冕成为埃及国王。他时年16岁，极其乖张任性。他痛恨英国对他的自由施加的限制，尤其对英国驻开罗大使兰普森（Miles Lanpson）勋爵的粗暴干涉愤恨不已。这位身高1.98米的外交官并不避讳地称法鲁克为"那个男孩"，并认为埃及应该组建一个更加坚决反对轴心国的政府。1942年2月4日，兰普森勋爵将坦克开到阿卜丁宫门前。用枪强逼国王任命英国属意的穆斯塔法·纳哈斯（Mustafa Pasha al Nahas）为埃及总理。当时的法鲁克一世还没有发福，也尚未显露出种种恶习。他在民众中声望极高，每一位埃及人都对国王受到的耻辱感同身受。埃及军队更是义愤填膺，士兵们个个表示誓死效忠国王。

开罗暂时收起了它的骄傲。无所不在的英国占领军让公然反抗显得极不明智。此外，二战期间的"外国人迷惑行为大赏"也转移了民众的注意力。这些外国人在咖啡馆里打赌谁会赢得这场战争，把赌注压在希特勒的胡子或是丘吉尔的雪茄上。他们占据着歌剧院的前排座位，欣赏各类失势的异国人物上台客串表演，其中包括政权被推翻的埃塞俄比亚皇帝、流放中的阿尔巴尼亚和希腊国王（他和他的英国情妇难舍难分）、南斯拉夫的保罗王子和奥尔加公主，以及一大群攀附者和冒牌货。1943年11月，温斯顿·丘吉尔、富兰克林·罗斯福和蒋介石在金字塔脚下的梅纳大厦酒店举行了会谈。附近为这些大人物的随行人员提供住处的屋主们连忙涨价。开罗城里，一大波难民（其规模不逊于撒哈拉沙漠另一端的摩洛

第七章 碰撞中的"美好年代"

哥卡萨布兰卡的难民潮）在杜松子酒吧和酒店大厅里闲逛,他们被集市上的骗子们猛敲竹杠,紧接着又深陷开罗的黑市交易之中。

事实上,横财就手比任何事情都能抚平埃及的羽毛,让这里重归平静。抛开不计其数靠擦鞋、骗术等发迹的小人物,英国军队雇用的埃及人就达到二十万之多。随着进口商品的减少,本地产业开始欣欣向荣。1940—1943年,不论是银行存款、埃及酒店公司的分红,还是杰济拉赛马场的赌注均涨至过去的三倍。埃及的百万富翁人数也从五十人增加到四百人。到二战结束之时,英国对埃及的欠款已达到五亿英镑之多。

但是,在最终的结局到来之前,还会出现许多值得回味的戏剧性时刻。1942年夏,纳粹的陆军元帅隆美尔将非洲集团军推进到距开罗只有半天车程之远。在开罗火车站,数千人疯狂抢夺开往巴勒斯坦的火车的座位,场面混乱不堪。兰普森勋爵命仆人给大使官邸的铸铁栅栏重新刷漆,试图以此平复紧张的情绪。此时,这座坐落在尼罗河畔富丽堂皇的维多利亚式宅邸仍然服务于英国人。但是,当接到花园城总部传来的命令,让他们烧掉所有存放的档案以免落入纳粹手里时,这些英国官员们的脸色肉眼可见地阴沉了下来。随着大英帝国的机密付之一炬,灰烬卷入风中四处飘散,埃及的民族主义者们幸灾乐祸地冷眼旁观。

而另一种纸张留下的痕迹逼着英国的反间谍人员把开罗城翻了个底朝天。他们一路从赛马俱乐部酒吧追踪到奇特卡特赌场,最后把目光锁定在一艘停泊在尼罗河岸边的豪华游艇上。幸运的是，这名纳粹间谍的行为极不谨慎，留下了不少漏洞。由于沉迷于奢靡的生活，这位风度翩翩的德裔埃及人在开罗城一半的夜总会里散布了多张德国高仿的英镑假钞，这些线索足以揭穿他的身份。① 不过，他能绕开前线，穿越两千英里的沙漠取道利比亚潜入开罗，这一点本身令盟军汗毛直竖。另外，德国密电码的编制之巧妙也让盟军印象深刻——这些密文竟是根据达夫妮·杜·莫里埃（Daphne du Maurier）阴森恐怖的畅销小说《蝴蝶梦》（*Rebecca*）编制的。

事实上，对于隆美尔来说，比起他的间谍在酒吧里搜集到的零星信息，更有帮助的是驻开罗的美国武官。这名武官以天真的勤勉，事无巨细地汇报了沙漠战斗中英军的每一个动向，用意大利人早已破译的密码向华盛顿传递信息。这个漏洞在英军于亚历山大以西五十英里的阿拉曼发动最后一搏时被及时地堵住了，而这场发生于1942年10月的战役也成了沙漠战争的转折点。

由于希特勒对斯大林格勒发动的自杀性袭击，隆美尔严重缺乏补给，只得仓皇向突尼斯撤退。到1943年，大战永远地离开了开罗。这一天来得正是时候，因为香槟也终于喝光了。如今，权谋与诡计更加集中在埃及内部的争斗中。穆斯林激进分子开始鼓动民众对英国人开展游击战。令开罗的亲英派犹太贵族十分尴尬的是，犹太复国主义极端分子谋杀了英国殖民大臣莫恩（Moyne）勋爵，当

---

① 这名间谍还将一个关键人物带到了聚光灯下：由于间谍确信是自己的收音机出了故障，他找来了当时的埃及通讯专家安瓦尔·萨达特帮忙处理。像许多埃及民族主义者一样，萨达特有感于德军的强大，并因为"敌人的敌人就是自己的盟友"而热切提供帮助。行动暴露后，这位埃及未来的总统在监狱里度过了二战剩余的时间。

第七章 碰撞中的"美好年代"

时他刚刚离开位于杰济拉体育俱乐部附近的宅邸。一个月后,一名民族主义律师将一支手枪偷偷夹带进了埃及议会(议会直至此时才刚刚对德国宣战),并近距离射杀了新任总理艾哈迈德·巴夏·马希尔(Ahmed Pasha Maher)。

随着柏林沦陷,成千上万的埃及人失去了大战时的生计来源。种族监察制度也取消了。随后,一桩桩丑闻接连曝光,让市民震惊不已。任人唯亲、贪污受贿、操纵股市,显然,英国武力控制下的政府没放过任何牟利的机会。腐败一直肆虐到20世纪40年代末。然而,在众多的传言之中,最令人侧目的却全都集中在同一个人身上:法鲁克国王。

※

法鲁克国王在卡斯尔尼尔街的皇家汽车俱乐部里打扑克。对面的人叫牌,打出三张A。法鲁克一只手捻着胡子,另一只手里攥着三张K。他用胖乎乎的手指把牌一张一张码在桌上:"红桃K""黑桃K""梅花K"。这时他稍稍停顿,然后两只手重重地捶在牌桌上:"还有我本人埃及国王K!"法鲁克捧腹大笑,抱着大锅开始狼吞虎咽。他的侍从们发出一阵尖笑。

这个故事当然是虚构的,但完全符合法鲁克的形象。

到他32岁被废黜时,法鲁克已经成了腐化堕落的代名词。但是仅仅在他覆灭前的十几年,这位少年国王还曾让埃及民众激动不已,认为他是末世的图坦卡蒙。在1938年他与时年17岁,长相甜美纯洁的法里达·佐勒菲卡尔（Farida Zulfikar）①的大婚庆典上，由于气氛过于热烈，有六名观众在拥挤的人群中被踩踏致死。不过至少当天大家的钱包都是安全的：在强烈爱国情绪的驱使下，就连开罗盗窃行会也宣布为庆祝皇家婚礼而暂停扒窃行为。

对处于殖民统治下的埃及而言，年轻的法鲁克国王彼时正是民众迫切需要的尊严的化身。作为该朝第一位能讲流利阿拉伯语的国王，年轻的法鲁克身材高大、相貌英俊，而且很擅长卖弄对伊斯兰的虔诚来作秀。法鲁克有一次遭遇刺杀，但刺客的胡乱扫射并没能伤到他。朝臣们立即大肆宣扬，说子弹射穿了法鲁克每天放在胸前口袋里的《古兰经》，正好被它给拦了下来。有一段时间，法鲁克蓄着神职人员那样的胡子，甚至还雇用了一位系谱学家来论证他的曾祖父穆罕默德·阿里是先知的后裔。正是这种对穆斯林的情感笼络，使得他的亲信操纵了1939年的选举，并产生一个由马屁精组成的保皇派政府，反对者也是敢怒不敢言。其实法鲁克国王一点都不傻。直至倒台前夕，他的政治干预手段充斥着贿赂、威胁、敲诈勒索，以及最狡猾巧妙的宣传。

但就其人本身而言，法鲁克国王是一个和颜悦色、爱开玩笑的家伙。典型的法鲁克式整蛊就是他用一张巨大的虎皮给阿卜丁宫的接待室设下的陷阱。这张虎皮就放在出口处，因此每一个鞠着躬向后退行的觐见者肯定会被它绊倒。法鲁克还从监狱里请出了开罗最

---

① 皇后放弃了自己本名"萨芬娜兹"，改名"法里达"。据说一位算命先生曾告诉福阿德国王，字母F能带来好运。法鲁克国王的姐妹们就分别叫法卡、法齐亚、法西亚和法扎。

第七章 碰撞中的"美好年代"

臭名昭著的恶棍教他扒窃技巧。有一次，在他与温斯顿·丘吉尔的正式晚宴上，厌烦了各种礼节的法鲁克一时兴起演练起自己的偷窃手法。几杯威士忌下肚后，丘吉尔翻遍了全身的口袋也找不到他最珍视的传家宝怀表。这块怀表是安妮女王送给丘吉尔的祖先马尔博罗公爵的礼物。兰普森大使急得当场中风发作，而这位咧嘴大笑的"男孩"就让众人干着急。过了一会儿，他拍了拍手，一名仆人大大方方地捧出了他的战利品。

法鲁克拥有四座大宫殿、数不清的行宫和狩猎屋、一列私人火车，以及两艘豪华游艇。但是他最喜欢的玩具还是汽车，至少在他迷上胸脯丰满的女人之前如此。法鲁克酷爱飙车。他自己收藏了两百辆汽车，包括一辆希特勒作为礼物送给他的奔驰车。他所有的车都是红色的——事实上，他还颁布了命令，除了他自己的车以外，埃及别的车都不允许使用红色。他还给一些车装上了特制的喇叭，这种做法在当今开罗热衷于改装汽车喇叭的人群中依然流行。其中有一辆帕卡德汽车的喇叭声是一只狗的哀鸣。当旁边的司机以为自己撞上了什么可怜的动物而掉头开走时，豪车里的法鲁克就会爆发出一阵大笑。

身边没有一个胆敢忤逆自己的人，还有取之不尽的金银财宝和美味佳肴，这位玩物丧志的国王结局已然注定。由于受到英国坦克强逼的羞辱，再加上法里达王后没能给他生出王位继承人（而且据说她还嘲笑他的阳痿），遭遇挫败的法鲁克成了一个臃肿秃顶的掠夺者。不论他想要什么，都必须立刻得到手。他常在贵族晚宴聚会上不请自来，吓得女主人急忙藏起古董财宝和未出嫁的女儿。在他的统治持续十年后，开罗大学的学生们说到国王都会露出鄙夷之色。情况已经非常清楚了：法鲁克必须想办法挽回自己的声望。

他选择以"王翼弃兵"这样鲁莽的方式作为开局。他把自己装扮成阿拉伯领袖的样子，穿上最高指挥官的制服，跨上白色的战马检阅军队。随后，他将这支从未经历战斗考验的农民征用军派往巴勒斯坦。在那里，成立不久的联合国刚刚承认了一个犹太国家的建立。若是伊本·哈勒敦在世的话，应该能轻易预测出这场战斗的结果。这位阿拉伯圣人总结过：当游牧民族因某一使命而受到激励并团结起来时，通常能建立起新的国家。而当古老的王朝和都城变得浮躁而落后，往往就预示着毁灭的到来。1948年的巴勒斯坦战争刚好集齐了他描述的这两个阵营：一方是埃及，它嘴上说着要捍卫其邻国巴勒斯坦的权利，实际却想着煽动阿拉伯民族主义并从中获益；而另一方则是以色列，它的国民军是为了一个延续千年的梦想而战，为避免自己的种族再次面临灭绝的惨境而战。

埃及军队被打得落花流水。以色列军民越过了联合国划定的边界，迫使五十万巴勒斯坦人开始了永久的流亡。以色列的快艇击沉了埃及海军笨重的"法鲁克王子"号旗舰。另外，据埃及士兵们诉苦，在战场上他们的枪竟然朝着相反的方向发射了。他们说的一点不差：法鲁克国王的军火商朋友们卖给他的都是二战中用剩了的残次品。在一个被敌军围困的前哨地带，一位名叫贾迈勒·阿卜杜勒·纳赛尔的英勇少校顶住了以色列军长达一个月的围攻，而此时法鲁克国王却在宫殿的泡泡浴池里玩扑克，与外国裔少女们纵情嬉戏。在他的宫殿里，这场战争中的宿敌似乎正和平相处：法鲁克国

第七章　碰撞中的"美好年代"

王现在的情妇和打扑克的牌友都是犹太人。

开罗电影院和犹太百货商店里发生了炸弹爆炸，开罗的监狱里塞满了以色列间谍和宗教极端主义者，霍乱引发的疫情在全国肆虐。就在这一切的当头，肥胖臃肿的法鲁克竟宣布与法里达皇后离婚，以此作为这个"灾祸之年"的收尾。从此以后，他的命运也急转直下。穆斯林兄弟会的成员先是暗杀了开罗警察局局长，然后又暗杀了另一位埃及总理——马哈茂德·努克拉西（Mahmud Pasha Nuqrashi），因下令取缔该地下组织而丢掉了性命。政权立即组织了报复，在青年穆斯林协会的台阶上枪杀了穆斯林兄弟会的创始人和思想领袖哈桑·班纳（Hasan al-Banna）。

就连法鲁克自己的母亲纳斯莉（Nazli）王后也没让他省心。由于她放荡不羁的行事作风，法鲁克的父亲福阿德国王曾将她禁足于深宫之中。福阿德死后，她被儿子释放。这位重获自由的寡妇卷起了一连串政治风暴，其中最具有爆炸性的事件是其与小女儿和一位年轻的埃及外交官横跨几个大洲的三角恋（王太后和女儿同时爱上的这名男子年纪还不到她自己的一半，而且还是一名科普特人）。随后，三人匆匆逃往美国，媒体炸开了锅，法鲁克怒不可遏。当他的母亲告诉旧金山的报社记者，她的女儿要嫁给这个信仰基督教的平民时，法鲁克宣布与母亲和妹妹断绝关系。

遭受了战败羞辱，家事、国事麻烦不断的法鲁克决定将游艇开到欧洲，在纸醉金迷中度过 1950 年的夏日时光。他的随行人员中有阿尔巴尼亚裔保镖、秘密警察、品酒师、医生、助手和他的亲信（其中有一位名叫安东尼奥·普力的前宫廷电工，现在负责替国王拉皮条）。国王和随行人员塞满了11辆锃亮的黑色凯迪拉克汽车，从马赛到多维尔，再从比亚里茨到圣塞巴斯蒂安，最后再回到里维埃拉，所到之处丑闻四起。法鲁克的赌运很旺：有一天晚上他赢了六万美元，第二天晚上又赢了四万美元——这在1950年是数额惊人的进账。最后在戛纳，他的好运终结了。不过，至少他是输给了一名绰号"幸运米奇"的职业赌徒。但是就在"幸运米奇"伸手去取他赢来的八万美元筹码时，"幸运米奇"突发心脏病死了。

开罗的形势越发严峻。失业率飙升，贫富差距过大造成的鸿沟引发了种种怪象。两千名巴夏和贝伊占据了埃及三分之一广阔而肥沃的土地，仅王室拥有的土地就达到六十万英亩。剩余的土地则归埃及的四百万农民所有。没有土地的农民拿着每天十美分的工资在大种植园里劳作。正当戛纳卡尔顿酒店的大厨用酿焗大虾和超大份蛋饼满足法鲁克国王永远填不满的胃之时，普通的开罗家庭不得不花费一半的收入购买食物，但还是很少能吃上肉和水果。股市暴跌，资本抽逃，内阁垮台。外国人抱怨爱国主义激进分子朝着自己吐口水，而一名外国游客则惊讶地眼见一名埃及官员斥骂士兵——先是扇了他一巴掌，然后掰开他的嘴朝里面吐口水。对于想要利用公众愤怒情绪的政客们而言，失去欧洲列强保护的外国人成为容易攻击的目标。埃及颁布的新法令取消了外国人的特权，将阿拉伯语确定为唯一的法定语言，又设定配额挤走了外国人所占的股权和职位。从战时拘留营里释放出来的意大利人和其他人群发现已经无法收回他们被没收的财产。开罗犹太人中的上层群体也渐渐离开了——主要是去了巴黎，而不是"应许之地"。对于身处开罗的他

第七章 碰撞中的"美好年代"

们来说，特拉维夫的灯光看起来还相当黯淡。

似乎一个夏天的花天酒地还不够让人嚼舌头，法鲁克又刷低了他品位的下限，娶了一位名叫纳里曼的16岁丰满少女（当时他在一家珠宝店遇到了纳里曼和她的未婚夫。他开出了这对未婚夫妇无法拒绝的价码，拆散了他们）。王室的宣传机器开始疯狂运转，炮制出的媚俗作品就有纳里曼大婚时穿的镶有两万颗钻石的婚纱，一首在收音机里播放的名为《法鲁克国王荣耀统治》的歌曲，闪着纳里曼和法鲁克名字首字母"N"和"F"装饰灯的拱门，以及为慈善活动宰杀的数百头肥牛犊。

在他和纳里曼为期十三周的欧洲蜜月的一个晚上，在一场马拉松式的巴卡拉牌局中，法鲁克一次性输掉了15万美元。第二年冬天，纳里曼在开罗给他生下了一个儿子。法鲁克当场将为小皇子接生的医生册封为巴夏。然而就在紧接着的那个周六——1952年1月26日，当埃及军队的高级官员们在宫廷宴会上向小王储祝酒时，开罗陷入了一片火海。

※

埃及民间传说里有一个叫戈哈（Goha）的丑角。没有人比戈哈更能把人逼疯，也不知道到底该说他是幼稚无知还是奸邪狡诈。

比如，戈哈卖掉了自己的房子。新主人还没有安顿下来，戈哈就闯了进来，就像自己还是房子的主人一样。他一言不发地走到一堵墙前，把自己的斗篷挂在墙上的钉子上，然后径直走了。第二天早上,他又回来取他的斗篷。到了晚上,他又跑进房子里把斗篷挂起来。如此反复几天以后,房子的新主人快被他整疯了,于是去找戈哈要个说法,到底有什么理由一直闯入他买的房子。戈哈耸耸肩说:"我把房子卖给了你,但我没有卖给你那颗钉子。"

在埃及人看来,英国殖民统治的末期正如戈哈和他的那颗钉子。虽然埃及人民确实夺回了自己的房子——1947年,在开罗市中心卡斯尔尼尔军营外枪杀了三十名示威者后,英国军队撤出了埃及首都,星月旗在64年里首次飘扬在萨拉丁城堡上空,但是,英国人也跟戈哈一样,在房子里面留下了一颗钉子——八万名英国士兵仍然驻守着苏伊士运河。在开罗,休假的英国官员们依然在谢泼德酒店的露台上啜饮美酒。赛马俱乐部和杰济拉体育俱乐部也仍然是他们专有的保留地。

由于英国拒绝就苏伊士运河做出让步,开罗的动荡局势演变成了罢工和暴乱。演说家们将民族主义的诉求煽动至纯粹的群众暴动。1951年10月,穆斯塔法·阿勒纳哈斯(Mustafa al-Nahas)总理下令废除授予英国在苏伊士运河上的基地的条约。内政部长福阿德·塞拉格丁(Fouad Serageddin)公开敦促相关组织带领游击队袭击英军。英国在运河区实施宵禁并设置路障。见此情景,塞拉格丁在开罗广播电台大声斥责英国人此举是放狗咬一群被暴力捆缚的女性俘虏。一家开罗的日报社宣布悬赏一百英镑换任何一个英国官员的性命。所有在埃及政府部门工作的英国人,包括大学教员,都被遣散了——他们中有的人在埃及工作了一辈子。法鲁克国王则亲自下令所有俱乐部一律收归埃及人管理。

第七章 碰撞中的"美好年代"

随后，灾难降临了。为了给游击队发动的袭击找一个替罪羊，英国的指挥官派遣部队解除了位于苏伊士运河旁伊斯梅利亚市一个埃及警营的武装。福阿德·塞拉格丁命令警员进行殊死抵抗。于是，英国人用坦克开炮炸毁了警营，杀死了五十名应征入伍的警察。

第二天早上，当警察被杀的消息传到开罗时，愤怒的人群汇成了人潮，在歌剧院广场巴迪亚歌舞厅的露台上抗议。这时，有人发现一名巡警在喝威士忌，激愤的人群辱骂了他，说英国人正在谋杀他的同伴，他竟然还能安心在这里喝酒。争吵一触即发，烈火瞬间被点燃。当消防车到达时，暴动的人群切断了灭火的水管。有人声称随后到来的警察们也参与了放火。火焰直冲巴迪亚歌舞厅倒塌的屋顶，火舌舔过隔壁电影院打出的广告牌，当时电影院里正在放映的是《当世界毁灭时》（When Worlds Collide）。

当意识到警察不会插手干预后，一场可怕的"狂欢"即将来临。一群又一群闹事者在欧洲的地标区域四散开来并大肆纵火。据多人表示，这伙暴徒是极端组织的成员，也有人说他们是一群右翼的流氓无赖，甚至还有人说他们是秘密警察。他们撬开紧急关门的商铺，然后放火烧店。他们用汽油浇透了电影院的设施，再将其一一点燃。里沃利电影院［正在放映《国际女间谍》（Spy Hunt）］、开罗宫影院以及美特罗影院［正在放映葛丽亚·嘉逊（Greer Garson）和格利高里·派克（Gregory Peck）主演的《空谷芳草》（The Valley of Decision）］都被烧毁了。他们还袭击了英国人的赛马俱乐部。十名外国人被活活烧死。开罗小说家纳吉布·马赫福兹（Naguib Mahfouz）描述了当时的场景：

整个世界瞬间窒息。火焰四处蔓延，在窗台上舞蹈，在屋顶和墙上噼啪作响，火舌直冲进遮天蔽日的浓烟之中。木头、衣物和汽油混合物的燃烧发出恶臭。压抑的愤怒、禁锢的绝望、积郁的矛盾，所有这一切都在人们心中酝酿，最后像恶魔卷起的旋风一样爆发。

下午2点，暴徒们冲进了谢泼德酒店。在那里，宽敞卧室里的客房服务按钮、波斯地毯、15英尺挑高的豪华天花板被他们视为英国的罪恶代表。他们把酒店大厅里所有的家具堆在一起点火焚烧，当一大堆维多利亚风格的家具在二十分钟内付之一炬时，他们在一旁欢呼雀跃。克里斯蒂娜·卡罗尔小姐是一名美国女高音歌唱家，她本应于当晚在开罗歌剧院的演出中扮演苔丝狄蒙娜（Desdemona）。她把一件貂皮大衣披在睡衣外面，和其他客人一起逃进了酒店的花园。另一位不知姓名的应召女郎就没那么幸运了。她从四楼阳台跳下摔死了。

随后，这群纵火犯一齐跳上卡车，沿着金字塔大道一路焚烧城中的酒吧和夜总会。法鲁克国王最爱光顾的赌场未能幸免，金字塔剧院也难逃一劫，它当天原定由里安妮·查理埃（Annie Charlier）和瑟奇·兰西（Serge Lancy）主演的歌舞剧《巴黎之夜》（Paris at Night）未能上演。投机者洗劫了被烧的本锡安、加特吉诺和戴维斯布莱恩等时尚商店的残余商品。最后，军队终于介入了，枪声回荡在街头。到夜晚宵禁时，闹事者终于被驱散。

所有经历过"黑色星期六"的人都清楚地记得那场暴动中的浓烟（除此之外，他们对所见所闻的回忆均有不同）。当天，漆黑浓密的烟尘裹挟着灰烬，覆盖了整个开罗市中心。夜幕降临时，天空透着病态的粉红色。当清晨带着潮湿和烧焦的恶臭来临时，就连放火者本人都为损失之惨烈而震惊。几乎开罗城中所有"国际化大都市"的标志都化为废墟。其中包括约七百家商店和大楼，一条条承载了开罗金融文化产业的街道，包括银行、书店、文具店、车行、旅行社，以及所有酒铺。除一百人死亡以外，还有1.2万人无家可归，1.5万人失业——其中包括谢泼德酒店的瑞士搬运工、意大利领班和德国管家。

因为没法拔走戈哈的钉子，开罗的暴徒索性就把房子给烧了。

六个月后，当法鲁克在亚历山大城的海边城堡里嬉戏时，装甲车在开罗夏日夜晚的热浪中隆隆驶过。这支军队未开一枪就占领了政府各部门、议会和皇宫。在国家电台广播中，一名年轻的军官宣读了一份声明。安瓦尔·萨达特声称：一个自由军官组成的秘密团体已经掌握了埃及政权并将稳固局势。

※

1952年7月23日的政变让开罗最显赫的"国际化精英"们被抛弃的命运成为定局。法鲁克和他的家人被流放，他的朝臣和亲信受到审判，并被投入监狱。随后还有一些人民公敌也被关了进来。他们中包括共济会成员、扶轮社员、左派分子以及宗教极端主义者。巴夏们被剥夺了头衔，改称"封建主义者"。他们在农村的辽阔土地也被没收了，和普通农民一样拥有小块农田。

埃及民族主义情绪的高涨给德高望重的犹太人社区带来的不安感尤为强烈。犹太人与埃及主流民众是疏离的：从阶级上说，他们大多都很富有；而从语言和外表来看，他们中的很多人都说法语，遵守欧洲礼仪。再加上他们与以色列不可避免的联系，情况就变得有些复杂了。尽管1954年接管埃及革命政府大权的贾迈勒·阿卜杜勒·纳赛尔宣称将向犹太人提供保护，但犹太人的焦虑还是进一步加深。同年，警方抓获了14名策划轰炸开罗美国文化中心和英国文化委员会以破坏外交关系的以色列特工，他们中有几名正是在埃及出生的犹太人。1955年2月，以色列伞兵在加沙地带伏击了一支埃及军车队，杀死了38名士兵。从此之后，埃及与以色列的边境争端不断升级，埃及民众的反犹情绪也随之升温。

在"黑色星期六"的大火后，开罗迅速重建了它过去的欧洲式外壳，但对于大多数生活在开罗的欧洲人来说，这些也仅仅是个虚饰而已。这些欧洲人可以感觉到：他们在这个国家的未来越来越渺茫。在他们聚集的希腊人俱乐部、意大利人社团和犹太人联合会中，谈论得越来越多的话题是离开埃及的时间规划、在蒙特利尔的亲戚以及（压低声音说的）行李箱底层的暗格。财富开始从开罗大规模地流走。四十年后，我遇到的一位瑞士银行家微笑着回忆，"啊，50年代初，那才是真正的黄金时代。"他叹息道。

这股走向海外的趋势很快变成一股洪流。由于没能得到西方资助在尼罗河上建一座更新更高的大坝，纳赛尔于1956年7月宣布将苏伊士运河收归国有。作为回应，英国、法国和以色列入侵了埃及。随后，在国际社会的谴责下，三国只得撤离埃及，但伤害已然

第七章　碰撞中的"美好年代"

造成：由于开罗近郊受到了英国空军的轰炸，民众的排外情绪达到了新的沸点。政府宣布将所有英国人和法国人驱逐出境，财产尽数充公。在过去投降主义时代获得了法国公民身份的犹太人也被赶走了，与此同时还有一些不走运的殖民地人民，如持有英国护照的马耳他人。其他外国群体也收到了政府发出的信号：新的法律禁止外国人拥有财产，同时外国人也几乎无法获得埃及国籍。这些规定的用意已不言自明。

不过，这些外国人至少可以这样安慰自己：正是因为被迫离开，他们才得以躲过20世纪60年代初的那场浩劫。当时，纳赛尔军政府将七月革命前开罗的精英阶层连根拔起（包括埃及本土的科普特人和穆斯林），并以人民的名义没收了数百家公司、房屋和农场。到了60年代末，埃及的外国人群体已经少到可以忽略不计。开罗所有的犹太学校、犹太医院和孤儿院，以及城中29座犹太会堂（除两座以外）都因无人问津而关闭。到了20世纪70年代，采石商人和擅自占地者开始占据无人照管的犹太墓地。在20世纪80年代的一次走访中，我发现一对年轻夫妇带着四个孩子，把家安在了一座建制宏伟的新埃及法老风格的墓穴里。他们还打开了墓中的骨灰龛，并发现它的隔板非常适合摆放一家人的衣物、炊具以及彩色电视机。

开罗其他外来族群的境遇比犹太人要好一些。留在开罗的希腊人和意大利人人口缓慢下降，但原因并不在开罗，而是他们祖国的蓬勃发展吸引了年轻人回归。过去一个世纪里，开罗市民中的固定成员——希腊杂货商和意大利车间领班只有极少数留了下来，其中有一位就是我的机修工贝波，他是卡拉布里亚人的第四代后裔，但他的孩子也回到了意大利。叙利亚-黎巴嫩人大部分都留下来并和埃及人通婚了，他们每一代人都变得越来越埃及化，越来越少讲法语。亚美尼亚人在开罗生活得很好——两千多名亚美尼亚人维持着自己的学校、俱乐部和慈善机构。

在这个全新的开罗，一些外国人的习惯和制度仍然保留了下来。最好的私立学校继续采用法语、英语、德语和意大利语授课。观众也必须穿晚礼服才能进歌剧院，而歌剧院里的阿拉伯管弦乐队乐手也继续穿着深色外衣、打着领结。开罗的精英阶层与西方的各种风潮保持同步：他们穿蓝色牛仔裤，跳迪斯科，喜欢整体厨房，也想带着孩子们去迪斯尼世界玩。

一种新型的全球商业模式正无声无息地席卷开罗，这个先天的"国际化大都市"。这座城市如今不只有散发着陈旧霉味却优雅迷人的谢泼德酒店和欧陆萨沃伊酒店，还有高楼大厦里的希尔顿和喜来登。有一家国际连锁机构把欧仁妮皇后参加苏伊士运河通航庆典时下榻的宫殿开发建成酒店，并将其酒吧命名为"欧仁妮酒廊"。市中心繁华热闹的餐厅（如卡罗尔和埃什托里尔餐厅）仍然向食客售卖裹着面包屑和鸡蛋的炸肉块、烤通心粉和希腊洋蓟，这些上了年头的门店越来越像是某种遗迹。城中更入时的新式餐馆层出不穷，开罗人的口味很快囊括了美式墨西哥素食、免下车取餐的巨无霸汉堡、寿司、烤肉、现代米兰风味菜等新奇菜品。这些餐厅的主顾们多为开罗本地人，但他们将自己视为世界公民，他们家里有卫星电视，会用互联网，使用国际大牌的日化用品。彼时，这些外国品牌正在开罗的电视广告里上演着激烈的商战。

第八章

冲突与融合

第八章　冲突与融合

为了摆脱西方，他们必须学习西方。那么为了生存，他们会牺牲自己原有的一切吗？

——雅克·伯克（Jacques Berque），《埃及：帝国主义与革命》（*Egypt：Imperialism and Revolution*），1967 年

前王室成员们如今有了一个不错的活动场所——杰济拉体育俱乐部旧会所的露台，这个砖块和水泥砌成的露台是以远洋客轮甲板的造型为依据建造，原本客轮的烟囱处则竖立着刻着"1935 年"字样的砖砌烟道，还有黑色乌鸦（而不是海鸥）站在上面啼叫。夕阳下，这艘"远洋客轮"并没有在海面泛起波涛，在远处的泳池和弯曲的铁轨外，褪色遮阳篷覆盖不到的地方，野猫在荒芜的花田里窜来窜去。

平日里的午后，王子都会独自坐在这里，拘谨地与邻桌喋喋不

休的退伍将军和聊八卦的光棍们保持距离。他身材矮小，长着一张苍白的娃娃脸，穿着一套1940年代剪裁风格、一尘不染的灰色西装。从他的表情中可以看出来，他高贵的鼻子正静静嗅着从他身上佩戴的香盒里流淌出的若有似无的暗香。有人说他的母亲可能是一位西班牙的舞蹈家，但王子本人的皇室成员身份是没有任何疑问的。他是穆罕默德·阿里的后代、法鲁克国王的表兄弟，也是七月革命后埃及仅存的一位王子。可以说，他是干涸池塘中的最后一条大鱼，每日漂泊在孤芳自赏的孤僻之中，在落寞优雅的汽车俱乐部餐厅（他的表兄弟法鲁克国王曾在这里打扑克）和老旧破败的杰济拉俱乐部（英国骠骑兵和枪骑兵曾在这里打马球）之间来回晃悠。

王子吸着一杯冰镇的柠檬水追忆着往事。他说话轻声细语，清晰而略显冷淡的言语中透露出他曾接受的多年英国公立学校教育。他说，军官们的政变完全出乎他的意料。他那时候还是一个天真的年轻人，一个对政治怀有恐惧的音乐和艺术爱好者［在1951年的《埃及公报》(*Egyptian Gazette*) 上，我发现了一张狗仔队拍摄的开罗歌剧院包厢的照片。在照片里，打着白色领带、略带婴儿肥的小王子斜望过来，目光腼腆而好奇。坐在他身边的是他的母亲，她修长的脖颈上戴着钻石项链］。对王子而言，最残酷的经历就是亲眼看着家族财富四散流失。他讲述了他是如何关注七月革命后王室财产被拍卖的过程，他自己在阿卜丁宫小房间里的所有物品是如何被成批分组，连同王室的珠宝、塞弗尔瓷器以及法鲁克表哥大量的收藏钱币、枪支和裸体剪贴画一起被拍卖。

"可怜的家伙，这么喜欢收集所有的小玩意儿，但他真正喜欢的

第八章 冲突与融合

却是女人的胸部!"王子的脸上闪过厌恶的神情。

然而奇怪的是,在公开销售的物品目录中,既没有提到他个人收藏的初版书籍,也没有提到他的几件古董家具,甚至没有提到他自己的画作——王子本人是个出色的业余画家,这些画作是他极为珍视的。二十年来,他一直认为这些东西都消失不见了,或者像其他很多东西一样,被某个厚脸皮的军官据为己有。

此时,王子狡黠地看着邻座的将军们,表情很像是小熊维尼多愁善感的朋友小驴屹耳。"呃,"他压低声音说道,"我希望他们没在偷听。我过去跟将军们之间的麻烦已经够多的了。"

那些年,纳赛尔军政府的独裁统治进一步向左派倾斜,王子靠着微薄的国家养老金勉强度日。他被禁止出行,日夜忧虑会因为某种可笑的保皇党阴谋论指控而被捕。在他位于花园城酒店的小公寓里,从茶匙到躺椅都被粗鲁的检查员一丝不苟地贴上标签并定期盘点,以防他擅自出售现在被认为是"国家财产"的物品来搜集额外的现金,而他从来不敢问那些政府人员,他在阿卜丁宫殿里的物品到底都去了哪里。

但是,在1970年代的某一天(随着七月革命而来的报复情绪终于平息),一个熟人告诉他,传闻在阿卜丁宫殿后面贫民窟的某个窄巷里有人在倒卖从王宫流出的物品。

我能想象王子出现在阿卜丁区一家汽车修理店门口的情景——他礼貌地询问一名表情讶异的机械修理工旧货店怎么走,最后终于转到了那位穿着阿拉伯长袍、胡子拉碴的店主面前。这个人瘫坐在潮湿小巷背阴处的藤椅上,他对面墙上挖出的两个洞就是他的商品陈列室。这个狡猾的废品商想必只看一眼，就掂量出了这位不寻常的客人能开出多少价码。

"出人意料的是，"王子继续说道，"在那两个骇人的墙洞里，确实藏着从王宫里出来的宝贝。至于那些东西他是怎么弄到手的，我毫无头绪。当然，并没有什么真正值钱的东西，但他有我的东西。"

于是，王子得以从这个人手里买回了一点自己的物品——一些初版书籍、两幅画作和一把他最喜欢的描金椅子。

"这也是我自己对国家发动的一个小政变，"他窃笑着说，"我是真的很喜欢金子，你呢？它给人的感觉太……舒服了。"

王子的神情转而变得严肃：他靠在椅子上，眯起双眼注视远方的夕阳。在长时间的停顿后，他开口说道："我想这也是件好事。在七月革命之前，我从未遇见过一位真正的埃及人。你知道，他们都是很了不起的人。"

20世纪的上半叶，开罗见证了西方对东方的压倒性胜利。高跟鞋和香奈儿双色鞋咔嗒作响，迈步登上大理石砌的阶梯，骆驼皮制的平底拖鞋则窸窸窣窣逐级而下。而在20世纪的下半叶，情况又反了过来：丝质拖鞋曳行而下，农民裸露的脚踝和军靴则步步攀升。对于开罗的"国际化精英们"来说，他们的陨落是一场悲剧，也标志着开罗黄金时代的终结。但对于开罗城的绝大多数人——开罗最后的王子在政变前从未见过的无名之辈而言，却是一场来之不易的胜利。

第八章 冲突与融合

这场胜利有着深层的社会根源。

埃及的民族意识在 19 世纪 80 年代的乌拉比起义中首次掀起风浪。自那以后，族长、士兵、拥有土地的巴夏以及城市居民也曾联合起来反对外国的统治。但是，在英国军队、债务、欧洲移民以及他们的金钱带来的现代化势头之下，短暂的开罗之春和随之而来的独立理念很快被强力压制，开罗的自信也在威压之下被碾为齑粉。1907 年，当尼罗河三角洲某个村庄的农夫们殴打了一群把他们养的鸽子用来狩猎取乐的英国士兵时，是埃及自己而不是英国的法官将四名同胞判处了绞刑。即使是像穆斯塔法·卡米尔（一名接受法国教育的律师，在他 1908 年英年早逝前的十年里以激情的演说激发了开罗民众）这样的民族主义者，也不敢呼吁彻底的独立。他做出了妥协，并恳求巴黎和君士坦丁堡给予支持。

头脑冷静的埃及人没有正面挑战英国，而是转而为国家的复兴奠定基础。20 世纪的头几十年里，开罗出现了埃及的第一所世俗大学、第一个劳工团体、第一个专业的企业联合会，以及第一家完全由本国人出资的银行。文学和科学的沙龙遍地开花，使得开罗的知识阶层得以接触现今世界出现的所有问题，从达尔文主义到隆布鲁索的犯罪理论，再到曲折迂回的德雷福斯案件。业余剧团上演了阿拉伯语版的莫里哀和拉辛的作品，也将埃及本土作家的剧作搬上了舞台。在与西方的频繁接触和相对自由（这种相对自由从日渐衰落的奥斯曼帝国吸引了大批的知识分子）氛围的刺激下，开罗的新闻和出版行业日益壮大。诸如"启蒙""民主""经验主义""社会意识"以及"阶级斗争"等，组成了"进步思想"的全套词汇。

举个例子，早在1898年，一位名叫卡希姆·埃敏（Qasim Amin）的法官发表了一部专著，用通俗易懂的语言和清晰的逻辑阐述了欧洲评论家们长期以来的建议。埃敏认为，埃及落后的根源是妇女地位的低下，而它进步的关键则是给予女性受教育权。在第二卷的论述中，他将主张又推进了一步，要求妇女不再佩戴面纱，并提出给予女性包括投票权在内的平等权利。他的提议激起了剧烈的反响。当时批判他的书有三十本之多，抨击他是一个深藏不露的无神论者、娘娘腔、殖民主义的走狗。然而，历史最终站在了埃敏这边。他开启的闸口带来了滚滚的浪涛。最终，埃及妇女也确实走出了家门，进入了更广阔的天地。当1919年的民族主义示威爆发之时，妇女也在其中充当先锋头阵，尽管她们当时还是戴着面纱。

不过，这种情况很快发生了变化。1923年，一个名叫霍达·沙拉维（Hoda Shaarawi）的巴夏的女儿走下一节头等车厢，明目张胆地揭开了她的面纱，引得开罗民众议论纷纷。霍达·沙拉维从小在深闺被宦官看护着长大，随后又被家族违背她的意愿嫁人，这样的痛苦经历使她成为一名热忱的女权主义者。法国文学素养（她自学了法语）帮助她充分表达自己的感情。同时，她完美无瑕的社会资历和个人勇气也使得她激励和引领了一代女性。在开罗车站事件发生的仅仅五年后，据开罗当时的插图杂志所展示，在向伟大的民族主义英雄萨德·扎格鲁尔的夫人表示慰问时，大部分到场的高贵女士都没有佩戴面纱。十年后，埃及的上层社会中已经极少有人佩戴面纱，面纱本身也成了落后的标志。

如果说卡希姆·埃敏当初的思想招致了严厉的批评，那么现在

第八章 冲突与融合

他的目标已经成为每个埃及人的目标。当初他提出的问题在20世纪剩余的时间里在开罗知识界引发激烈的讨论——欧洲成功的秘诀是什么？埃及如何在不放弃自己东方身份的情况下复制西方的成就？开罗这样一个贫富悬殊、在巴黎和麦加之间左右为难的城市，怎样找到自己的定位？

有人认为东方衰落的根源是宗教思想的僵化。像谢赫·穆罕默德·阿卜杜（Sheikh Muhammad Abdu，1847—1905年）这样的改革派就呼吁去除那些没有价值的宗教观念。同样，虽然反对者甚众，历史最终还是站在了阿卜杜这边。一些事情确实发生了微妙的变革，例如，在阿卜杜曾短暂担任校长的爱资哈尔清真寺学院，伊本·哈勒敦的著作被重新引入课程。而被传统主义者斥为"罪恶的高利贷"的收取利息的行为也逐渐被广泛接受。同时，虽然婚姻和继承法继续遵循伊斯兰的教法，但民法、刑法和商法则参照欧洲法律，并逐渐成为法律界的主导思想。

一些知识分子主张，信仰应该与公共事务完全区分开来。他们声称，埃及首先应该是一个地中海国家。的确，古埃及是欧洲文明的源头。因此自然而然，这股影响也应再次回流，埃及应该吸收欧洲的进步，汲取欧洲的精髓：俾斯麦的纪律、笛卡尔的逻辑、边沁和穆勒的社会伦理。随着时间的推移，自由主义者将变得更加自信、民主和世俗，公民教育的普及将取代传统教法教规。

还有人声称，强烈甚至非理性的民族主义才是西方力量的源泉。埃及的小学生也可以学习唱国歌和向国旗敬礼。他们头脑中首先应该形成的是埃及人的概念，而不是属于何种信仰、属于富人或穷人。这一股趋势将成为最强大的潮流，它并入和吸收了所有女权主义者、改革者、自由主义者和传统主义者所做的努力，并将它们导向了一个共同的目标——反抗外国人的统治。在民族主义这个大主题下，所有思潮、所有人群都可以团结起来，并取得了显著效果：不间断的罢工、示威，以及1919年爆发的抵制英货运动。在高涨的民族主义热情之下，据说有一名科普特神父迈步跨入了爱资哈尔清真寺：当他高喊着英国人脸色红润是因为他们吸食了埃及人的鲜血时，爱资哈尔的学生们把他高举过肩，一路扛到清真寺的讲坛上放下，请他为大家发表演讲。面对民众高涨的团结情绪，英国被迫让步，埃及于1922年赢得独立。

20世纪二三十年代，开罗成为一个新兴国家的首都，它昂首阔步，意气风发。它拥有民主的政府组织，以及学术和艺术机构。也正是在这些年里，埃及人再次领略了这个古老国度曾经的辉煌。多个惊人的考古发现——其中最重大的是1922年在卢克索的帝王谷发现的"男孩法老"图坦卡蒙完好无损、金碧辉煌的陵墓——引发了埃及复兴主义法老式建筑的风潮。萨德·扎格鲁尔被安葬在一座宏伟的神庙式陵墓里，遗体就放在太阳神荷鲁斯张开翅膀的正下方。马哈茂德·穆赫塔尔（Mahmoud Mukhtar, 1891—1934年）这位才华横溢、在巴黎接受过训练的雕塑家为开罗欣欣向荣的新建的大学设计了花岗岩纪念碑，用新的方式诠释了古老的主题。这座竖立在大学入口处的纪念碑意在表现"埃及文艺复兴"：一个农家女孩一手揭开面纱，另一只手唤醒沉睡的狮身人面像。

除此之外，中世纪建筑业的辉煌也得以振兴。新建的清真寺避

第八章 冲突与融合

开了奥斯曼帝国时期的样式，转而采用马穆鲁克时代更加古老、纯粹的开罗风格。一些著名的建筑将伊斯兰设计与装饰艺术融合在一起，并取得了极好的效果。不过这也是因为从威廉·莫里斯到马蒂斯，再到好莱坞电影《巴格达窃贼》中的场景，欧洲装饰艺术本就从阿拉伯东方文化中汲取了大量的灵感。一位巴夏在1920年代修建的别墅里建了三间巨大的接待室，集中地体现了开罗风格的多样性：一间是法国风格的；一间是阿拉伯风格的，有几何镶嵌装饰的喷泉、地毯和矮沙发；另一间则饰有复兴主义法老式图案，包括房间的黄铜门把手也铸成了太阳神荷鲁斯眼睛的形状。[1]

开罗出现了第一批现代的本土作家。他们摒弃了过去那种诗意、押韵的语言，把关注点转向了城乡矛盾、自由与传统束缚之间的冲突等主题。他们引入的新形式——小说、现实主义戏剧、自由诗——重振了已经停滞几个世纪的阿拉伯文学。当开罗的新闻媒体撰写辛辣的讽刺文章，展开激烈的论战之时，演艺界也将目光转向了这座城市。歌剧院广场附近涌现出一大批新的音乐厅和剧场；正是在这里，阿拉伯演艺界的先驱们如优素福·瓦赫比（Yusuf Wahbi）和乔治·阿比阿德（George Abyad）崭露头角。除此以外，第一部埃及故事片《图坦卡蒙之地》于1923年上映。1932年，埃及的第一部有声电影制作完成。此时，开罗已经出现了颇具规模的电影产业，包括叼着雪茄的电影大亨和一众光鲜亮丽的明星。纳吉布·里哈尼（Naguib al-Rihani）是埃及本土的"卓别林"，但他也极具原创性。穆罕默德·

---

[1] 巴海丁巴夏位于吉萨的尼罗河畔别墅就像许多开罗古雅美观的建筑物一样，在20世纪80年代末被拆除，让位给一座豪华的高层建筑。

阿卜德·阿尔-瓦哈卜（Muhammad Abd al-Wahab）是开罗的伊斯兰老城区巴布沙利亚区一位宣礼师的儿子，他的作曲风格有点像欧文·伯林（Irving Berlin）与宾·克罗斯比（Bing Crosby）风格的融合体。在20世纪40年代，他为一部电影配乐的报酬就高达两万英镑。莱拉·穆拉德（Leila Murad）是旧犹太区一名唱诗班领唱的女儿，她是埃及的银幕甜心。她扮演的是总是陷入麻烦，但又能通过唱歌轻松化解的邻家女孩。

开罗开始展露出全新的面貌，其自由的城市精神也给其他阿拉伯国家的人不少启发。巴格达和贝鲁特的人们附和着从开罗之声录音棚里新鲜出炉的曲调，如饥似渴地翻阅着精美的开罗出版的杂志，惊叹于其中大胆的卡通和评论作品，以及各种各样的汽车、电梯、冰箱和歌舞剧演出的广告。埃及的首都就如一块磁石，它耀眼的光芒吸引了一代阿拉伯世界的演艺人才，而他们又将开罗前沿的节奏与风格带回了自己的国家。

但是，开罗展现的这些图景并不是现实的写照。在开罗产的电影中，僵化的乡村礼仪总是让位于圆滑的城市理性。出身贫困的男孩来之不易的教育终获回报，他获得了职位晋升，赢得了富家女孩的芳心，而她严厉的巴夏父亲又无一例外拥有一颗金子般的心，有意成全这一对眷侣。

但现实情况并非如此，而且这一点也越来越多地渗透进了后来的电影当中。在20世纪30—40年代的开罗，依靠家里砸锅卖铁完成学业的男孩很有可能无法改变命运。再说，他内心也只会鄙视这位富家女，因为她的睫毛膏和法式长袍让她看起来过于"西化"，并且依

第八章 冲突与融合

照埃及传统，这位富家女最后也只可能跟和她同样有钱的表兄结婚。另外，她严厉的巴夏父亲更有可能是一位贪婪的资本家。他操纵选举、购买选票，在开罗过着奢华的生活，而在他的棉花种植园里劳作的农奴们则蜗居在家禽和牲畜的泥棚里。城里的老滑头们更不是什么好东西。根据当时开罗流传的笑话，这些城里人骗从农村来开罗的人说，他们把开罗的有轨电车卖给后者了，后者可以随意乘坐。为表达他们的不满，这些从农村进城的人也拒绝使用人行道。他们还在公园里放牧羊群啃食草坪。

当然，现代主义和城市生活方式的胜利还远未到来。后殖民世界典型的两难局面已经出现：随着教育的普及，不满情绪在蔓延；随着公共卫生的改善，人口在激增。摆脱了英国控制的政府确实增加了教育支出，并将其从1920年占预算的1％增加到1940年的12％。但是就在1940年，仍然有四分之三的开罗人目不识丁。新建的学校产出过多的官僚，却没能培养出足够的医生和工程师。自1930年开始，由于城市的迅速扩张，城市内新贫民窟的蔓延失去了控制，更别提对已有的贫民窟进行什么"文明化改造"。而在城市外部，仅20世纪头三十年，农民平均可耕地面积就缩减了三分之一。失去土地的农民大量涌进首都，随之而来的是他们根深蒂固的传统观念。随着城市化的速度越来越快，农村"反城市化"的速度也越来越快。在远离林荫大道的地段，没有下水道、自来水，也没有通电的工人居住区重建了乡村的规模和生活方式。不过，这里可再找不到村里的"人情味"。在城市生活的压力下，家庭规模越来越小。工厂和办公室里的工作并不稳定，童工和16小时工作制屡见不鲜。

虽然作为一种服装形式，面纱已经退出了历史的舞台，但它所代表的传统习俗约束却继续存在。例如，在科普特教堂里，妇女不再被单独隔开坐在木制屏风后面。虽然她们现在能够在大庭广众之下出现，女性的端庄也要求她们与男子之间必须隔着一条过道坐下。现代开罗城及其"国际化精英"的生活方式虽然极具吸引力，但这对于贫困的大多数人而言仍旧无法企及，不论从经济能力还是文化倾向上来说都是如此。萦绕在外国人周围的特权感被视为腐败和自贬身份的标志。在进步表象的掩盖之下，是穷苦民众无法拔除的痛苦。

埃及社会的其他方面也出现了同样的情况。政治上，阴魂不散的英国势力阻挠了埃及独立的胜利，皇室的干预破坏了民主的果实。在象征埃及自由的1923年宪法颁布实施的十年内，福阿德国王就曾至少四次下令废止。1933年实施的新闻法钳制了异见人士的言论。民主确实又回来了，但是操纵和干预已经使民主的机器几乎无法运转。政治变得肮脏，在位的政党调动警察陷害政治对手，抱着纯粹机会主义的意图结成联盟，并以发放特权的方式贿赂选民。民族主义阵线分裂成相互对立的派别，各派别之间也日益趋向暴力冲突。

知识界的裂痕逐渐扩大。随着识字率的提高，那些仍然生活在村庄和开罗偏远街区的传统世界的人们发出了自己的声音。正当马克思和伯特兰·罗素著作的译本出现在阿兹巴基亚花园街区的书报摊上时，埃及最畅销的书却是有关先知和拉希敦哈里发的传记。自由派的先锋们突然发现，他们的外国思想已经超出了大众接受的范围，这时才猛然意识到自己已经与社会脱节了。

第八章 冲突与融合

在 20 世纪 30—50 年代，开罗的人口翻了一番，达到了两百万。在 20 世纪中叶，抗生素的应用降低了疾病导致的死亡率，开罗的人口持续以每年 3.7% 的速度增长。目睹了二战中外国军队兵临城下以及重大国际事件的新一代开罗人，在战争的影响下成长。1948 年，埃及在对以色列作战中惨败，民众情绪激化。新一代的埃及人再也不满足过去政府的家长式作风，他们希望看到政府采取行动。20 世纪 40 年代末的内阁改革曾做出这方面的努力，但其自由派的立法议程，如开放工会，加大公共卫生、住房和教育投入，振兴民族工业，以及限制外国人对商业的支配等举措并未能跟上民众渴求变革的呼声。

此时的开罗众声喧哗，百家争鸣。在这个拥有 11 家阿拉伯语日报社、一百九十家杂志社，每年产出六十部电影的城市，丑闻和罢工每一天都在上演。当法西斯主义者和宗教极端主义者一拍即合，共同推进一个清除外来影响的"纯净"埃及愿景时，包容被暴力所取代。民粹主义者穆罕默德·加扎利（Muhammad al-Ghazali）抓住了民众的狂热情绪，于 1950 年宣扬西方的文化帝国主义及其"代理人"对埃及的危害："西方就是想要羞辱我们，占领我们的土地，并通过废除伊斯兰教的法律和传统来摧毁伊斯兰教。欧洲人的傀儡和走狗是一群无耻、邪恶的家伙，他们想方设法使埃及脱离伊斯兰教。"

工会成员、极端宗教团体与法鲁克国王的秘密警察玩起了猫鼠游戏。每个群体都宣扬对大众具有排他的权利，每种主义都声称自己才是未来的主人。但是,迷茫中的开罗需要的并不是响亮的口号,而是一位救世主。

就在黑色星期六的大火吞噬开罗的六个月后,1952年7月23日这场悄无声息的政变为所有埃及人带来了一种巨大的解脱感。民众乐见有人接手这个烂摊子,也乐意将希望寄托于当时似乎是唯一还没被腐败侵蚀的机构——军队。热情的人群为性格低调温和的新总统穆罕默德·纳吉布(Muhammad Naguib)将军欢呼喝彩。与痴肥而笨拙的法鲁克国王相比,他显得如此挺拔和谦逊。围绕在纳吉布身边的年轻军官们——真挚诚恳、发音清晰,从未受到亲西方派的污染——树立了一种新时代埃及人的理想形象。他们看上去都十分自信,胸有成竹,而这正是开罗最渴望和看重的品质。

对大多数人而言,革命后的乐观情绪维持了较长一段时间。但对部分人(除了开罗的"国际化精英"外,还有很多其他人群)而言,这场美梦很快就破碎了。在政变发生后的一个月内,警方枪杀了八名罢工的工人,击碎了"埃及新一代领导人同情共产主义运动"的观念。新建立的政权并没有像它承诺的那样举行选举,而是革除了政党。不幸的政治家们陷入被围捕、审判和监禁的命运。1954年,一名英俊魁梧的年轻军官领袖把纳吉布将军撇到身后,宣称由自己担任总统。这位新总统,贾迈勒·阿卜杜勒·纳赛尔语气温和,书卷气十足。他最喜欢的曲子是俄国作曲家里姆斯基-科尔萨科夫(Rimsky-Korsakov)的东方幻想曲《山鲁佐德》(*Scheherazade*),他最喜欢的作家是伏尔泰。但是,这位陆军上校可不是胆小怕事的"甘迪德"。他的警卫队以前所未有的热忱镇压了军政府的批评者。到1955年,

第八章 冲突与融合

已有三千名异见人士被送入监狱，他们中许多人遭受了酷刑折磨。被指控策划暗杀纳赛尔的穆斯林兄弟会遭到了被粉碎的下场。当六名兄弟会领袖被送上断头台时，其中有一人高喊出对七月革命的诅咒。

对其批评人士来说，这场革命是个残酷的玩笑。旧的秩序被推翻，取而代之的是一个将埃及带回马穆鲁克统治时代的政权。由于不相信任何人，纳赛尔将"封地"分给了他的军官朋友们，让他们担任省长、管理国有公司、执掌新闻报刊。就像过去那些嫉妒前朝统治者的苏丹一样，他试图凿除前人留下的记忆。他更换了开罗的街道名称：现代开罗城的中心伊斯梅利亚广场变成了解放广场，福阿德国王大道以法鲁克国王离开埃及流亡海外的日期命名，变成了7月26日大道。新的军政府将过去时代的所有成就归结在自己的名下：免费的公共教育、进步的劳动法、公共卫生系统和住房，以及阿拉伯国家联盟①。虽说新政权确实加大了对这些方面的投入，却绝口不提这些项目都是由旧的政权发起的。由于学校的课本受到了"净化"，整整一代埃及人在成长过程中对自己国家的过去一无所知。他们以为七月革命前的埃及只是帝国主义走狗和万恶的封建主义者横行霸道，广大农民惨遭压迫的苦难之地。

开罗忘却了自己。私人机构被弃置一旁：那些曾高举维多利亚时代进步理想的地理学会、埃及研究所、农业博物馆、民族博物馆、铁道博物馆和欧洲艺术博物馆再也无人问津。随着文物保护和修复的私人慈善组织（和其他所有志愿组织一样）被纳入了国家官僚体系，

---

① 成立于1945年，是阿拉伯国家团结希望的象征，但它从来没能促进阿拉伯国家的团结。

开罗老城区的古迹只得再次自生自灭。① 法鲁克国王的宫殿最初向公众开放，以作为皇家的奢侈堕落的证明，之后又封闭起来，变成了军队、警察和总统的办公室。一个轻柔的声音从收音机里传来，取代了过去的众声喧哗，将旧日的争论变成了咖啡馆里的闲谈。

然而，让那些受到新政权残害的人们懊恼的是，总统在收音机里的声音却触动了埃及人民的心。纳赛尔本人是一位高超的演说家。埃及人民激动万分：终于有一位领导人用他们听得懂的语言发表讲话，描绘出一个他们梦寐以求的愿景。不必提民主，也不必说信仰，纳赛尔代表的是真正的人民的愿望，他就是埃及的侠盗罗宾汉本人。打开新闻看看：总统亲自向佃农们颁发地契，打倒了大地主；他一举将苏伊士运河收归国有，狠狠教训了英国人；他支持小人物的事业，开办学校，颁发文凭，为阿拉伯国家的独立和统一而努力，与其他伟大的解放者，如铁托、尼赫鲁和恩克鲁玛亲切交谈。

这位埃及的英雄取得了一个又一个表面上的成功，而开罗也沉浸在他带来的荣耀中。这座城市开始呈现出一种全新而严肃的面貌。古雅的土耳其帽被贝雷帽（也就是穿着制服的警察；秘密警察的数量急速增长）所取代。官僚们穿着军队风格的狩猎套装，而不是过去巴夏们爱穿的细条纹衣服。当然，"巴夏"这个称号本身也不复存在。肚皮舞者被要求遮住她们裸露的腹部，妓女和乞丐被赶出了街道。尼罗河两岸的新建筑呈现出鲜明的、功能性的棱角——这条河流自身也被苏联资助和设计的阿斯旺大坝给驯服了。开罗塔高六百英尺，仿

---

① 20世纪60年代，开罗六百多个登记在册的中世纪遗迹的年度维护预算为六百英镑。

第八章　冲突与融合

照莲花的造型而建，采用钢筋混凝土结构，顶部是旋转餐厅。这座直冲云霄的建筑于1955年出现在杰济拉体育俱乐部的近旁。① 在卡斯尔尼尔街区，旧日的英国军营也被新时代的标志所取代：阿拉伯国家联盟的总部、一家希尔顿酒店，以及一座低预算版的"曼哈顿联合国总部大厦"，后者成为纳赛尔领导下铁板一块的政党——阿拉伯社会主义联盟的活动地点。广播电视塔是一个三十层的长方形建筑，建在一块巨大的圆形基座上，向阿拉伯世界和更远的疆域传播着开罗的革命理想。在开罗南部，名声向来不好的埃尔万-莱斯-班斯温泉浴场被改造成了一个工业综合体，里面钢铁厂、水泥厂，以及汽车、电子产品和武器装配厂应有尽有。纳赛尔宣称，在这里，埃及将能够制造从钢针到火箭的所有产品（请注意他描绘的这些野心勃勃的图景）。

在历经十年的统治后，纳赛尔宣布开展一场社会革命，作为其政变的补充。在这个全新的埃及，家长制的政府会包办一切。金融、重工业、新闻、电影、戏剧以及出版行业统统国有化。从此之后，工业部将负责一切生产事宜，而国家指导部和文化部则负责引导思想和舆论。就如苏联的早期一样，变革的热情确实带来了艺术的短暂繁盛。在1962年之后的三年里，开罗剧院的观众增至过去的六倍，演出剧目也扩大到布莱希特、奥尼尔、契诃夫，以及日益成熟的本土作品。开罗还出现了一个交响乐团和一个古典芭蕾舞团。这一时期的视觉基调是掺杂了民俗风格艺术的现实主义。壁画师们描绘出一批批复兴主义法老风战士，但他们驾驶的是米格战斗机，而不是古代的战

---

① 前特工迈尔斯·科普兰在回忆录中透露，这座塔是纳赛尔用中情局的钱修的。纳赛尔将中情局用于收买他的三百万美元的现金贿赂花在了修塔上，以此来打美国的脸。

车。除此之外，还有肌肉发达、开着拖拉机的农民和挥动着扳手的无产者。艺术工作室淡化了围绕爱情主题的柔光，转而塑造起农民反抗封建领主，以及奥马尔·沙里夫（Omar Sharif）在水边为劳动者的权利而斗争的鲜明形象。

在1961年夏天的一个早晨，许多被剥夺了头衔的前巴夏们在读《金字塔报》的头条时都不由自主地把手里的土耳其咖啡给洒了。报纸宣布，为了给国家建设提供资金支持，政府决定将任何价值超过一万英镑的资产列为非法。超过这个数额的任何财产，无论是"花园城"的别墅还是开罗电车公司的股份，都必须一律充公。埃及最富有的四千个家族毁于一旦。叙利亚-马耳他人、希腊-亚美尼亚人和其他精通多种语言的行业巨头们发现，自己的公司厂房一夜之间被官僚和军官占据。这种财富的更迭令人联想到历史上似曾相识的情景。与马穆鲁克时代一样，"苏丹的掠夺"再次导致了私营经济的萎缩。

随着国家接管一切，政府也承担起修建住房的责任，而此时开罗的人口已经再次翻了一番，并于1960年达到了四百万。一排排的混凝土板房拔地而起，整片的新区被规划出来，以容纳城市贫民和新出现的有产阶级当权派干部：在工程师之城、记者之城、胜利之城的建设规划里，整洁美观的现代化住宅楼延伸至田野和沙漠。而事实上，这些房子通常都极为拥挤、闷热，质量很差，整洁的街道规划也常常是修到某个沙丘或村庄就戛然而止。不过这些都不重要。毕竟，梦想才是最重要的。

这个梦想看起来如此真实，以至于绝大多数的埃及人都愿意原谅监禁、剥夺、任人唯亲和普遍的恐惧。开罗的"国际化精英"正在

第八章 冲突与融合

离去,这片土地的儿子将接管一切。直到大学生泛滥成灾,学位大幅贬值(开罗大学的师生比从1950年的1∶6变为1962年的1∶60)之时,纳赛尔的教育政策看起来都像是成功的;直到住房由于缺乏维护而衰朽倒塌之时,纳赛尔的限租令(他于1961年颁布法令,强制将房租定在1944年的水平)看起来都像是给穷人的巨大恩惠;在人们清楚地认识到,国有企业养了多少闲人,亏损了多少资金之前,它们都被视为推动埃及走向繁荣未来的引擎。

埃及并不是唯一一样做的国家。对于所有像埃及一样刚刚脱离了欧洲殖民的国家来说,纳赛尔的开罗代表了一种先锋和楷模。20世纪60年代全球一半的解放运动组织都在开罗设立了分部。通过开罗广播电台,非洲人国民大会用祖鲁语和科萨语鼓励南非被压迫的人民。在开罗大学,亚西尔·阿拉法特(Yasir Arafat)鼓动流亡的巴勒斯坦人为他们的权利而斗争。开罗也正是年轻的萨达姆·侯赛因(Saddam Hussein)在第一次暗杀(他于1962年在巴格达街头枪杀了一名伊拉克政治家)后的遁逃之地。这位未来的独裁者穿行在开罗大学的走廊里,沉浸在意识形态的思考里,专心研读着法律和各门学科。纳赛尔主义很有感染力:在他统治的末期,大多数阿拉伯人都生活在纳赛尔主义的影响下。阿拉伯国家政府使用的正是开罗的政治语言。从阿尔及尔到亚丁,说着阿拉伯的统一和亚非的团结,说着摆脱西方霸权的支配并获得自由。

然而,在短短一天之内,这座新埃及的宏伟大厦就轰然倒塌了。1967年6月8日，开罗电台宣布，以色列三天前发动的偷袭失败了。埃及军队击落了两百架敌机，胜利的埃军很快就将行进在特拉维夫的迪岑哥夫街头。可就在第二天，贾迈勒·阿卜杜勒·纳赛尔向全国发表讲话。总统声音颤抖地向人民承认，他的国家及盟友刚刚遭受了自1940年法国陷落以来最耻辱的失败。敌人不仅在一次清晨的突袭中消灭了四分之三的空军力量，夺走了整个西奈半岛和埃及最富饶的油田，还杀死了1.2万名埃及人，俘虏了6万名战士，在已经封闭的苏伊士运河坚不可摧的屏障后站稳脚跟，并占据了圣城耶路撒冷。最后纳赛尔总结到，面对彻底惨败的耻辱，他别无选择，只能辞职。①

一阵痛苦和愤怒的哀号从这座战败的城市升起。过去一周，几百万人曾日夜守候着收音机不停地抽烟，忍受着夜间停电和空袭警报的煎熬。听到纳赛尔宣布战败的这一刻，他们从屋子和办公楼里蜂拥而出，就如同自导自演一场盛大歌剧的谢幕仪式。英雄铩羽而归，但人民要给他一个有尊严的结局。人群高呼着总统的名字，甚至许多过去厌恶纳赛尔的人也一起加入进来反对总统辞职。在强烈的民众情绪鼓动下，这位"救世主"又复活了。

接下来的几年，开罗为纳赛尔的愚蠢付出了沉重的代价②。那

---

① 纳赛尔的辞职演说其实并没有完整地陈述埃及在六日战争中的全部损失。这是后来大家才慢慢明白的。
② 纳赛尔犯下了多个错误。为了反驳其他嘲笑他是懦夫的阿拉伯国家领导人，纳赛尔下令封锁以色列出海口并驱逐联合国维和部队。他错误地相信了将军们给他的保证，说他的部队已做好充分准备，以抵挡以色列的任何军事反击。他也天真地希望以色列人会相信他"无意攻击"的说辞。同时，纳赛尔还放任宣传机器以致严重误导了埃及人民对时局进展的了解。

第八章 冲突与融合

是一个黑暗的时代：领取配给食物的队伍一直排到街尾又转了好几个弯，人们竖起防爆墙挡住建筑物的入口；由于灯火管制，窗口和车前灯被涂成了暗蓝色，火车车厢里士兵军靴的步伐声隆隆作响；以色列战机发出刺耳的呼啸，掠过人们的头顶，不时向学校和工厂投下炸弹；由于怀疑潜伏在各处的间谍，风声鹤唳的开罗人将闲逛者作为破坏分子逮捕入狱；我的一位熟人就曾因在一所大学的桥边写生而被捕，理由是"那座桥明明挂了'禁止拍照'的牌子，她难道看不见吗？"为了支持军队的重建，所有的投资活动都按下了暂停键。电话线路、街道和下水道等基础设施老旧失修，而卫生纸、灯泡和许多其他的必需品则日益短缺。随着以色列的炮火摧毁了苏伊士运河沿岸的城市，五十万难民涌入早已不堪重负的首都。

所有怒不敢言、所有自革命以来被强压下去的不满，都在此刻集中爆发。据说当纳赛尔去莫斯科恳求苏联援助时，列昂尼德·勃列日涅夫告诉纳赛尔，他很抱歉，但埃及人将不得不勒紧裤腰带过日子了。"没问题，"纳赛尔回答道，"那就给我们点儿裤腰带！"这个笑话的背后满是苦涩。

早年的争论如今被赋予了时代的紧迫感："埃及如此积贫积弱，究竟是谁的过错？"将军们因在战场上的失职而受到审判和监禁，纳赛尔在部队任职期间最好的朋友，后来担任埃及国防部部长的阿卜杜勒·哈基姆·阿米尔（Abd al-Hakim Amir）在软禁中"自杀"身亡。纳赛尔的政权本身也不再是铁板一块：软弱派认为，纳赛尔的政治倾向挫伤了埃及的元气，并将其带入了在冷战中落败的苏联阵营；而强硬派认为，埃及的战败正是因为社会主义贯彻得还不够彻底，而且西方国家正是因为纳赛尔的成功才视其为眼中钉，并通过代理人以色列来灭他的威风。学生们走上街头抗议，要求促进公正、减少压迫，高呼要把枪口转向敌人、一致对外。监狱里的宗教极端主义者们攥紧铁栏杆叫嚣："谁让你们不听我们的！"

就连普通民众（也就是纳赛尔的"群众"）之间也出现了分歧。虽说确实有目不识丁的清洁工人自豪地看着孩子上了学，读了书，获得了他们过去不敢想象的大学学位和政府公职，但更多人的儿子死在了战场上，或是被投进了监狱。开罗试图用革命的形象来粉饰自己，让人们的视野被工厂、成群的学生和工人以及新区宽阔的街道所占据。然而，一个个令人失望的丑闻还是揭开了皇帝的新衣。

我的一位建筑师朋友就亲身经历过这样一件事。在这里我就称他为"伊斯坎达"吧（纳赛尔统治的遗留问题之一就是人人都噤若寒蝉）。就像所有四肢健全的人一样，伊斯坎达在六日战争后应征入伍。有一天，伊斯坎达所在部队的将军紧急召见了他，并告诉他纳赛尔总统将于下周视察一个位于沙漠的空军基地。这时候问题来了：这个基地根本就不存在。但是，将军不能让总统去视察一片空旷的沙地，所以必须弄出点什么东西，而且速度一定得快。作为一名前建筑师，伊斯坎达无疑是这个任务的不二人选。于是将军给了他几辆卡车和一批农民义务兵。在伊斯坎达的指挥下，他们草草地拼凑出活动板房，又搬来岩石摆成一条条直线，用来伪装成道路和飞机跑道，还格外用心地把它涂成了阿拉伯联合共和国的红、黑、绿三色。不过这些都算不上伊斯坎达最厉害的地方。他趁着夜色用卡车把手下的人送到开罗，让他们把路边的几十棵树连根拔起，运

第八章 冲突与融合

回到沙漠，然后直接插进沙子里。当然，没过几天这些树木就都枯萎了。不过最终纳赛尔并没有视察这个基地，而伊斯坎达出色的"园艺才能"自然也没能得到总统的赞赏。

✹

这场革命并非只是一出滑稽的闹剧。埃及出现的许多变化、许多收获都是真实的。纳赛尔向普通民众开放了贵族和"国际化精英"所认识的开罗，这与七个世纪前的萨拉丁将法蒂玛王朝的都城介绍给普通民众十分相似。将开罗的新旧两区隔开的街道（过去叫沙里·易卜拉欣·巴夏街，后更名为沙里·古姆胡里亚街，又于1952年革命后更名为共和国街）也不再代表着两种截然相反的价值观念的分野（有人嘲讽说，现在开罗新旧两区的腐烂速度总算统一了）。庞大的中央集权官僚机构的建立提升了开罗在埃及的地位。另外，这场革命也造就了一个由政府工作人员和管理人员组成的占统治地位的新兴小资产者阶层。也正是在这场革命中，更多的埃及人接触到了社会正义的理想，确信可以不完全投靠西方阵营也能进入现代化。它也赋予了开罗一个光辉灿烂的自我形象——一个冉冉升起的阿拉伯世界无可争议的首都，一盏照亮刚刚获得独立的广大亚非国家的明灯。

纳赛尔从未像激进的穆斯林改革者那样走得那么远，比如像土耳其嗜酒如命的独裁者凯末尔·阿塔图尔克（Kemal Atatürk）那样废除阿拉伯文字，或是像突尼斯世俗化的总统哈比卜·布尔吉巴

（Habib Bourguiba）那样取缔一夫多妻制。事实上，对一些传统主义者来说，具有讽刺意味的是，这场革命似乎恰恰助推了它要声讨的殖民主义目标。

一场启蒙运动（虽然缺少了"民主"）蓄势待发，准备推动各种酝酿已久的社会变革。从大都市来的工程师、医生和教师将以全新的方式为农村地区带来教育。政府补贴和行业协会让许多艺术家、作家和电影制作人感到了自己的重要价值，并力图将他们引导社会思潮的能力用于实现革命的目标。在首都以外的地区，大规模的土地改革有史以来第一次让普通农夫获得了耕地。而在城市中，越来越多的夫妻因为相爱而非家族联姻走进婚姻，热恋中的情侣们会手牵着手沿着尼罗河的堤岸漫步。到了1968年，到访开罗的游客会发现，这座城市的女牙医和女内科医生比大多数西方城市都多，并且几乎没有人佩戴面纱。另外，革命前埃及离婚率由于埃及女性地位极低而居高不下，革命后离婚率则从三分之一骤降至不到十分之一。埃及女性还获得了投票权，不过她们只能在全民公投中行使，而纳赛尔在每次公投中都会以惊人的票数获胜（正因为这一点，才有了一个故事：纳赛尔从秘密警察那里探听到了城里流传的各种笑话，恼怒的他让秘密警察抓来了其中一个损他特别狠的人。"你怎么能这么说我呢？"总统怒道，"所有人都喜欢我。这是一个不争的事实——99%的人都投票给了我。"听到这话，此人连忙摆手自证清白："这个笑话可不是我编的。"）。

但也许这场革命最持久的影响却是它事先未曾料到的。埃及人一直被认为是最依恋故土的民族，而现在他们开始集体移民，用脚投票。虽说大部分都是劳工外流（工人们纷纷涌向一夜暴富的阿拉伯石油国家挣钱），但也有数千名受到良好教育的开罗人离开祖国，继这座城市失去犹太人、希腊人以及意大利人之后，人才流失进一步加剧。

1996年的《华尔街日报》报道称，当时美国所有移民群体中，埃及裔美国人的受教育程度最高：60%的人拥有大学学位，其中四分之一的人拥有硕士学位。如此巨大的人才流失给开罗带来毁灭性的影响：随着光顾艺术场所、公共花园和精美建筑的人群消失，审美水平急剧下降；随着私营机构被闲置一旁或收归官僚，公民社会不断缩小；随着庸才和党内亲信占据技术岗位，从建筑到法律的各行业成果质量均有下降。

✧

纳赛尔于1970年9月突然去世——因太过突然，以至于总统被毒杀的谣言四起。两百万人一路跟随着英雄的灵柩穿过开罗的市中心。就像马穆鲁克时代的苏丹一样，总统的遗体被安放在一个巨大的清真寺里。这座清真寺采用钢筋混凝土加固建成，还有大型的落地窗和石膏浮雕装饰。

与此同时，深得纳赛尔信任的伙伴安瓦尔·萨达特走上了政治舞台。萨达特无疑是一位他所处时代的出色代表，是法鲁克国王留下的这座国际化大都市的继承者。他于1919年（埃及人民反英大起义）出生在尼罗河三角洲一个不起眼的村落并在开罗长大，他的父亲在政府里担任一个不起眼的职位。1938年（法鲁克国王加冕），萨达特进入赫里奥波里斯军事学院。由于家境贫寒，他几乎买不起军校的制服。当时，这所顶尖的军事学院刚刚向寒门学子打开大门，而像纳赛尔和萨达特这样的穷学生也从未忘记他们后来受到的屈辱——家里关系硬的毕业生拿到了开罗的肥差，而这两位未来的总统都被派往上埃及最偏远的一个卫戍部队。

作为一名年轻而理想幻灭的军官，萨达特在动荡不安的1940年代尝试了各种各样的政治倾向。有一段时间，他也曾穿上受法西斯主义影响的"青年埃及党"的绿色衬衫，并在二战期间投身于亲轴心国、反英国的地下活动。然而最重要的是，萨达特似乎在竭力摆脱自己的过去。在1948年对以色列作战惨败后，他脱下了戎装。后来他又因此前策划的暗杀行动被捕入狱。服刑期满后，他放弃了政治，进入了运输行业。值得注意的是，他与他出身低微的第一任妻子离婚了，娶了一位肤色苍白、有一半马耳他血统的中产阶级女性。

随着革命的到来，萨达特发现自己迅速登上了权力的顶峰。他和他过去的军官朋友们掌握了主导权，可以按照自己的想法改造埃及。但是，在纳赛尔领导的这18年里，萨达特极为明智：他并未登上台前，而是始终待在幕后。他成为军政府的宣传机器，炮制出各种宣传口号和标语。他扮演记者的角色——穿着革命标志性的短袖狩猎装，他成了席卷埃及的国有化和大动员浪潮的弄潮儿。正是这场浪潮为成千上万和他一样的人赋予了力量，并给了他们现代的身份。

第八章　冲突与融合

1970年纳赛尔去世后，萨达特一直在寻找自身的定位（顺便提一句，这也成了他自传的标题），后来又有了新的转折。现在，作为总统，萨达特终于显露了他对革命进程长期抱有的疑虑。他遣走了苏联顾问，将埃及的大门向资本主义的世界打开。他抛弃了纳赛尔的阿拉伯民族主义，极力宣扬埃及的特殊性。他背叛了他的阿拉伯盟友，与以色列单独媾和。他的衣橱更是热闹非凡：他可以前一天穿着海军上将笔挺的白色制服，手里挥舞着司令棒，第二天穿上巴黎定制的西装，手里举着一根石南根烟斗。当开罗那些见过世面的人嘲笑这种滑稽的行为时，萨达特立刻将矛头对准了他们。他呼吁他的"孩子们"回归伊斯兰，并派警察抓捕左翼异见人士。除此之外，他还重新发掘了被遗忘已久的故乡，并称它是纯洁的象征，是埃及精神的所在。令当地村民困惑的是，在这个大家都巴不得跑去开罗谋生的尼罗河三角洲村落里，萨达特却穿着农民的衣衫坐在高堂之上，用手指拨弄着念珠，与来访的外国达官显贵们一起思考世界局势。

萨达特非常想成为一个为人民服务的人，但到底要为哪些人服务呢？他衣饰的多变实际上反映了开罗自身的某种混乱。这座城市在各种阶级、世代和信仰之间四分五裂。在这个变化速度远超人类理解能力的城市，出现这种不安感和挥之不去的缺失感实属正常。开罗的发展速度之快本身就足以让任何形式的"稳定"成为某种奢望，再加上政治的动荡、不绝于耳的战鼓以及西方和东方、城市和农村等各种符号之间的冲突，所有这些因素加起来，就不难理解开罗人为何会对宣传和制度怀有深深的不信任，为何对理想世界如此渴望，又为何会转向幽默与宗教寻求寄托。

✦

　　1973年10月，萨达特带领他的人民进入了另一场对抗以色列的战争。对埃及人来说，这既是一场收复失地之战，也是一场荣誉与尊严之战。这次埃及在这两个方面都表现得很好。埃及军队在苏伊士运河击退了武器先进得多的以色列人，后者不得不依靠美国的迅速支援进行反击。最终，这场"十月战争"陷入了僵局，但埃及赢回了自己的骄傲。在后期的谈判中，它也收复了之前失去的所有领土。

　　和平让埃及如释重负，萨达特开始了系统性的减压。他释放了政治犯，承诺举行选举，并欢迎外国的援助、投资和旅游。随着士兵们纷纷复员，一场激烈的社会变革席卷了首都开罗。纳赛尔时期人们私藏的钱财此刻终于自由流动，私人建筑蓬勃兴建，沿着滨海道路新建的连锁酒店很快就把邻近的纳赛尔时期建筑给比下去了。数不清的旧别墅被拆除并被公寓取而代之。我认识的一名前巴夏说，纳赛尔巧取豪夺了这么多地产是件好事，因为至少他改造成学校和警察局的豪宅没有落入投机者的手中。外出务工的埃及人把彩电、里亚尔[①]和第纳尔往家里寄，这些钱最后变成了绵延好几英亩、缺乏规划的劣质房屋。城市的边缘布满了天线和铁丝网的栅

[①] 货币单位，中世纪时期相当于二十分之一第纳尔，现在相当于二十个皮阿斯特。

第八章 冲突与融合

栏。在没装电力和管道系统的砖房四周，郁郁葱葱的田野在激烈的耕地争夺中被划分成了狭窄的细条。

金钱的力量撼动了纳赛尔官僚和权力的金字塔。通货膨胀让领固定工资的工人吃了亏，却让商人的财富不断上涨。进口商和承包商就像印钞机一样疯狂赚钱，而开罗摆脱了战时的隔绝状态，沉迷于炫耀性的消费。西服、领带和西裤的装扮显得很荒谬。鞋跟越来越高，豪华公寓楼也越修越高，令人目眩。精品店门口挂着霓虹闪烁的外国店名。浓妆艳抹的女郎簇拥着富有的阿拉伯游客，从"品牌游击"店中走出，又快步走进"巴黎风情"、"红椒"和"八点后"等夜总会。闪亮的雪佛兰汽车悄悄开出了车行展厅，溜进了混乱的街道。开罗街道上的人群又开始摩肩接踵，工人以最快的速度搭建起混凝土天桥，根本无暇顾及外表是否美观。与此同时，成群结队的农民麻木地蹲在旅行社门外，兜售去利比亚、伊拉克和波斯湾的折价机票。

这座城市的人们再度纵情于声色。随着乌姆·库勒苏姆和她那一代民谣歌手渐渐淡出人的视野，扩音机里传来一种全新而怪异的流行曲。广告将革命歌曲改编成了香体膏和发胶的顺口溜，电视机把最后一批说书人赶出了咖啡馆，林立的广告牌遮掩住了贫民窟。在剧场和电影里，嬉笑玩闹和浪漫轻佻又回来了。在纳赛尔的高压政策下被遗忘的城市夜生活也再次复苏。大麻店生意兴隆，开到了尼罗河的船上、墓地，甚至俯瞰杰济拉体育俱乐部的沙龙。据说总统本人也喜欢来上一口，还有传言说他的兄弟就是个大毒枭。

1980年的开罗有八百万人口，混乱程度似乎更甚于以往的任何时代。公共服务跟不上市民需求，污水从下水井盖漫溢，把卡萨巴老城区变成了一个浅水版的威尼斯；我就曾亲眼见到游客们乘坐着驴车改造的"贡多拉"经过哈拉温苏丹陵墓外的烂泥巴路。不堪重负的公共汽车陷入泥泞，自来水也常因水压不足而中断。投机取巧的电工从家用高压线里挣了大钱。但是，最离谱的还是电话：1975年，在等待拨号音的同时你可以把一张报纸从头条读到讣告。而当那声拨号音终于响起，怎么做才能确保拨号成功呢？各种理论层出不穷。其中最流行的做法就是按着最后一个数字不放，同时嘴里念着"以真主的名义"。

而就在这时，邻居家的门铃响了。"恭喜您，"喜气洋洋的工作人员在她家门口说，"您的电话接通了！"邻居一脸疑惑："什么电话？"这位工作人员解释说，是二十年前她出生时她父母申请的电话线路。

我回忆起这个时期的另一个场景。当时，人口带来的压力似乎推动着这座城市不断往高处发展，因此军队建造了一座绕解放广场一周的人行天桥。在这座金属建筑的中央，信息部竖起了一张巨大的海报，海报上是一个身着海军上将制服、现代法老形象的萨达特。一天早上，我随着人群走在这座天桥上，发现一个瘦骨嶙峋的农民对着英雄的形象大喊："总统呀！"他的喊声里混进了车流的咆哮。他不停地跺着脚，向上举起双臂："哦，战争与和平的英雄！我的水牛死了！我的孩子在挨饿！"围观者耸耸肩，咧嘴一笑。一名警察走过来，挽住伤心欲绝的农夫的手。

也正是在这些年，政府发现自己根本无法兑现教育、医疗、住

第八章 冲突与融合

房、食物和就业方面的种种承诺。萨达特一心扑在他的外交政策上，不愿意承认纳赛尔许诺的社会契约已然无法实现的事实。相比直面开罗的现实，向海湾国家输出无业劳工并勾画新城市的蓝图要容易得多；相比取缔对政党和警方的管控，宣扬民主并操纵选举结果要容易得多；相比升级或解散庞大的国有经济，鼓吹开放的经济政策也要容易得多。毕竟，国企生产的绣花针早已生锈，造出来的火箭也根本上不了天。

由于政府并未推出任何政策，公共服务行业便开始自发私有化。学校工作时间实行两班倒甚至三班倒，每个班级平均有80名学生，而教师们通过兼职辅导来补贴微薄的工资。国营医院里不提供床单和注射器，更不用说各种药品，这些东西都得病人自己掏钱买。与此同时，肆无忌惮的私立医院开始从穷人那里买来肾脏再卖给富人。由于每辆公交车都人满为患，私人运营的小巴开起来了，专门接那些挤不上大巴的客人。各类腐败泛滥成灾。纳赛尔许诺给每个大学毕业生一份政府公职，结果导致了一场灾难。公职人员每月来办公室一次，领取自己微薄的薪水。无计可施的领导宁可他们不来上班，因为办公室里的椅子根本不够坐。解放广场上巨大的穆加马政府办公大楼里，可以看到秘书们孜孜不倦地削土豆、补袜子、给孩子织毛衣。一项调查显示，一名政府工作人员每天共投入七分钟用于实际工作。另一项民意调查发现，考虑到国内就业局势和工资水平，85%的大学生打算一毕业就移民国外。

不断增长的人口使埃及陷入休克。仅开罗每年新增的人口就达25万，政府在食品补贴上的花费也逐年增长。研究表明，相比其他国家的人民，埃及人不仅消耗的小麦量更多（每人200公斤/年），而且面包的价格也极其便宜，以至于农民用面包来养鸡（他们也给鸡喂美国免费提供的避孕药，直到有谣言说这种让鸡越长越肥的神奇激素会让男人患上阳痿）。

1977年1月，萨达特把面包的价格提高了一倍，一条长面包的价格从一个皮阿斯特①涨到了两个皮阿斯特。开罗顿时民怨沸腾。整整三天，愤怒的市民在城中奔跑，损毁车窗，打砸商店，所到之处满目疮痍，破坏程度令他们自己也震惊。但是最令人震惊的还是萨达特总统本人。就如他之前的埃及国王一样，他失去了和人民的联系。他忘记了他的国民是如何在赤贫线上挣扎。

军队用宵禁、催泪瓦斯和霰弹平息了骚乱，造成数十人死亡。总统宣布放弃涨价计划，但他再也没能恢复过去的那种镇定和沉稳。现在，萨达特的讲话变成了一位失望的父亲马拉松式的长篇大论，他的孩子怎么能如此肆意妄为？从理查德·尼克松送给萨达特的直升机的窗口望下去，除了稍有扬尘，开罗看上去井然有序、欣欣向荣，一条闪闪发光的高架公路穿过城市的中心（高架公路的修建也荡平了英国统治的最后一座纪念碑——埃及博物馆背后的诸圣堂）。越过金字塔再向外望，在沙漠与地平线的交界处，路灯桩勾勒出一个未来卫星城的大致形状。在那里，跨国公司将建起工厂，逃离拥挤首都的工人们会在那里愉快地劳作。不论是高架公路还是卫星城，都被萨达特以1973年10月6日命名。正是在始于这一天

---

① 货币单位，一埃及镑的百分之一。在1945年相当于五美分，1995年相当于三分之一美分。

第八章 冲突与融合

的十月战争中，萨达特的军队攻破了以色列人在苏伊士运河上的堡垒。这些道路、这些城市，都是萨达特献给"十月一代"的礼物。在萨达特的构想中，他将带领这些骄傲的新埃及人共同走进一个和平的时代。

沙里阿尔·加拉街是一条繁忙的街道，它在名为"10 月 6 日"的大桥下蒸腾着热气。阿拉伯世界发行量最大的两份日报——略为保守的《金字塔报》和更显活泼的《消息报》（*Al-Akhbar*）——总部都设在这里，位于从开罗车站到解放广场的公共汽车路线的中间位置。林立的高楼令人联想到美国电影里超人克拉克·亨特供职的《星球日报》，它们为加拉街的喧嚣平添了一份清冷。开罗最顶尖的文字编辑们可以透过隔音的窗户看到高速公路和市中心。不过，这些建筑物另一侧的百叶窗却几乎全是关着的，这是因为它们都面向一片又大又难看的空地，除了废弃闲置的汽车和不时刮过的风以外，这里空空如也。更远处则是大片的廉价公寓、铁路调车场和布满血汗工厂的舒布拉区，也就是开罗的"布鲁克林"或"伦敦东区"。

在萨达特时代，铁皮和泥砖搭建的棚屋曾挤满这片空地。在这块足有四个足球场大的空地上，住着约 2.4 万名擅自占地者——人口密度达到了纽约市的四十倍。在萨达特的命令下，整个社区被夷为平地。居民被转移到舒布拉火车站以外更偏远、目光更无法触及的地方，又被一举迁入了形如"水泥火柴盒"的新建项目住宅里。

旧的贫民窟虽然拥挤，但已经形成了自己稳定的生存机制。在新的住宅区里，居民们没有足够的水、电、交通设施，学校也没有更多空间接纳新来的孩子。事实上，在这些简陋的火柴盒房子里，所有内部空间都极为狭小。而更糟糕的是，过去那种小街巷里的人情味儿也永远地消失了。

1981年夏，激进的穆斯林青年袭击了一个在这个住宅项目附近出现的未获许可而建的科普特教堂。骚乱一触即发。这是一个不祥的征兆，因为这是自中世纪以来开罗第一次出现严重的族群间冲突。中央安全部队通过强力镇压，为这片地区带来了表面的平静。这支部队正是萨达特为平息面包涨价引起的暴动而成立的，他们身着黑衣，接受过空手道的训练。为了制造出公正的表象，总统也下令将科普特基督教牧师放逐到一个沙漠修道院。

三个月后，萨达特在庆祝十月战争八周年的阅兵典礼上被士兵开枪打死。据证实，这起暗杀中好几名策划者曾因萨达特的城市重建计划而家破人亡，另外几人则是受到激进组织的煽动，成了极端分子。

第九章
信仰永存

第九章 信仰永存

> 世界上最先进的国家已经在不断的实践中使其体制逐步完善。通过不断改进,这些体制愈加接近我们的。
>
> ——谢赫·穆罕默德·米特瓦里·沙拉维(Sheikh Muhammad Mitwalli Shaarawi),载于《民意报》(*Al-Raai al-Aam newspaper*),1994年7月1日

> 现世任何事务均须依照来世之利益评判。
>
> ——伊本·哈勒敦,《史纲》,1380年

这声音开始时很近。先是扬声器传来的杂音和一两声谨慎的咳嗽,紧接着,从沉睡的城市某个角落里传来一声咳嗽作为回应。宣礼师闭上眼睛,用手捂住一只耳朵。随着他口中的音节和单词变得

清晰有力，第一声唤拜突然响起。此时，从最远的地方有声音加入进来，中间又有声音加入进来，接二连三，越来越多的声音加入了进来，形成一个大合唱。无数唤拜声在空中盘旋，由东向西，清晰地传达至河谷的两端。真主不需要谛听一切的双耳就能听到。1.5万座清真寺的扬声器齐鸣，声波汇聚成一团厚重的雷雨云，悬停在城市的上空。整整一分钟过后，它才渐渐散去，化为零星响起的晨鸟鸣叫。

然而，在这个灯光彻夜不熄、电视24小时不间断播放的时代，许多开罗人都睡得太晚，没办法响应宣礼师的号召在黎明起床祷告。不过，所有没能加入晨祷的人都会在一天中剩下的四次祷告里以某种方式来弥补他们的过错，比如多做一次跪拜，给乞丐一些施舍，或是做其他小事来表现自己的虔诚。

希腊历史学家希罗多德曾说，埃及人"对信仰的虔诚超越了世界上的任何国家"。古埃及的孟斐斯城的的确确就是众神之父普塔的神庙，而不是某种古罗马式的、举办公开讨论的广场或元老院。古埃及不仅没有实施任何的政教分离，甚至法老本身就是人与神之间的联结纽带。

自从希罗多德访问孟斐斯城后，埃及人的信仰可能发生了变化，但宗教仍然渗透在开罗生活的方方面面，其他几个埃及主要城市的情况也是如此。每年在斋月结束时举办的大规模活动中，都会有十万多人聚集在公共广场祷告。像大多数埃及人一样，他们在整个斋月的白天严格禁食。普遍的虔诚使得这座城市的节奏几乎完全颠倒过来。商店和企业一直开放到凌晨，而白日里的工作却几乎处

第九章 信仰永存

于停滞状态。黄昏时分,整座山谷的上空笼罩着一片期盼的寂静,直到萨拉丁城堡传来一声炮响,宣告白天结束,盛宴开始。

每周五的中午,清真寺旁的街道都会被堵得水泄不通。大多数穆斯林男子都会忍受相当大的不适,盘腿坐在散落在清真寺外的垫子上,聆听每周一次集体祈祷后冗长的讲经。开罗广播电台全年无休地播放《高贵的古兰之声》(*Noble Koran*),把真主的话语传达给削着土豆的家庭主妇和装运货物的卡车司机。这也让开罗广播电台成为埃及最受欢迎的电台,而像谢赫·穆罕默德·米特瓦里·沙拉维这样的电视讲经节目的主讲人写的书也比大多数文学作品卖得要好。

如果你询问任何一位开罗人的健康状况,他一定会回答:"真主保佑!"如果你问开罗人66路公交车是否在爱资哈尔学院站停靠,则很有可能得到这样的回答:"如果这是真主的意愿。"而开罗人这么做只是为了遵循《古兰经》的训诫。

同样,如何保持清洁、穿什么衣服、是否与配偶离婚等日常问题也都可以在《古兰经》里找到答案,甚至很多无意识的习惯也往往能从伊斯兰的逊奈(追随者记载的先知创教过程中的种种模范行为)中找到源头。比如,开罗城里可以看到很多讨人喜欢的流浪猫,很大一部分原因是大家都出于对先知的尊重而给它们喂食。据说先知曾把自己的斗篷割下一块,以免打扰在他腿上睡觉的猫。相比之下,人们不屑于养狗作为宠物。

埃及民众普遍都十分虔诚。除了穆斯林以外,开罗数百万科普特基督徒也都是狂热的信徒。许多科普特人为了进一步彰显自己的信仰，会在手腕处刺上十字架，尽管他们基督教徒的身份从身份证上的标注和取自《圣经》的名字就已经够明显的了。除了修道士和苦行僧以外，还有许多虔诚的普通信众也会执行累计长达半年的斋戒——他们在整个四旬斋期间都会避免食用动物制成的食品，并且在每个周三、周五、圣诞节前的43天，以及耶稣升天节前的15天都会如此。圣徒画像以及科普特教会第117任科普特教皇谢努达三世的圣像在基督教家庭中随处可见。开罗城中五百座基督教堂的礼拜仪式也总是人满为患，即使是能容纳一万信众的圣西蒙教堂也是如此。这座教堂呈半圆形剧场状，外观犹如一个巨大的岩洞。它于20世纪90年代在穆卡坦山丘拔地而起。每周四晚上，都会有大批信众从开罗城的另一头乘坐公交车来到这里，在音响合成器和电吉他的伴奏下唱赞美诗，同时灯光秀会把钉在十字架上的救世主形象投到大屏幕上。

这两种信仰的组织机构都竭力维护自己的地位。几乎每个科普特教堂都会开设《圣经》课程。爱资哈尔清真寺运营着一个与官方并行的完整的教育体系，囊括了全国数百所中小学。而它旗下的爱资哈尔大学也已经远远超出了10世纪时以寺院本身为核心的范围，从其学术根基神学、语法学、修辞学等领域扩展到了科学和医学等现代学科。作为埃及最大的大学，它共有16万名学生，其中包括1.2万名海外留学生。埃及的公立学校将宗教课程列为必修课。开罗三千所私人慈善机构中有三分之一都是宗教性质的。埃及奖金最丰厚的文艺奖项并没有颁给任何小说作品，而是授予《古兰经》记忆背诵大赛的获胜者。这个一年一度的竞赛由国家宗教事务部亲自

第九章 信仰永存

主办。

在过去的两个世纪里，虽然外国法律和处事方式也渗入了埃及社会，但传统宗教信仰仍然是大多数开罗人看待世界的窗口。即使是纳赛尔总统也从未挑战信仰的原则（只要信仰没有干涉到军政府的政治控制）。虽然开罗的世俗化大学确实在20世纪50—70年代培养了大量左倾的知识分子，但他们在思想上的影响从未突破自己的小圈子。后来，这股温和的世俗化趋势也跟随纳赛尔主导的其他运动失去了社会信誉。自20世纪70年代末起，随着大学生泛滥成灾，大学变成了学位工厂而非学习研究的场所，温和世俗派的思想影响力就更弱了。

因此宗教话语仍然占据主导地位，极少会有人质疑经文的教义。进化论之类的知识通常被认为是无稽之谈：人类的始祖就是亚当和夏娃，这点不容辩驳。开罗人能极为敏锐地觉察到任何偏离正统的宗教活动，而即便是聪明老成的开罗人遇到麻烦也会去求助于神职人员。人们对种种奇迹和异象的迷信更是根深蒂固。

伊斯兰是一种崇尚法则的信仰。在伊斯兰教里，真主的使者可能不会像基督教的弥赛亚那样被神化；但是穆罕默德既是法律的制定者也是导师。《古兰经》作为先知的启示，同时也被认为是对真主训示原原本本的阿拉伯语记录，这为它赋予了更大的效力，也使得《古兰经》的口吻变成了命令式而非寓言式。因此每当清真寺的讲经人引用《古兰经》里的文字时，都必须以这句话开头："真主，愿尊贵与荣耀全归于他，曾经说过……"

穆斯林将伊斯兰教出现之前的时期称为"无知时代"，因为那时的人们对真主的训示一无所知。但是自从穆罕默德在一千四百年前带来神启之后，这种无知就不应该也不再有任何借口。服从真主的训示既是一种责任，也是避免来世受到惩罚的必要手段。鉴于真主的训示是如此的周详，它在这座最虔诚的穆斯林城市的各行各业打下种种烙印也就不足为奇了。

中世纪的开罗不像埃及其他所有主要的穆斯林城镇那样有一座大型的清真寺，而造成这一点的唯一原因就是开罗城的规模太大，没有任何一座清真寺能容纳得下全城的信众。相反，开罗的每个社区都有自己的礼拜场所。这些清真寺的内部安静、凉爽、清洁。它们有着精确的空间安排和美妙的几何图形，与外部街道的随意和无序形成鲜明的对比，进一步拔高了宗教的形象。这些清真寺本身向人们展示了一种完美的境界，一个依靠正确的引导、服从和共同努力就必将臻至的完美境界。在这里，虔诚的仪式、公式化的语言以及"掌管这片土地的律法直接自真主口中而来"的认知，让清真寺外的民众获得了某种安慰：不论现世有多么不如意，到了来世，一切都会好。

伊斯兰教认为，律法只有唯一的、神圣的来源。这使得它内在具有一种反对变革的倾向（这就是为什么官方经常使用"回归对真主意志更纯粹真实的解释"这种措辞，而不直接说"变革"）。但是伊斯兰教已经逐渐适应了时代的变化。例如，当烟草于三百年前传

第九章 信仰永存

到开罗时,曾经受到神职人员的抵制,不过很快吸烟就在大众中流传开来,根本无法禁止。埃及司法部门的首席宗教顾问大穆夫提就曾在1997年再次裁定吸烟有罪,但裁决理由是"穆斯林不应在明知吸烟有害的情况下伤害自己的身体"。在16世纪,开罗的最高宗教委员会"乌理玛①委员会"也曾将咖啡列为违禁品。然而,苏菲派信徒却十分推崇咖啡;商人也发现了咖啡交易带来的丰厚利润,埃及随后成为国际咖啡贸易的重要中转站。在这种情况下,虔诚的反对派也只得听之任之。同样,虽然许多神职人员在19世纪70年代抵制废除奴隶制,并拒绝在未获得前主人书面许可的情况下为取得自由的奴隶证婚。但到了20世纪初期,除了最显赫的几个家族仍将年迈的非洲内侍作为身份的象征外,奴隶制基本在埃及销声匿迹了。

近年来,开罗人在避孕措施、女性割礼和银行利益的正当性等一系列问题上出现了分歧。几乎在每一件事情上,实际的考虑都战胜了僵化的传统。由于意识到人口无节制增长的潜在危险,爱资哈尔清真寺在20世纪40年代批准了生育控制措施。90年代,大穆夫提再次给出了固定利率不能等同于高利贷的裁决,从而驳斥了声称现代银行制度违反了伊斯兰教义的保守派。

因为真主的命令被认为是不容置疑的,那些宣称能够解释真主话语的人便掌握了极大的权力。政府一直都在试图控制这种权力,异见者也一直都在对政府的主张提出异议。但不论采用何种威逼利

---

① 指研究伊斯兰宗教、法律和传统的学者。

诱的手段，世俗的当权者总能设法让宗教领袖服从他们的安排。

与彼时的政府一样，中世纪的埃及苏丹们也主要是通过掌握各种肥缺职位的任命权来达到自己的目的，比如法官的职位和重大捐赠基金的奖学金发放权。不过，有时候统治者也会采取更加巧妙的手段。1469年，埃及曾爆发一场关于苏菲派诗人奥马尔·伊本·法里德（Omar ibn al-Farid，1181—1235年）是否可以被尊为"圣人"的争论。大多数神职人员认为不能。伊本·哈勒敦本人就发布了一个法特瓦（伊斯兰法律的裁决令），谴责其诗作是"一元论"的，并号召大家毁掉它。然而，伊本·法里德丰厚的宗教基金的管理人碰巧是苏丹卡特巴（al-Ashraf Qaytbay）的朋友。为了解决这个问题，苏丹写信给一位受人尊敬的伊斯兰教长，请他来发表意见。苏丹表现出极为谦卑的姿态，恳请这位教长也发布一个裁决令。可是在他给教长的信中，他的措辞却清楚地揭示了他想要的结果："对于那些声称我们的主、教长、神圣知识的揭示者伊本·法里德（愿真主保佑他）是异教徒的人，你有什么看法？"苏丹含沙射影的威胁奏效了。两百年后，土耳其旅行家埃夫利亚·塞莱比（Evliya Selebi）途经穆卡坦山脚时，就目睹了参与者达二十万人的伊本·法里德诞辰纪念仪式①。

甚至连拿破仑（自伊斯兰教神启后第一位统治埃及的非穆斯林）也曾试图与开罗的神职人员结盟。"你们好，乌理玛、沙里夫、伊玛目，"他有一封公告是这样写的，"请告诉你们的人民，谁反对

---

① 伊本·法里德的诞辰纪念活动在20世纪60年代销声匿迹，但在80年代又逐渐兴起。

第九章 信仰永存

我,谁就是错的,他绝不可能找到任何庇护。他也不可能从真主手中逃走,因为他违背了真主所定的命运,愿所有尊贵和荣耀归于真主。明智的人都会知道,我们所行的就是真主的意志……"

拿破仑的策略失败了。正是爱资哈尔清真寺的神职人员领导了反对他的暴动,不过他的直觉却是很准的。纵观开罗的历史,宗教一直都是统治者和被统治者之间的沟通渠道,是支持者和反对者共同采用的思想框架。萨拉丁城堡里那些手执长剑的统治者们明白,丢掉城堡下那群笔杆子的支持,无异于煽动暴民起来反对自己的统治。

到20世纪80年代末,开罗已经急速膨胀成了一个特大城市。城中四处弥漫着工业烟雾,摩天大楼修到了狮身人面像的脚爪旁。公共服务承受了巨大的压力。市政水压降得极低,所有建筑物都必须安装单独的水泵。有一百个彼此独立的社区完全没有配备下水系统。一百万辆汽车堵塞了开罗的街道。权威人士预言一场危机即将到来,民众的愤怒即将爆发。

但是,彼时的埃及总统是一个明智的人。当前任总统于1981年10月6日遭到暗杀时,胡斯尼·穆巴拉克(Hosni Mubarak)也站在同一个阅兵台上,但他侥幸躲过了杀手的子弹。这位新总统更像是一位冷面示人的企业经理,不是一个说得天花乱坠的梦想家。他很少做出虚假的承诺,也不谈论什么宏大的项目,而是集中精力改造开罗糟糕的基础设施。新建的管道和公路立刻让自来水和车流通畅了许多，重新布线的电话线路也使通话效率直线上升。植树造林运动扭转了开罗二十年来的城市沙漠化趋势，甚至曾引发民众暴动的面包补贴问题也得到了解决：政府用了一招早就玩旧了的把戏——把面包缩小了。大量的外国援助（作为埃及对地区和平贡献的奖赏）使市区主干道焕然一新。法国修建了一条地铁线路，日本捐赠了一座宏大的新歌剧院，以取代伊斯梅尔修建的老歌剧院①，中国援建了一个世界级的会议中心。在 20 世纪 80 年代初，只有不到一半的开罗住户通了自来水，而到 80 年代末，有四分之三的开罗住户有了自来水，国家电网的入户率也从 33％上升到了 84％。

发现自己家里的条件变好了（或者至少步入了面向中产阶级的改造进程当中），大批的开罗移民又回来了。一种新的国际主义在开罗发展起来。全球连锁店、高科技迪斯科舞厅、主题餐厅和购物中心出现了，以迎合越来越多的游客和埃及新兴阶层的口味，他们习惯了（也支付得起）包装华丽的商品和从开罗庄重的氛围中稍加解脱的渠道。电视里播放着好莱坞的影视剧、空调和空气清新剂的广告，展示着红海和地中海沿岸的公寓式旅馆新鲜的空气。

但除中产阶级以外，埃及人的生活条件远没有这么好。在尚未分区的城市边缘地带，民众的不满情绪泛滥。随着纳赛尔式的再分配计划缩水，半数年轻人都面临着严峻的未来。政府曾承诺为所有

---

① 伊斯梅尔为苏伊士运河开通庆典而建造的老歌剧院在 1970 年被烧毁，就在烧毁前不久还拟定了盘点计划。后来在其原址上建起一座多层停车库，反映了 20 世纪 80 年代这座城市最迫切的需求。

第九章 信仰永存

大学毕业生提供工作,但到了20世纪80年代中期,臃肿的官僚机构已经达到了饱和。政府也曾承诺给大家提供住房,但质量低劣、选址不便的项目跟不上国民的需求。不论沙漠新城的宣传多么火热,也很少有穷人能逃离开罗拥挤不堪、持续蔓延的贫民窟。

另外,由于埃及的传统不允许婚前性行为,而结婚又需要置办嫁妆、购买房子和家具等,因此性也被很多人拒之门外。据一位社会学家估计,80年代中期,工人阶级结婚的成本高达2.5万埃及镑——这是一名普通工人十年才能攒下的钱。考虑到这一点,1986年的人口普查中显示的超过四分之一处于适婚年龄的开罗人仍然单身也就说得通了。对于一个根深蒂固的传统社会而言,这个数字不仅高得可怕,而且也说明社会上存在普遍的性挫折。并且有证据表明,这个比例还在不断攀升。

这一代埃及人觉得自己没什么可害怕失去的。然而,面对这样一个不公和混乱的世界,他们的反应不是打破传统,反倒是把传统攥得更紧了。他们收看的不是电视里播放的广告,而是黄金档斥责物质主义是西方痼疾的训诫。这一代人的榜样也不再是学者或政治家,而是他们身边的那些普通人——那些在海湾国家打工挣了钱,然后开着豪华汽车、戴着高档腕表,带头戴面纱的妻子回家的人。在开罗机场,你可以感受到这些人的到来对开罗的道德影响,那些出去迎接从吉达和利雅得搭乘飞机来的人们感到的尊重,以及他们对移民没有放弃传统观念而在现代社会取得了成功表现出的钦佩。不仅如此,这些成功人士还从沙特阿拉伯带回了极端保守主义的价值观——毕竟沙特阿拉伯拥有全球最丰富的石油储量,这是得到上帝眷顾的显著证据。

这一代人觉得自己被过去那些口号给欺骗了：尖锐的民族主义，以及空洞的民主，等等。为了寻找希望的源泉，理想幻灭、留守开罗的青年一代发现了一条简洁的讯息，这条讯息现在已经遍布了开罗的各个角落："信仰才是解决之道。"

✵

沙姆斯区邻近埃及仅存的古老方尖碑，十年前，它是开罗刚出现的新城区之一。这里的街道杂乱无章，而且大多远离为数不多的公路。居民主要是农村来的人以及新婚的夫妇，他们负担不起离市中心更近的住所，只好忍受一小时的通勤住在这里。不过，与开罗普遍的贫困相比，沙姆斯区的条件算好的了。不论是电话线路、诊所和律所打出的标识牌，还是盖着条纹防尘罩、停放在路边的小汽车，都表现出该社区微弱的向上流动性，肉店里挂的肉看起来也很新鲜。

1989年春，我前往沙姆斯区报道一场造成数人受伤和被捕的骚乱。当地人告诉我们，警方确实在前一天来过这里，并带我们去了一个街角的清真寺。就是在这座清真寺，警方发射催泪弹，赶跑了聚集在这里的青年激进分子（据屠夫的描述，都是一些善良、思想纯净的年轻男子）。这些年轻人一直在这里静坐祷告，当警察用高音喇叭喊话说他们已被包围时，也拒绝离开（当然，政府主导的《金字塔报》给出了完全不同的版本，它声称警方破获了一个在该

第九章 信仰永存

社区开展恐怖主义活动的武装极端分子团伙）。

这个清真寺是一座呈半完成状态、未铺面的砖结构建筑，只有特大号的喇叭和钉在外墙上的手绘标识显示出它与周边建筑的不同。从这个标识可以看出，这栋建筑的上层本打算用作一个慈善诊所的场地。这样的机构正在全城大量出现，以弥补公共服务体系的缺口。其资金来源于公众捐款，在沙姆斯区这样的地区赢得了相当的尊重。这些机构为葬礼和婚礼等活动提供场所，充当宗教节日的捐献食品分发点，也为缝纫课、针线课和成人教育课程提供场地。这些诊所不仅能为当地的穷人提供减免费用的医疗服务，还能给那些没法自己开诊所的医科毕业生提供工作。

一名警察懒洋洋地躺在已经挂了锁的清真寺门口旁的藤椅上。一个空茶杯放在步枪托后面的地上。他声称对骚乱一无所知。事实上，确实很难想象中央安全部队会在这个安静的小巷子里发射催泪弹。警察警惕地看着我们和路人交谈。有人告诉我们说，警察已经逮捕了好几十个人，其他人则干脆闭口不谈。一位女士挥舞着购物袋冲向我们。"我儿子呢？"她喊道，"他们把我儿子带到哪里去了？"

沮丧之余，我们回到了大街上。不过刚刚拐过街角，就有一个小男孩碰了碰我的胳膊。

"你们就是外国记者吗？"他低声问道。

我点点头。

"晚上8点再过来。在肉店外面等着。"

"为什么？"

"去见医生。"

晚上8点钟时,男孩准时出现。他什么也没说,只是示意我们跟上。我们在房屋间的狭窄通道里穿行,两边倾斜的小巷散发出油炸洋葱和下水管渗漏的气味。这一路没有街灯,但不时会有打开的窗户发出微光,刚好够我们勉强辨认出前方男孩的身影。拐了好几个弯后,他消失在一条黑暗的死胡同里。

我们站在黑暗里等了约一分钟,这时一名新的向导出现了。他是一位高大的年轻人。他带领我们继续在这片区域的深处穿行,他的短白袍和无边便帽在黑暗中极容易辨认。最后他停下来,在空荡荡的街道上来回扫视,然后拐进了一个灯光昏暗的楼梯间。在一阵复杂的敲门声过后,他转过身来面向我们。在他浓密的、未经修剪的胡须中间漾开了笑容,在他那双拜占庭圣徒般又大又明亮的眼睛里,突然闪烁出某种共谋的意味。这时我意识到,这名怪诞的极端分子和我们一样享受这段旅程的乐趣——在开罗的深街小巷里玩警察抓小偷,穿着雪白的服装,与外国媒体的魔鬼们同行,这比在咖啡馆里消磨时光有意思多了。

门先是开了一条缝,然后才完全打开来。我们走进一个极其狭小的客厅,领路的年轻人将我们介绍给"医生"。我们和一个穿着普通长裤、身材壮实、胡子刮得干干净净的青年握了手。我猜想他这副形象是一种必要的伪装,因为留大胡子、穿长袍很容易招来警方的怀疑。他戴着厚厚的眼镜,神情很焦虑。但他和他的伙伴们(留胡子的年轻人聚在门口打量着今晚的"天外来客")表现出开罗人自然而良好的礼节。他请我们坐进了一张把手镀金的沙发,给我

第九章　信仰永存

们端来各种软饮料，并请求我们原谅他们不得不这样谨慎小心。

采访开始了。医生的语气很诚挚。他使用正式的古典阿拉伯语，以便给他的话语增添分量，又或者为了显示他获得了博士学位（事实上，一名兽医学的博士，非常符合社会学家描述的新一代激进分子的"特征"：出身贫寒的男子，获得了很高的理工科学位，但没能转化为社会阶层的提升）。他告诉我们，他的名字是阿拉穆希丁博士，并解释说自己是"伊斯兰联盟"的发言人。他说"伊斯兰联盟"是一个由年轻人组成的社团，社团的宗旨是让埃及回到正确的伊斯兰道路上去。至于社团开展的活动，大体就是在清真寺举行会议，讨论如何帮助彼此，并宣传社团的宗旨和理念。比如今晚带我们来这里的这位弟兄，他的愿望就是结婚。医生本人就给他找到了一位妻子，她是另一名弟兄的妹妹。

这些听起来没什么坏处。那么为什么警察要追捕这群年轻人？

"啊，"医生微笑着说，"我们生活在一个无知的时代。这个政府及其成员都在不自知中成为伊斯兰仇敌的帮凶。他们在助长帝国主义的阴谋，一个拔除信仰的阴谋。他们，像你一样（他的眼睛现在死死地盯着我）都害怕我们，因为我们说的是真话。他们不想让人们听到我们发出的讯息，这就是为什么昨天他们闯进了我们的清真寺，殴打并逮捕了我们的兄弟姐妹，还在真主的居所里释放了毒气。"

"但我们还有其他的清真寺，"他弓起背坐在椅子上继续说道，"如果我们以理服人而政府不允许的话，那我们就只能选择激进的方法。"

就在六个月后的 1989 年 9 月 11 日，一辆无牌标致汽车沿着城市另一边吉萨拥挤的市场街道缓慢行驶。两个人下了车，他们来到阿拉穆希丁博士身后朝他的头部开枪。这次事件之后，我们这些外国媒体收到"伊斯兰联盟"发来的传真消息，消息称由于政府拒绝对话，联盟将采取复仇行动。自这次事件起，警察与小偷之间的游戏开始变得血腥。

　　接下来的几年对开罗人来说很煎熬。开罗人并没有习惯那些耸人听闻的血腥报道，而突然之间报纸上就满是爆炸和枪战的新闻。开罗的文明与修养似乎也被剥掉了一层皮。虽说过去街上也不乏全副武装的警卫，但他们本人和手里拿着的武器看起来都疏于打理。现在，刺刀擦得闪闪发光，鞋带也系得整整齐齐。穿着皮夹克的便衣警察随机检查哨所逐一向车窗里窥视。一些清真寺布道者的音调高到了歇斯底里的程度，而不幸住在警察局旁边的朋友说，深夜听到警局里传来酷刑折磨的尖叫。政府与激进分子之间的冲突已经退化成了一场激烈的武力斗殴，很像是上埃及腹地家族世仇引起的血腥争斗（事实上，这场武力斗殴中的许多参与者——不论是冷静强硬的警察还是莽撞的小偷——也确实都是从上埃及来的）。

　　在这场战斗中，双方都损失惨重。政府试图篡改法律并使用酷刑折磨和打垮对手，却因此损害了自身的合法性。反抗者试图攫取对宗教的垄断权，但他们却以此为由给自己免去了谋杀、盗窃和恐

第九章 信仰永存

吓的罪责，这恰恰背叛了他们的信仰。不过真正的受害者还是无辜的民众：在警方的突袭中因双方交火而伤亡的路人，仅仅为了让政府难堪而被袭击的游客，甚至还有小学生在针对总理车队的爆炸袭击中受伤致残。

尽管如此，开罗也并没有被这些暴力给压垮。更何况，比起美国任何一个城市每年的谋杀案受害者数量，开罗的伤亡人数仍然算是很低的。而且由于这些暴力事件看起来如此陌生，很多人都成了阴谋论的忠实拥趸。在杀手（他们在新建的塞米勒米斯酒店餐厅前一阵机枪扫射，随后骑着摩托车飞驰而去）伏击国会议长后，市中心那些酒吧的常客们都松了一口气。大家一致认为：这些恐怖分子一定是外国人，因为没有任何一个埃及人能做得这么绝。越来越多的人猜测凶手是以色列人还是伊朗人，或者是强大的中央情报局。不过最终事实还是慢慢地水落石出，行事果断的杀手其实找错了人。他们要杀的是内政部长，一个强硬派的大人物，他的车队每天都会经过塞米勒米斯酒店，而被杀的却是一个无足轻重、油腔滑调的政客，有他没他对政权毫无影响。最后，酒吧里的看客们终于承认开罗确实有本地的恐怖分子，而真正的愤世嫉俗者却举杯痛饮，庆祝埃及终于在武力方面再次证明了自己。

另外值得一提的还有那位疯疯癫癫的伊斯兰教长。每天早上，开罗人都可以看到他在状若堡垒的美国大使馆附近的车流中漫不经心地行进，嘴里嘟囔着世界末日和伊斯兰的胜利。他时不时用手指戳戳天空，手指上缠绕着一根绿色的绳子——绿色是伊斯兰教的颜色，绳子的另一端则系着一面皱皱巴巴、拖在尘土里的美国星条旗。附近的通勤者们很乐于看到这一幕，我就见过一位出租车司机给他献上一朵花。

然而更多的时候，这些激进分子大煞风景的盲目狂热引来了人们的嘲笑，这些嘲笑对伊斯兰事业的损害可能更甚于警方的武力镇压。

不过嘲笑归嘲笑，民众并没有因此而大规模反对他们。很多开罗人都认同他们的目标（虽然并不认同他们达成目标的手段）。他们由虔诚而升起的愤怒引起了广泛的共鸣，并且与统治阶级的衰朽、西化和腐败形成了鲜明的对比。开罗流传着这样一个笑话：一个激进分子获得假释出狱，跟踪他的卧底在第一周发来的汇报中称此人大有改善的倾向：他点了一支烟！第二周的情况更加令人鼓舞：他走进一家酒吧，点了一杯酒。第三周时，卧底提交了一份热情洋溢的报告："我建议招募此人为我们工作，"报告写道，"他开始逛妓院了。"

一股宗教保守主义的浪潮席卷了这座城市。每周五前来礼拜的信徒都会挤满清真寺，寺里坐不下就直接坐在外面的人行道和街道上。就在我工作的大楼里，一家律师事务所负责茶水的男孩每天在楼梯间念诵午间唤拜词。通常情况下，在电话里人们都会以一个近乎戏剧性的"愿平安归于你"来问候对方，而不是过去简单的"你好"。更有甚者，如果你在电话里一上来就说"早上好"，那么很多穆斯林都不会再搭理你，因为这个古老的问候已被广泛认定为基督徒的专利了。有一次我在出租车上，司机捎上了第二位乘客（出租车会为赚取车费而多收顺路的乘客，这在当时是种惯例）。这位乘

第九章　信仰永存

客上车后，他先是对司机说："愿平安归于你"，然后转向我说："早上好。"在这种对不同人群草率的识别与划分当中，隐藏着某种让人很不舒服的东西。只一眼，他就将司机认定为穆斯林同胞，并认为我这名乘客不过是个异教徒。

伊斯兰的装饰图案再次流行起来。声称不收利息的银行、设置了隔离设施的海滩度假村和理发师也再度出现，甚至连石灰岩矿场也加入了这股大潮，标榜自己是"伊斯兰教的"，甚至连开罗新建的地铁也不能幸免：为了确保符合宗教礼仪，地铁的第一节车厢被留出来专供女性乘坐。这当然很好，很得体，可是一不留神上了其他车厢的女士们便会觉得自己"过分暴露"了。凡此种种，不禁让人联想到爱德华·莱恩一百七十年前造访时对开罗人宗教信仰的评论：虽然这个城市的人们认为虔诚是最大的美德，但彰显虔诚的愿望却导致了很多人"伪善和虚伪的卖弄"。

埃及社会一直存在对科普特人的歧视，但并不强烈，而现在程度却明显增加。一位社会学家观察到，开罗贫民窟里一群孩子玩的游戏已不是"牛仔大战印第安人"，而是"穆斯林大战科普特人"。还有一个笑话是说，在一次大学考试的点名环节，有一名学生站起来报出了自己基督徒到无以复加的名字："彼得·彼得斯"，引得教授大笑："一个'彼得'就够你挂科的了。"这笑话特别好，因为大家都懂：这确实很接近现实中的情况。

像我的建筑师朋友伊斯坎达这样思想开明的科普特人（他拔树装饰沙漠军事基地的经历使他成为富人花园的景观设计师）觉得最难受的不是来自其他族群的迫害，而是基督徒教会内部愈演愈烈、病态的宗教保守主义。越来越多的人开始谈论"神迹"。一个科普特出租车司机告诉我圣乔治让他罹患癌症的妻子恢复健康。一位著名的经济学家坚称，他放在一瓶油里的一团棉花显现了圣母玛利亚的形象，令身边的朋友们倍感尴尬。车辆的保险杠贴纸上写着"耶稣救赎世人！"；胡须浓密的谢努达三世的照片与各种伊斯兰教的车内装饰物数量激增。改革派的科普特人呼吁扩大教会内部民主，并取消对基督徒离婚几乎完全堵死的限制条件，但并未得到采纳。

那些年，不祥的传闻扰乱了这座城市。这些传闻仿佛一夜之间从中世纪最深的退潮中爆发出来。有一个流传甚广的传闻说，科普特基督徒正在发起一场秘密行动，向毫无防备的穆斯林的衣服上喷洒十字架的图样。至于他们为什么要这么做，却并没有人过问。黄色小报在头条新闻里叫嚣说，以色列派遣感染了艾滋病的妓女来毒害无辜的埃及青年。

对于这些传闻，政府仅仅予以否认是不够的。开罗人民凭什么要相信统治者的话呢？必须采取些切实的措施才行。因此，全副武装的警察被部署在教堂外充作守卫。司机们被命令撕掉车上的贴纸，以平息突然爆发的宗教之争——它将开罗的车流变成了各式各样的宗教形象大游行。一名医院警卫开枪打死了一名试图溜出病房的艾滋病患者。

对于酒吧的常客们来说，最直接的威胁还是激进分子对酒精绝不容忍的态度。有传言称，恐怖分子计划将毒药掺进位于吉萨的斯特拉啤酒厂的酒桶里。有一段时间，开罗人甚至担心政府会颁布禁酒令以迎合伊斯兰教徒。

第九章 信仰永存

这些担心背后也有合理的依据。相比捍卫世俗自由,这个政权似乎更加关心自己的生存。显然,政府已经打算好顺应保守主义的大潮,并不惜牺牲一些作家、电影导演和大学教授,他们的作品以捍卫信仰为由被封禁。政府其实是希望通过呼吁更温和、容忍度更高的伊斯兰教,来尽可能地实现某种中庸之道。电视直播政府官员访问清真寺的行程,黄金档也给了温和派的传教者。

随着时间的推移,警方逐步地将激进分子团伙赶出了开罗的贫民窟(包括后来被称为激进分子大本营的因巴巴贫民窟)。宗教事务部花了很长时间稳扎稳打,逐步控制了遍布城中的数千座私人清真寺。恐惧的气氛逐渐消散。

到 20 世纪 90 年代中期,暴力的浪潮已经从首都地区消退(虽然在上埃及偏远地区仍有残余)。但它也留下了不满的情绪,并带来了明显的变化。在经受百余年的挑战后,宗教重新占据了"埃及身份"的绝对中心。世俗主义者沉潜待发,希望他们的理念在未来某个时候可以不再被视为禁忌。酒水和污言秽语已经不再是很多地区婚宴的主要内容。埃及的大部分省份都下令禁止饮酒,只有开罗的酒吧还在照常营业。

※

有段时间,我在一座希腊小岛上租了一个房间,房东埃莱尼夫人是一个寡妇。她在开罗出生长大,20 世纪 60 年代她丈夫在舒布拉区的酿醋厂被收归国有后离开了埃及。她多半时候都郁郁寡欢,她丈夫的画像放置在屋子前厅笨重的餐具柜上方。但说到开罗，她年轻时代的开罗，她笑了。

"啊，开罗！"长长的音节像叹息一般从她嘴里流淌出来，"开罗的女人是最讲究的。她们是世界上最美丽的女人。她们的衣服、帽子、手套都是巴黎来的。"

然后她推开咖啡杯，问道："开罗的女人，她们现在都穿什么呢？"

在埃莱尼夫人离开开罗之时，普通女子还穿着鲜亮的无袖连衣裙漫步在卡斯尔尼尔街。赫里奥波里斯新城区的富家女则一边翻阅《巴黎竞赛画报》，一边想着她们能否赶上今年流行的裙摆更短的时装。她们的母亲们到了晚上就涂上口红，用珍珠短项链装饰低领礼服胸前深V的开口，前去观赏歌剧或乌姆·库勒苏姆每月一场座无虚席的音乐会。乌姆·库勒苏姆是尼罗河的夜莺，是东方的明珠。她戴着巨大耀眼的钻石耳环，昂首阔步地走在开罗的舞台上，直至1973年退休。

可若是埃莱尼夫人看到如今20世纪90年代的开罗，她一定会大为震惊。开罗的女装回到了7世纪的风格，时尚的评判者也变成了严厉的教长。电视里轮番播放的是开罗的影视公司在20世纪40—50年代制作的爱情剧，或是重复着乌姆·库勒苏姆音乐会上的观众镜头。从这些音乐会上，偶尔还能瞥见那个大胆的时代。在1949年的一部热门音乐剧中，一位穿着莎丽服的蒙面女士对着一群露着长腿的歌舞团女孩们喊道："你们真可耻！"然后她猛地解开莎丽服，露出最性感纤长的双腿和最暴露的短裙。

第九章　信仰永存

而如今，据开罗八卦杂志［如《群星》（*Al-Nugūm*）和《行星》（*Al-Kawākib*）］的报道，那个年代的演艺界明星中如今有一半都皈依了宗教，为过去的罪行忏悔，并前往麦加赎罪。沙姆斯·巴鲁迪（Shams al-Barudi）曾在埃及有史以来最露骨的电影［《马耳他澡堂》（*The Malta Bathhouse*），1973 年上映］中扮演一名妓女。她公开宣布与过去的自己划清界限，并戴上了面纱。

不知道埃莱尼夫人会对如今的卡斯尔尼尔街做何感想。现在，有些服装店里连石膏人体模型的蓝色塑料眼珠都给遮起来。它们展示的与其说是时尚，不如说是对《古兰经》的完美诠释。虔诚的女士可以在这里买到全套"披甲"：形似帐篷的深色服装，配上米老鼠那样的白手套，保证连一丁点致人堕落的皮肤也露不出来。必要时，这些女士会在半透明的面纱外面戴上一副眼镜，这也成了区分这些"黑色鬼怪"的唯一个人特征。更温和一些的信众可以佩戴各色软帽、头巾和短檐帽，以及露出眼睛的半截式面纱。更常见的是中长款的修女式披巾。它紧紧缠绕脸部一周，盖住头发和手臂直至手腕。最后还有简单款的头巾，可以用来搭配任何下装，不论是运动服、校服，还是紫色欧根纱的舞会礼服。

这些帽子和披巾大部分是尼龙或聚酯纤维制成的，这也使得每到夏天，开罗卖痱子粉的商人总能大赚一笔。但如果你去问一个"披甲"护身的少女她热不热，你会得到她不假思索的回应："总没有地狱之火热吧！"

但还是有一些人依然大胆地，而且常常是以泰然自若的优雅姿态公然无视地狱之火。这些女士很多是科普特人，从她们佩戴着的耶稣受难像就可以辨认。不过有一些女士确确实实就是穆斯林,但她们已经彻底厌烦了揪着着装标准不放的神职人员。还有一些人压根就不在乎。不过,这些人会越来越感到自己的鲁莽失策。走在开罗的街头,那些没有表现出"端庄"姿态的人现在会被路人盯视警告,甚至指指点点。她们挑战的是大众的力量,而这股力量在极度贫困的埃及社会正变得越发强大。

在大多数开罗人生活并为尊严而奋斗的狭小街区,有一点是毋庸置疑的:物质层面上的缺乏可以通过道德层面上的努力来弥补。对很多人来说,廉价的面纱能给她们解决一大堆麻烦事。作为一种公开的"端庄"宣言,它能带来未来婆母的青睐,而婆母可以说是开罗社会中权力至高的存在。[1] 更何况,面纱还提供了某种重要的私密空间,甚至还带来了女性解放的效果,因为这种"写在脸上"的虔诚使女性有胆量去那些她们本不能去的地方,比如公共交通、职场以及政坛等。事实上,面纱的辩护者声称,面纱能"中和"女性特质,从而把性别问题整个一笔勾销。的确,正是随着佩戴面纱重新成为社会规范,少数大胆的开罗女性才走上了街头,开起了出租车。顺便说一句,她们的强势和抬价本领丝毫不逊于最凶横的男出租车司机。

女性服装异乎寻常的多样性是开罗复杂社会的一面镜子。它反映出一个割裂的社会。在这个社会里,对一部分人来说是神圣职责的事情,对另一部分人来说可能是变态受虐。事实上,在过去的一

---

[1] 根据1995年的一项调查,开罗72%的婚姻是父母包办的;40%的已婚女性在婚礼前从未与丈夫单独相处过,12%的女性嫁给了自己的表亲。

第九章 信仰永存

个世纪里,开罗人一直在巴黎和麦加之间左右为难。人们尝试了很多种服装,努力想要感觉自在,努力寻找中庸之道,但他们所见之形象却总是落在了天平的两端:不是圣人,就是罪人。

❈

在开罗,酒水饮料自带罪恶色彩。当地的酒吧也笼罩着某种地下非法场所的氛围。每到深夜,挺着啤酒肚的店主、不入流的律师、写小册子的知识分子和小混混们聚集在市中心名为"黄金海角"和"一切都好"的低级酒吧里。小贩们在桌子之间穿梭,烟雾刺鼻,酒味四溢。到了关门时间,地板上覆盖着满满一层的烟屁股和羽扇豆壳。

在沙里夫街的英埃酒吧里,独眼酒保过去常给客人调制各种本店特色酒水,其中包括红标的托尼托克酒、奇拉斯里恩酒,以及戈登伦敦干丁酒(这种酒用的是回收来的戈登杜松子酒瓶,并用一只看上去很温顺的德国牧羊犬代替了原标签上的野猪头)。但是英埃酒吧最吸引人的地方并不是这些,而是引人注目的两个毒舌老酒鬼——萨布里和沙乌奇。这间酒吧是他俩的地盘。任何能博他们一笑的人都会受到欢迎。而当夜色渐深,白兰地苏打水慢慢跑了气,任何愿意聆听他俩那冒着湿气的回忆的客人也会受到欢迎。

萨布里大腹便便,满脸皱纹,留着胡子。沙乌奇个子很高且驼背,他总是系着领带,给人一种整洁的印象,不过只要几杯酒下肚,这种印象也就烟消云散了。他俩都是典型的公职人员形象——

来自贫困家庭的聪明男孩脱离了贫穷，获得了职位、自尊以及纳赛尔的进步观念。他们曾经乘着 20 世纪 50—60 年代乐观主义的东风，然后在 1967 年战争的惨败中和这个国家一起重重地摔在了地上。像无数其他公职人员一样，他们的社会地位从此不断下跌，随后又因萨达特以新的金钱等级取代了旧的权力等级而一落千丈。因为他俩都太诚实、太体面，不会用过去的官僚手段玩今天的商品游戏。现在他们都秃了顶，整日沉浸在自怜之中，看什么都不顺眼。

白天（也就是在办公室里待着的那几个小时）的沙乌奇是一家国有广告公司霓虹灯部门的主管（多亏了他，解放广场才有那么多令人炫目的灯光秀——维特拉克果酱店五彩缤纷的水果、米尔基兰闪烁的奶牛，以及由红色霓虹灯拼成的冒着泡的可口可乐）。到了晚上，沙乌奇的各种掌故怎么都讲不完。他不进正餐，吃的全是酒吧里提供的食物：浸泡在盐水里的萝卜、莴苣、花生和羽扇豆。每天凌晨 1 点，他摇摇晃晃地走回家，回到他和母亲合住的公寓，但斋月期间除外。在斋戒的这个月里，沙乌奇会把整整一年的虔诚祈祷全部补上。在斋月的最后一周里，他甚至还会在附近清真寺的静修处扎营。如此虔诚着实引人钦佩。不过话说回来，就如萨布里后来欣喜地发现的那样，英埃酒吧在斋月里反正都是不开门的。

萨布里的工作是《青年与体育》杂志编辑。该杂志是国家信息部广播电视联盟下面的一个单位。不过萨布里更为人所知的身份是诗人，尽管知道他的人并不多。有些晚上，萨布里会带一台晶体管收音机来英埃酒吧。10 点钟时，他会要求大家安静，开始他的诗歌评论节目。随着古典鲁特琴的入场音乐淡去，法里德·里斯哈的

第九章 信仰永存

声音慢慢传到空气中。里斯哈因创作甜得发腻的母亲与祖国的颂歌而成名。萨布里会用一句异教徒的骂人话来开始他的评论："婊子养的，"他恨恨地说。在接下来的半个小时里，他会在里斯哈每一个意味深长的停顿、狂喜抖动的颤音、高低起伏的重音处暂停播放，给予猛烈的抨击。如果他尖刻的批评化成硫酸，肯定足以把收音机当场灼穿。

萨布里对里斯哈的大力声讨实际上反映了埃及过去几代诗人矫揉造作的创作习惯。不过，尽管鄙视这些诗人，萨布里还是只得像开罗大多数心怀不满的知识分子一样，屈从于政府对教学、出版和广播行业的管制。这种管制使得里斯哈湿润的双眼和措辞成为开罗中产阶层心目中诗歌的代名词。而可悲的是，萨布里一直担心他自己的作品（他说这些作品受莎士比亚十四行诗的影响很大）之所以能出版，仅仅是因为他本人就是出版行业官僚体系的一员。

虽然他们一致认为这就是最坏的时代，但萨布里和沙乌奇在大多数问题上都持相反的观点。萨布里认为埃及的黄金时代是贾迈勒·阿卜杜勒·纳赛尔总统统治的时期，那时候埃及关上国门，向内找寻自己的灵魂。而沙乌奇则认为，埃及的黄金时代是安瓦尔·萨达特统治时期国家重新打开大门的那些年。

沙乌奇有几分亲英。他会充满感情地回忆起自己还是一个赤脚男孩时，在埃及博物馆旁边的军营前和英国士兵一起踢足球的场景。他常说，威士忌是所有酒水中的女王，"它就是大英帝国伟大的根源"。他会盯着我看一会儿，好像优质的威士忌酒通常都价格不菲是我的错，然后说："你知道温斯顿·丘吉尔是怎么打败德国人的吗？他每天晚上都喝一瓶威士忌！"

◈

因为沙乌奇多次断言丘吉尔战胜德国人的秘诀是威士忌，所以当后来有一次我又听到了这个故事的另一个版本时，就觉得它特别讽刺。

在福斯塔特遗址附近一个墓地与制革厂、屠宰场连成一片的地区，每周六晚上都会有一群愉快的人聚集在宰因·阿比丁的神龛旁。他们很快就把陵墓外肮脏的庭院收拾成了一个露天舞厅，然后跟随着苏菲派颂歌（表达对真主和先知的爱的歌曲）的旋律摇晃起自己的身体。一位笑容满面的伊斯兰教长坐在人群上方的舞台上，举起麦克风引吭高歌，伴奏是一只手鼓打出的节拍，以及芦笛和两弦小提琴的鸣咽。这个舞池对所有人开放，任何愿意跳的人都可以加入。每个人的舞步、摇摆和旋转的幅度都各不相同。一名睁大眼睛的青年农民自顾自地猛烈摆动着身体，但总能奇迹般地躲过那个在人群中如陀螺般转动的老处女。一名身穿白色夏季警服的警察眼神恍惚地跳上跳下。他不时随着节奏发出咕哝声，靴子的鞋带都散开了。四周都是男孩、老人以及赤脚的女孩，踏着舞步扭摆着身体。

上次来时，这个即兴舞台一侧一家不起眼的咖啡馆正火热售卖着各种饮品。筋疲力尽的狂欢者会来这里喝一杯热的甜生姜水或肉桂茶恢复体力，然后跳进人群中再舞一曲。当时，我和朋友坐在一

第九章 信仰永存

起，与我们同行的是当地街区一群喧闹的年轻人。他们不停地问我们问题，并带着善意的捉弄鼓动我们加入舞会。难道你们没有听说过塔赫拉，那个每周都在这里跳舞的美国女人吗？他们还说，她非常有灵性。塔赫拉这个名字的意思是纯洁。如果我们在这里等着，也许能有机会见到她。

果然，没过一会儿，一张苍白的脸庞渐渐靠近，这一定是纯洁的塔赫拉，她在一件黑色长袍外面披了一条薄薄的绿色披肩。穿着一双伯肯拖鞋，手臂上戴着镯子，头上戴着墨西哥-贝都因风格的串珠和硬币头饰。

"嗨，伙计们。"她喊道，然后瘫坐在我旁边的椅子上。她的睫毛膏已经晕开了。

"哦，上帝，"她说，用一只手拍了拍她挂满串珠的前额，"我宿醉得很厉害。"

她的名字其实是"塔拉"，来自加利福尼亚州的马林县。

"这里是不是很棒？"

说完，她飘进人群跳了起来。

不远处，在宰因·阿比丁陵墓后面幽暗的庭院和坟冢中，我们发现了一个用帆布和木头搭出来的高高的帐篷，帐篷里面被一盏煤油灯照亮，蒲席铺成的地面上，许多农夫盘腿而坐。其中一个站起来示意我们进去。他双目圆睁，仿佛看见了恶魔似的。

苏菲派信徒默默地给我们让路，他们饱经风霜的脚和强壮的小腿移动着。最后，我们被带到帐篷最里面的红色门帘前。帘子分开了，四周弥漫的奶香将我们引入了一个更小的空间，里面十几个戴着黑色头巾的女人围着一位伊斯兰教长坐成一圈,他染着红胡子,他那双神似拉斯普京(Rasputin)的眼睛周围涂了一圈深色眼线。他和蔼地示意我们坐在他的右边,然后继续作法。

教长一只手拿着一张小小的正方形纸片。他闭上眼睛咕哝了一会儿,然后在纸上潦草地画下一些字母和图案,他小心翼翼地把纸折叠成一个三角形,放在嘴唇上吻了一下,又拿它碰了碰自己的前额,然后将它递给离他最近的女人。这张写着咒语的纸就像变戏法一般在她胸口消失,又变成了一张五埃镑的钞票。这位女士将这张钞票摁进教长的手里,教长又递给了一位默默坐在他身后的小男孩。

当教长转过身来时,我们面前出现了几杯茶。他温和地询问我们:信仰什么宗教?来自哪个国家?然后他对我们讲了一席话。在场所有人都认真地听着。

"在你出生之前,有一个伟大的战士,那就是英国的统治者。虽然不信真主,但他是一个聪明人,一个坚强的人。在那个时代,英国人正和德国人打仗,德国人的'总统'是希特勒。这是一场漫长的战争,夺去了许多人的生命。这是一场浩大的战争,所以人们称它为世界大战。当时的英国'总统'——温斯顿·丘吉尔——赢得了这场大战,他为此写了一本书,讲述了他神秘力量的源泉,那就是:每天晚上睡觉前,丘吉尔都会读一章《古兰经》!"

明知道这并非事实,但当场挑战信仰并不符合开罗人的处事习惯,我们只有一笑置之了。

第十章

上流社会与底层生活

第十章 上流社会与底层生活

> 德里是个好地方——在印度集市说书人的故事里,反派永远都是"从德里来的";不过,当把愤恨和阴谋做足了铺垫,说书人会戛然而止,等待最后一阵贝币洒落在他的席子上,他才摇头晃脑,勾起食指接着说:"但还有一个开罗人,一个埃及人中的埃及人——"这时听众便会明白,有个真正的都市恶魔要来了。
>
> ——拉迪亚德·吉卜林(Rudyard Kipling),《旅行书信》(*Letters of Travel*),1908 年

在开罗的街道上,除了清真寺以外,最常见的公共场所只有一种,那就是阿拉伯语里的"夸瓦",也就是咖啡馆。据拿破仑东方军团占领开罗时的统计数据,当时这座"千塔之城"共有 1 350 家

咖啡馆。虽然现在的数据不如那时准确，但总人口数与咖啡馆数量平均来说 200∶1 的比例并没有太大的变化。按这个比例算来，今天开罗城里的咖啡馆肯定超过了三万家。如果考虑到开罗咖啡馆的规模之大、建制之宏伟——从尼罗河畔空旷开阔的店面、带宽敞平台的咖啡厅，到"亡灵之城"里临时拼凑的茶座，这个数字应该不算高估。大多数开罗男子每天都会花一些时间待在咖啡馆里，大街上的咖啡馆比比皆是，甚至不用拐过最近的街角就能找到一家。① 作为开罗男子专有的自留地，咖啡馆构成了这座城市核心的商务和娱乐场所，它所承担的角色涵盖了西方城市里的公园长椅、书报摊、擦鞋店、酒吧、秘密集会的小屋以及员工餐厅等。

在这个高度专业化的商业中心，每一家开罗的咖啡馆都有自己独特的定位，以满足某个小众群体的独特需求。在陶菲齐亚广场附近的聋哑咖啡馆里，寂静笼罩着一切，开罗的聋哑人在这里用飞速的手语讲着时下的幽默笑话。电影制片人如果需要特技演员和肌肉男来当临时演员（也就是法国人说的"喜剧丑角"），他们会直奔阿尔菲大街上的阿尔·亨巴尔咖啡馆。穆罕默德·阿里大街上众多的街边咖啡店是夜总会歌手和肚皮舞者的业务介绍所。扎赫拉特·布斯坦咖啡馆把自己定位成文化人的交流地，巴卜·鲁克大街的水烟咖啡馆吸引了一众水烟爱好者，而其他的咖啡馆则提供最可口的冷热饮品：冬天的木槿花茶、生姜茶、胡芦巴茶和肉桂茶；夏天的罗望子汁、杏仁汁和柠檬汁。

---

① 据 1996 年的人口普查显示，大开罗约有 1.5 万家咖啡馆，但这里面只计入向政府纳税的咖啡馆。

第十章　上流社会与底层生活

相比之下，病人咖啡馆的独特之处就没有那么显而易见了。这座咖啡馆高大的玻璃窗镶嵌在低矮的窗台上，俯瞰着艾因夏姆斯大学医学院附近一条狭窄的街道。几位顾客独自坐在店内摇摇晃晃的桌子旁，怀里的水烟发出有节奏的咕噜声。大多数客人则更喜欢有人陪伴：他们三五成群地聚在一起谈政治，往棋盘上掷骰子，虚张声势地把牌拍在桌子上。店里唯一的服务员像黄蜂一样忙前忙后，一边跟客人开着玩笑，一边向后厨大声喊出订单。后厨里的服务生一会儿冲洗玻璃杯，一会儿拨弄给客人烧水烟的炭火，闲下来就看几眼角落里摆着的电视机。

这看起来似乎只是一家平平无奇的开罗咖啡馆。但里面好像有哪里不对——绝对有哪里不对。首先，不该少的地方少了：这个客人少了一只手，那个客人少了一条腿，有人瞎了一只眼，有人没了一只耳朵。除此之外，不该多的地方也多出来了：不少客人的长袍下拱出奇怪的突起，并且仔细观察就会发现，有的人头上戴的并不是头巾，而是一圈圈缠得厚厚的绷带。

病人咖啡馆的气氛很轻松，但常客们对椅子倾斜的角度、对打开门走进来的客人保持着某种警觉。他们投过来的眼神是专业性的、评价性的。如果来人不巧是大家都不认识的病人，或者他身上的疾病与某位常客有所重复的话，店里人脸上的表情会告诉他——这个地方已经有主了。而当门口出现那个白大褂的身影，所有人会立刻把头转向门口，手里的纸牌游戏也放在一边，仿佛来人是一位脚踩银马刺，手持六发式左轮手枪的西部牛仔。

"早上好，医生，"一名客人摇着手动轮椅上前和他打招呼，

"愿真主保佑你。"

"需要我们的服务吗，医生？"另一名玩多米诺骨牌的独眼男子附和道。

这位穿着白大褂的人并不是医生，他只是附近大学医院的一名初级护理员。不过这不重要，他没有理睬众人的讨好，只是从口袋里掏出一张纸，以命令式的口气读出上面的内容。

"甲状腺肿大一个，慢性血吸虫病一个，皮样囊肿两个，单侧右心衰竭一个。"

他停下来环视咖啡馆一周，然后问坐在手摇轮椅里的人，这个人看起来像是病人里领头的大哥。

"肝病奥马尔在哪里？"

"他在哈萨巴拉博士的课上呢，大人。不过他4点钟以后就有空了。"

"好，那到时候再把他送过来。"

与此同时，一些客人从椅子旁站了起来。他们带着某种上班族特有的、愉快的倦怠跟在这名护理员身后，沿着街道走进一栋公寓楼。医学院的教授在这栋公寓楼里租了个小房间，供学生们练习看病问诊。

沿着这条路继续往上走，就是艾因夏姆斯大学。虽说学校宣称学费全免，但由于医学院人满为患，设备也极其简陋，心怀抱负的医学生们很乐意为这种练习支付可观的费用，教授则用这笔费用支付"病人们"的报酬。因此，这也成了患有轻度慢性病的"病人咖啡馆"常客们的生计来源。他们甚至挣得还不少，尤其是同时罹患多种疾病的"御用病人"更是如此。还有一位朋友跟我讲起，有一次一名学生给医学院的御用病人检查膝盖上的囊肿，当学生问起他太阳穴上奇怪的肿块时，病人不慌不忙地说道："对不起，那个部位今天不营业。"还有一些幸运儿身携某种罕见或典型的症状——肝病奥马尔就是如此。他膨大的肝脏、蜡黄的脸色和消瘦的身形都让他成为一名晚期血吸虫病的绝佳病例，医学教授们少了他就没法讲课。由于血吸虫病在埃及农村地区极为猖獗，他的服务一直都是医学院的长期需求。

这些"专业病人"也带着专业人士特有的骄傲。他们对自己"专业"的掌握程度通常超过了在他们身上练习的医学生。甚至那些连自己的母语文字都不会读写的人也能滔滔不绝地用英语（颇具争议的是，英语仍然是埃及的医学教学语言）讲出成堆的医学专业术语。这项技能在学生临床考试时就派上了用场。在这些考试中，学生必须依据他们观察到的症状来诊断疾病。那些没有向考试病例手里塞一张五埃及镑钞票的倒霉蛋基本上会考砸，而给了小费的考生则总是能做出准确无误的诊断。

"快问我是不是每天都喝很多水，"病人可能会在监考人员不注意的时候小声对学生说，"这是尿崩症的典型症状。"

"我是干咳不是排痰性咳嗽，"右心衰竭的病人向学生提示道，"还有，别忘了我有呼吸困难和肝肿大症状。"

✵

从表面上看，开罗的生活似乎复杂僵滞得令人绝望。对于那些没钱、没权也没有幽默感的人，开罗甚至可以是残酷的。但是总体而言，这座城市的运行机制是有效的——人们总是有活可干，也有办法能填饱肚子：开罗有很多人营养不良，但没有人挨饿。许多人的居住条件很糟糕，但无家可归的人却比大多数西方首都要少。再加上温暖的气候、清真寺提供的便利的洗漱设施，以及穆斯林对酒精的抵制，很少有穷人会陷入极端悲惨的境遇。

在更富裕的城市里，正式的体制、规则和条例引导着一切顺畅流动。而在开罗，非正式的体制却占据了主导地位。正是这些非正式体制填补了规定和现实之间的巨大差距。比如，名义上政府承诺医学院的教育全部免费，但实际上学生如果不花钱去报昂贵的补习班，就根本不可能通过考试。又比如，政府规定必须通过考试取得驾照，但实际上给考官一点贿赂一样能搞定。在这些规定与现实的差距之中，有巨大的空间可以敲竹杠、耍手腕。简而言之，就是钻空子获利。那些试图照章办事，或是以为自己能绕过体制的笨蛋们最后都栽了跟头。

在这方面，垃圾处理就是一个极具启发性的例子。开罗的游客们经常感到困惑，为什么这座城市会如此肮脏。有人说，埃及这个国家的历史太长了，大家已经厌倦了清理垃圾，认为这样做没有意义，因为垃圾只会再次出现。还有人说，开罗人已经习惯了让尼罗河一年一度的洪水把整个城市冲洗干净。不过实际上，自从1971年阿斯旺大坝建成后，尼罗河的洪水就成为历史。不管出于什么原因，自古代孟斐斯城的市民们把用废的莎草纸和破罐子扔在大街上以来，埃及人的公共卫生情况并没有取得多大改善（就连法老们也

第十章 上流社会与底层生活

对垃圾不以为意:在开罗上游两百英里处,第十八王朝首都阿玛纳城的发掘表明,当年皇家厨师们把烹饪留下的残渣直接倾倒在皇宫后厨的门阶上)。

尽管政府近年来采取了多项举措,包括张贴海报,宣传"保持清洁也是信仰的一部分",埃及的首都仍然极为肮脏。开罗的垃圾收集系统可以说是完全失灵的——当然,这是假定它的目标是让垃圾"眼不见为净"。如果换一种评判标准,开罗的垃圾收集系统就成了高效回收利用的典范——大部分垃圾都被转化为有用的商品,垃圾处理过程中吸收的劳动力也超过了全球任何一座城市。

这其中大部分的工作都是由一个高度组织化的垃圾清洁工团体悄无声息地完成的。这些清洁工驾着驴车四处搜寻,然后把捡回来的废品拖回城市周边拾荒者的垃圾场。这些人被称作"扎巴林",他们不会把垃圾全部清走,反倒会留下许多。① 他们的孩子花在分拣垃圾上的时间可能比花在学校里的时间还要多。虽然扎巴林们生活在垃圾堆里,身上散发的难闻气味也让人们避而远之,但他们世世代代享有尊严和工作保障,甚至收入也很可观。他们成了这座城市经济机器的一个关键环节,为成千上万的小作坊提供回收利用的原材料,从塑料人字拖到汽车零件,再到电视天线,应有尽有。被丢弃的衣服变成了五彩斑斓的碎呢地毯;可生物降解的垃圾成了家禽和牲畜的饲料;垃圾回收转化成的猪食把猪喂得又肥又壮。开罗大部分养猪场都是科普特基督徒经营的,这些猪场出产的猪肉确实

---

① 据1994年的一项研究显示,10%的垃圾永远都不会被清走。扎巴林会处理掉50%的垃圾,其余的则由市政服务部门处理。

非常美味。

有段时间,有个高官觉得扎巴林们很碍眼。为此他说服美国政府出资支持一个项目来挤掉扎巴林的行当。山姆大叔派了一群薪水丰厚的专家来开罗调研。他们设计了一个全新的系统:大垃圾箱放在街角,巨型麦克卡车在街上来回行进,用气动臂抓起垃圾箱,把里面的垃圾抖出来装进卡车里。随后再由卡车把垃圾倒入沙漠深处,眼不见为净——这才是文明人的办事方式。

但是在开罗,这个项目很快就泡汤了。开罗的垃圾不像美国的那样,是一些轻盈柔软的泡沫塑料。开罗的垃圾繁杂、潮湿、厚重,因此当垃圾箱腾空而起,倾翻内容物时,一辆接着一辆昂贵的进口卡车车轴被压裂了。最后,这些卡车本身也变成了垃圾,烧焦的骨架散落在不时起火的垃圾堆里。街角垃圾箱的设计也很糟糕——它们的车轮太小,无法在开罗崎岖的街道上前进,收垃圾的人也没办法把它推到卡车够得着的地方。于是,垃圾箱渐渐被塞满,箱子慢慢生锈,直至成了野猫的觅食地。当它们越来越遭人嫌弃,甚至成了"不可理喻"的存在时,少年拾荒者拿着大编织篮过来,把它们清走了。

✪

眼见一个浑身脏兮兮的小女孩在狂按喇叭的奔驰车中间举起篮子乞讨,开罗人并不会为之动容。这并非因为这座城市的人都是铁石心肠。相反,为陌生人慷慨解囊在开罗并非偶然,而是惯例。平

第十章　上流社会与底层生活

均而言,每家儿童医院在斋月的慈善活动里每日筹集的资金都能达到一百万埃及镑。在一辆市内公交车上,我就曾亲眼看见一位忘带钱包的女士引发的捐钱热潮。"但是你要怎么回家呢?"一位端着一盘鸡蛋的女人问道。"你饿了怎么办?"又有一位绅士从长袍里掏出钱包问道。这位女士试图跟乘客们解释说没关系,反正她下车就会跟她丈夫碰头,但乘客们不予理会。多名乘客不顾推辞地坚持要塞给她钱,数额各不相同。因为尴尬,这位女士还没到目的地就匆匆下车离去。不过这还没完,又有一名年轻人跳下车追上她,把钱塞进了她包里。她连一声"谢谢"都没来得及说,他就一溜烟儿地跑了。

不,开罗人并非不善良。只不过日常生活的经验、历史多年的教训告诉人们,生活本来就是不公平的。开罗的贫富差距一直很大,金钱总是左右着正义,而掌握了权力的人也总是会擅权滥权。

比如,萨卡拉陵墓里一座墓室的浮雕就记录了发生于公元前1300年的一起欺诈案。类似的案件在当代开罗南部地区法院也屡见不鲜。在这幅浮雕上,一位名叫摩西的普塔神庙金库抄写员以胜利的姿态立于孟斐斯城的法官面前。根据浮雕上的象形文字解释,数十年前,摩西的表兄弟海通过贿赂赫里奥波里斯档案局的一名官员以自己的名义伪造契约,骗取了摩西母亲的土地。摩西历经四次庭审,终于在最后的第五次庭审中取胜,结束了数年的激烈抗辩,夺回了开罗南部一处房产的所有权。摩西一定认为他的胜利极其罕见,否则也不会将其刻画在自己墓室的穹顶。

徇私枉法的现象在整个中世纪十分猖獗。编年史写满了收受贿赂的法官和花钱聘请的证人,以及统治者随心所欲地绕过伊斯兰宗教法庭实施奖惩的故事。14 世纪的伊本·哈勒敦就因试图抵制无孔不入的"职业证人"一再被迫辞去法官职务。历史学家伊本·塔格里比尔迪(Ibn Taghribirdi)写道:"他无视高级官员的恳请,拒绝听取富人的诉求,因此他们开始诬害他,直至苏丹将他革职。"

但有些时候,正义也可以来得迅速而无情。小偷被绞死;闹事造反者被斩首或剥皮;杀人犯则被腰斩——据利奥·阿非利卡努斯描述,犯人被腰斩后还不会马上死,他的上半截身体还能动,还能说话,直到二十分钟后才会完全断气。短暂上位的马穆鲁克苏丹拜伯尔斯·阿尔·贾尚吉(Baybars al-Jashankir)① 有一次听到众人传唱一首取笑他名字的曲子,便当即下令割掉了三百人的舌头。虔诚的 14 世纪贵族沙伊昆曾在开罗萨利巴大街的两侧修筑了华丽的清真寺和托钵僧的旅舍,但他也引入了一种新颖的酷刑。他命亲信将一位政敌的头剃光,然后在他头骨上钻孔,再把蟑螂放进孔里,盖上一顶黄铜帽慢慢加热,让蟑螂把此人的脑髓一点点啃食干净。

有时候,犯人也许确实是罪有应得,但有时并非如此。1435年,途经开罗的西班牙旅行家佩罗·塔富尔(Pero Tafur)就看到三名商人因未能出手阻止匪徒抢劫他们的邻居(一名货币兑换商)而被处死在祖维拉城门前。这件事令塔富尔大惑不解,而他一旁的

---

① 这里说的不是马穆鲁克王朝的奠基者拜伯尔斯一世,而是在 1309—1310 年间短暂篡夺了王位的拜伯尔斯,不过他很快就被推翻并处决了。他的名字阿尔·贾尚杰来自波斯语,指他在篡权之前在宫廷中的职位——苏丹的首席试味师。

第十章 上流社会与底层生活

翻译则解释道:"开罗有很多人,上帝每天都在增加我们的数量。如果我们不同时惩罚罪犯和旁观者,到时候死的就是我们了。"

据加德纳·威尔金森(Gardner Wilkinson)爵士的描述,在1840年,开罗最主要的几个法院里总是挤满了诉讼律师,但正义仍是穷人无法企及的奢侈品。他对法院工作人员的描述在今天看来依然贴切:

> 要想让懒散的法院工作人员替你办事,最有效的办法就是塞红包。若是你不小心忽略了这事,便会招致他们毫不掩饰的不满:他们会百般刁难,暗示你注意"法院的规矩"。每当有"相信正义"的申请人天真地出现在他们面前时,他们总能找到各种理由敷衍塞责,要么推说手头上有太多事没处理完,要么说有个必须要到场的人怎么也找不着,再不然就想一些冠冕堂皇的理由说要检查事项安排,总之就是把要办的事一天天地往后推……如果借用医学术语,当出现这些明显的症状时,应立即给予足够剂量的甜味剂来减轻症状;而当服用这种受欢迎的药剂后,你将亲眼见证司法人员瞬间喜笑颜开,变脸速度之快令人称奇。

据英国考古学家弗林德斯·佩特里(Flinders Petrie)在一个世纪前观察到的情况,当邮局推出一项邮政储蓄服务时,埃及民众的反应是惊愕的:谁会傻到把钱托付给政府呢?

今天的开罗至少在名义上建成了现代的法律、金融和行政体系。政府规模过于庞大——甚至畸形膨胀。各个部委、单位、主管机构、委员会和高级委员会的职权范围极为复杂,根本没有人知道它们的界限；各个级别的国家政府机构与省、市和地方政府重叠；五花八门的安全部门维持着公共秩序：交通警察、紧急警察、运输警察、文物警察、旅游警察、道德警察、秘密警察，甚至还有更机密的国家安全调查局。每种警察的执勤区与议会辖区严丝合缝地嵌在一起，又与各个税区、学区和军事禁区交叉重叠。实际上，开罗这个城市本身就跨越了三个省级行政区划，每个省都有由总统任命的省长。大开罗没有民选的市长；相反，吉萨省的省长管理着尼罗河西岸的开罗，开罗省占据了大部分的城区范围，而许多发展迅速的北部郊区则由盖勒尤卜省管辖。

考虑到这种混乱的情况，20世纪80年代挖掘开罗第一条地铁线路的工人们因一路碰上各种水管电缆而误工也就不足为奇了：这些设施都是各行其是的主管机构自己拿主意铺设的，谁也没考虑到其他单位的规划。行政管理的混乱也是造成开罗核心的老城区被破坏的主要原因。负责建筑法规（市政局）、供水（国有的开罗自来水公司）、下水道（住房部）、交通（内政部）和文物古迹修缮（文化部和宗教事务部）的各机构之间绝少合作。埃及议会的住房委员会前主席米拉德·汉纳表示很无奈："每个部长都可以进来插一脚。他们只管修自己喜欢的东西，根本没有整体规划。"他认为开罗的管理不善是必然的结果，只有出现一位民选市长，情况才会有所改善。不过，这在开罗的历史上可从未发生过，而且也不太可能很快实现：考虑到首都的重要地位，掌管大开罗的民选市长将不可避免地挑战埃及统治者的权力。

而在全国层面，所有事务最后的汇总地都是开罗。如果济夫塔

第十章　上流社会与底层生活

有一名农民想要增加灌溉用水的份额,他必须向位于开罗的灌溉部提出申请。如果霍姆翁布有一名患有扁平足的应征士兵想免服兵役,他必须去开罗的征兵办公室才能办成。如果瓦斯塔一名邮差的遗孀想申领养老金,她也必须先赶往开罗。在每一位四肢健全的开罗人一生中,他/她总有一天会来到开罗官僚机构昏暗的走廊和布满灰尘、有如迷宫般的办公大楼里,与那些哈欠连天、贪得无厌的官员们斗智斗勇,直到带着成捆的、来之不易的盖章文件逃脱,为自己尚未丧失尊严和理智而倍感幸运。

这是一个古老的"仪式",在萨卡拉城一座寺庙的地板下发掘出的一小片莎草纸上的文字就足以证明。在这份古埃及第六王朝的记载里,来自尼罗河对岸孟斐斯城一个采石场的工头诉苦说:他和他的工人们被叫到城里去领取工资,管事的官员整整犹豫了六天才结款,而这期间他们就只能一直等。

正是这些挫折和教训培养了开罗人对所有"既定体制"的戒心。这就是为什么人们依然倾向于用一满袋的现金来进行大额交易,也是为什么对违法犯罪的补偿经常采取实物形式。法院的诉讼案件积压成山,想在那儿实现正义不知要等到何时。[①] 民众对官僚机构的不信任催生了一个巨大的补偿性行业:各种代办人和督办员。这些人提供专业服务,引导客户平稳地驶过官僚机构布满暗礁的浅滩。公共抄写员、售卖财税印章和表格的小贩,以及提供照相

[①] 据司法部数据显示,仅 1996 年,埃及的 5 000 名法官就处理了 1 168.8 万起诉讼案件,所涉人员数量达 4 400 万。法官们只对其中的 950 万起案件做出了判决。这就是为什么今天埃及已有近 2 000 万起悬而未决的诉讼案件。也就是说,埃及总人口与未判决案件的比例达到了 3∶1。

和影印服务的人员挤满了政府办公室周围的街道，跟寺庙台阶上挤满硬币兑换商的情景十分相似。

也许是因为民众对法律制定能施加的影响太小了，大部分开罗民众对法律都抱着惧怕而非尊重的态度。人们害怕法律并非因为他们认为法律是公正的或必要的，而是担心法律后续会给他们带来的麻烦。比如这位住在舒布拉区的图西先生就写信给《金字塔报》诉苦说，他的护照丢失了，而当他重新申领护照时，政府却拒绝发放，理由是从他的名字来看，他显然不是埃及人，而是突尼斯人。最后多亏了图西先生的姐姐偶然间在阁楼里发现了他们曾祖父在奥斯曼帝国时代的出生证明，他的麻烦才得以解决。又比如我在解放广场亲眼看见的一幕：某位部长车队里领头的那辆撞倒了一名闲逛的行人。见人没死，便衣警察立刻扑了上去，把他从马路上拖走，但不是送去医院抢救，而是作为恐怖分子嫌疑人进行审问。这样的故事在开罗是人们茶余饭后的话题：大家会觉得可笑，但也早已习以为常，并不觉得稀奇。

在开罗，人人从小便深受专制擅权之苦：不论是军事化训练、折磨人的考试，还是公立学校里的棍棒教育。对于大多数开罗男子来说，完成学业之后紧跟着就是三年的义务兵役。除了要忍受难以下咽的食物、跳蚤肆虐的沙漠营地、夏天的烈日烘烤、冬天的寒风刺骨以外，大部分服役人员还会发现自己的工作就是给部队开车、打杂跑腿，或是在军官的家里当用人。

开罗女子虽说不用服兵役，但除了少数请得起佣人的家庭以外，大部分女子都得扛下家务重担。就在约二十年前，传统观念因

第十章 上流社会与底层生活

对妇女"名声"的重视,还是将很多女性牢牢地拴在家里。不过,自从开罗杰出的现代小说家纳吉布·马哈福兹刻画了"思·赛伊德"这个人物(他会因为怀疑妻子往屋外瞟了一眼而殴打她)以来,进入职场的女性比例已呈稳步上升趋势。不过即便是在今天,也只有五分之一的开罗女性会外出工作。大多数不工作的女性要负责给父母和兄弟做饭、干其他家务,直到她们嫁人,随后又负责给丈夫和孩子做饭、干其他家务。在开罗较为传统的地区,家庭妇女独自外出是会招人闲话的。哪怕只是逛街买东西,她最好带上个孩子或者亲戚。这样一来,爱管闲事的邻居就没法怀疑她外出的意图了。

由于传统重男轻女的观念,丈夫通常会在家庭生活中占据强势地位,而妻子则处于弱势。这在离婚和子女监护权方面表现得尤为明显。对此,埃及人的平衡方式是让女儿出嫁时手里掌握尽可能多的筹码。根据埃及人的习惯,夫妻俩的婚房和家具用品均应由男方提供。在结婚前,夫妻双方之间会经历旷日持久的谈判,谈判内容极为详细(甚至具体到了几只茶杯这样的细节),谈判双方都会感到极大的压力。而这恰恰是因为,这段时间是这位新娘最重要的机会窗口,也是她有权提出自己条件的宝贵时刻。通常情况下,在尼罗河畔牵手散步的未婚情侣们不像其他国家的恋人们在打情骂俏,而是在就婚房里的冰箱、床和电视机的尺寸等问题谈判。这些东西是很重要的。这样,即使婚后丈夫对她不好,新娘至少还能有一定的安全感,在其他女子面前也会有面子。

在诸如此类的约束和贫困的负累之下,大部分开罗人都过得很艰难。比如52岁的乌姆·艾哈迈德①，她16岁结婚，25岁丧偶，一共生养了四个孩子。由于看不懂买卖合同，她被人骗走了自己继承的财产，只得去别人家里当帮佣。除了她自己的开销外，她同时还得养活三个孩子——她的女儿在一家政府医院当正式医生，但工资还不如她当帮佣挣得多。平时她跟女儿两个人挤在一张床上，她另外三个儿子则轮流睡另一张床。另外，就在一周之内，乌姆·艾哈迈德的两位邻居相继去世。其中一位乘坐的公共汽车从开罗大桥上坠下，造成47名乘客死亡。另一位则是一名24岁的未婚女子。她长期与两个兄弟和他们的妻子合住在一套两室公寓里，被他们像仆人一样使唤。在绝望之中，她用煤油把自己浇透，然后划燃了一根火柴。

　　这名女子的情况确属极端，但在开罗并不少见。据1995年的一个住户调查显示，开罗超过四分之一的已婚妇女至少受到过一次丈夫家暴。更令人震惊的是，四分之三的妇女认为丈夫有权殴打她们，半数妇女认为丈夫因妻子拒绝性生活而家暴是合情合理的。②尽管如此，开罗的数据也远远好于埃及的其他地区，这也反映了城市居民更好的教育背景。

---

　　① 传统的埃及人认为女性的真实姓名应该对外人保密。为保护自己的隐私不受侵犯，工薪阶层的母亲会使用其长子的名字，比如，乌姆·艾哈迈德会被称为"艾哈迈德的母亲"。

　　② 据1995年的一项政府人口和健康普查显示，92%的已婚农村妇女认为丈夫有权殴打她们。在上埃及农村，83.4%的妇女表示，丈夫因妻子拒绝性生活而殴打她们是合情合理的。不过需要指出的是，该调查采用的样本规模较小，并因此受到了批评。此外，打老婆的行为在传统上与尊严、男子气概和保护欲联系在一起。那些赞同丈夫打老婆的女性可能是想表达理想中丈夫对妻子应有的情感强烈程度。

第十章　上流社会与底层生活

在 1996 年，26％的开罗人被政府划入穷人的行列。也就是说，他们的人均年收入没有达到政府统计机构计算的"基本生活开支所需"——1 323 埃及镑（390 美元）。不过，就算是其余 74％的开罗人，他们的人均年支出也只有 2 820 埃及镑（830 美元）。以任何西方国家的标准来看，这都应该算贫穷了。尽管如此，开罗的弱势群体却似乎很反感采取任何有组织的行动来改善自己的处境。这在一定程度上是因为埃及缺失民主的历史基因。这种缺失又因现行法律的限制而进一步加剧：结社行为受到约束，成立政党、工会乃至社团都绝非易事。更何况，这些法律背后还有全球最强大的城市警力作为支持。①

然而，警察的强制力量却很少真的需要付诸实施。开罗人（不管有钱没钱）可能都没有什么公民责任感，却都有极强的道德责任感。这就意味着当看到两人在街头打斗时，旁边的路人会马上跑过去把他们拉开，安抚他们，让他们有话好好说。由于热心群众总会出来劝和调停，不时发生的打架斗殴也就成了某种有益的情绪发泄，并不会造成什么真正的危害。

虽然几乎没有正式的社区组织，自发的群众行动（如暴乱）也极少出现，贫穷的开罗市民却也发展出了自己独有的应对方式。大部分的家庭主妇都会跟几个朋友一起建一个"储蓄池"。这样一来，她们只需每月凑一笔很少的份子钱（通常不高于一百埃及镑，也就

---

① 内政部对发布这项统计数据极为敏感。由于存在众多重叠的警力队伍和分支，警察人数难以估算。不过据猜测，开罗可能有五万到十万名警察，足以让这座城市配得上它中世纪的别称——守卫森严的开罗。

是三十美元），就可以时不时有机会选择一次性提取一大笔钱，足够她们购置某个大件商品（如洗衣机）。在贫困地区，大多数家庭都会选择在家里饲养动物来增加收入。比如在一个北开罗地区典型的阁楼式两室公寓中，社工就在阳台上找到了一只羊，在厨房角落的围栏里找到了几只鸡，还在床底下找到了一笼鸽子——鸽子在埃及可是一道佳肴。

在1996年春针对达尔萨拉姆贫民区的一次突击检查中，警察就破获了八百起住户私接国家电线偷电的案件。开罗的美国大学社会学家阿塞夫·巴亚特（Asef Bayat）用"无声的侵占"来指代这种民众以私下盗取的方式来获得他们本无法获得的资源的行为。这也是开罗民众与权力部门打交道时采取的主要策略。比如，他们会把政府住房项目里的公共空间占为己用，把两栋住宅楼之间的空地变成家畜栏、菜园和集市。

在开罗城里做生意的流动摊贩总数约达二十万名。他们贩卖的商品五花八门，从玩具手机到慢炖蚕豆，应有尽有。慢炖蚕豆是埃及人每天早上的主食。马斯基街上的小贩们叫卖着"甜杏仁"，以显示蚕豆的香甜可口。不过，当人群里传来一声预警"政府的人来了"，数百名小贩就会慌忙从繁忙的街道上跑下来，捧着他们未经许可售卖的内衣、手表和其他商品，四散窜入邻近的小巷。

街头小贩在开罗所有的"非正式"劳动力中占据了45%的比例。"非正式"劳动力的定义来自开罗大学的一项研究，是指未向政府纳税的劳动人员。同时这项研究还发现，这一巨大的劳动力储量可能贡献了该市三分之一的经济产出。其中不仅包括流动摊贩，

第十章 上流社会与底层生活

还包括开罗数千个小作坊里的大多数工人。据研究发现，这些"非正式"小作坊里平均只有四名员工，其中常包括儿童。另一项研究发现，在开罗市中心地带的铝材厂里，有34％的工人不满15岁，其中12％不满9岁。

不过从某些方面来说，这些"非正式"劳动力也可称得上幸运。因为他们至少还有工作，而开罗许多大学毕业生很难找到与其学位相匹配的高端白领职位，只得沦为失业人口的主力。事实上，据开罗大学研究发现，非正式劳动力的免税工资是政府工作人员平均起薪的三倍。尽管这些车间工人需要每周工作六十个小时，工作环境恶劣，也没有社保，但他们至少不用受政府的气。受访者甚至表示，这也是非正式部门的吸引力所在。民众对政府的不信任过于强烈。当开罗大学的研究人员在市中心汽修店集中的马卢夫街附近开展调查时，工头们丝毫不给面子，直接拉下了店面的卷闸门。研究人员花了好几周才跟当地人解释明白：他们是学者，跟政府派来的检查员不一样。除此之外，开罗人似乎把"反抗权威"当成了某种行为艺术。1996年，开罗交警想通过开罚单来制止人们在拉姆西斯广场乱穿马路的行为，该地段是地铁、火车和公共汽车路线的交汇处，来往的通勤者络绎不绝。罚款政策实行后，广场上每天开出的罚单不少于两千五百张。但是警方历经一个月的努力，发现情况没有丝毫好转，仍然是每隔25秒就要向一个任性的行人开出罚单。

开罗市民普遍认为，只要按一下喇叭，就可以无视任何交通规则。这使得公路上的噪音震耳欲聋（这让我想起了马穆鲁克时代的法律，它规定只有贵族可以拥有私人乐队，而乐队乐手的数量也随着等级的升高而增加，因此一个人被允许制造的噪音量取决于他的社会地位）。实际上，这些刺耳的声响直白地宣示着广大民众对规则的普遍蔑视。比如，开罗的官僚机构就像它的交通状况一样混乱不堪，但只要关系够硬，或是找对了人、给够了钱，你的面前总会出现一条通畅的坦途。

爱德华·塞西尔（Edward Cecil）勋爵曾诙谐地讲述他于20世纪初在埃及政府机构任职的岁月。他回忆说，如果有人担任宗教事务部部长超过了六个月，大家会认为此人品位低下。因为这个位置油水太足了，太方便贪污伊斯兰宗教基金的捐赠了。埃及社会的官职被看作政府发放的某种特许经营权，即使是高层领导职位也是如此。偶有腐败丑闻登上报纸，引发一阵强烈抗议，然后政府宣布整改。不过等风头过后，该贪的还是继续贪，一切又回到老样子。

看门人是开罗最古老、历史最悠久的职业之一。在中世纪，看门人的存在还造就了一个文学流派。由于诗人被拦在门外，无法与恋人相见，只得望"看门人"兴叹，这发展成了标准的诗歌形式。彼时的看门人大多由非洲来的阉奴担任。他们是名门望族的首选，因为用他们就能保证闺阁女子的贞操不被玷污。

如今，在每一栋体面的开罗公寓楼前，都保留着一名看门人。看门人的首选也依然是非洲人——或者更确切地说，是努比亚人，

第十章 上流社会与底层生活

因为这个来自尼罗河上游地区的族群以诚实而闻名,他们中很多人都因为阿斯旺大坝的修建失去了家园,于是举家迁移到开罗。不过相比之下,现代的看门人地位低微,不太可能引发诗人哀婉的吟叹。他们的职责包括楼栋的清洁、看守和基本的维护,而酬劳则只是地下室的一个小房间的暂住权和一点儿象征性的工资。他们主要还得靠住户给的小费挣钱。

和大多数看门人一样,我住的这栋楼的看门人穆罕默德大叔也要养活一家子人,但又找不到别的途径增加自己微薄的收入。不过,他也有自己擅长的一招:拍马屁。从我搬进这栋楼到两次发薪日过后,他已经把我的称谓从"先生"提升到了"大人"。在收到斋月结束后发放的奖金后,他又把我的头衔升成了"博士",而现在我似乎已经成了一名"巴夏"。

大部分情况下,穆罕默德大叔夸张的敬语只是一种用力过猛的亲昵,但有时也并非这么简单。我明白,我的"巴夏"头衔里夹带了大量的暗示成分。就像在开罗常见的情况那样,人们的说话方式中隐含的潜台词比话语的字面意思更加重要。"如果你希望被视作一位巴夏,"穆罕默德一边模仿着敬礼的动作,一边举起扫帚向我伸出手臂,"那就像一位巴夏那样奖赏我。"(这让我想起了某个朋友讲的关于他祖父的故事。他的祖父是一位真正的巴夏。一天,这位巴夏乘马车回家,下车时给了车夫两个比索。车夫抗议说他儿子每回都给五个比索,他给的太少了。巴夏听后耸耸肩说:"可是我没有一个当巴夏的爹。")尽管距离埃及革命已经过去了半个世纪,开罗人仍然需要把人分为三六九等,把每个人放在他自己的位置上。穷人仍然以"上等人"来称呼富人,富人则往往认为自己的好运是上天眷顾的证明。因此,他们不仅接受他人的尊重,而且把这视为理所当然。那些出身低微又不幸忘了在教授的名字前加上"博士"的学生们就倒霉了:教授很可能因为这一点将他们直接挂科。我就知道有一名学生由于无意中"不尊重"教授被挂科,因为有一次他当着这位"伟大导师"的面跷起了二郎腿。

在这样一个论资排位而非以成绩定高低的社会里,学生的提问是不受到鼓励的。人们大多认为,维护权威的等级制度比追求真理更为重要。在开罗的任何一所大学里,时常能够看到教授在前面走,学生跟在后面给他提包的情景,这跟中世纪的学生抢着给爱资哈尔清真寺学院的教长提鞋没什么两样。

开罗人自己也常常对这种溜须拍马的行为嗤之以鼻。甚至在六百年前,马克里齐就曾斥责他的同胞以这种狡诈和欺骗来"取乐"。这位历史学家哀叹道:"他们比任何其他国家的人都更擅长谄媚和奉承,甚至还因为这一点出了名。"①

在那些从更加平等的社会来到开罗的人(包括大多数的阿拉伯人)眼中,开罗人话语中敬称的繁复程度已经到了荒谬的地步。诸如"尊驾""尊贵的夫人""阁下"之类的敬语比比皆是。比如,在

---

① 这是马克里齐对开罗人最温和的批评。以下是他对开罗人道德观的评价:"大多数人都淫荡下流、沉迷享乐,耽于琐事,轻信他人,意志薄弱。他们擅长狡诈和欺骗……并以此取乐……他们恣意妄为,马虎大意。我们的教长阿布·扎伊德·阿卜杜勒·拉赫曼·伊本·哈勒敦,愿真主怜悯他,告诉我埃及人民的行为就好像他们是刚从审判日被放出来的一样。伊本·阿拉比亚说,埃及人是征服者的奴隶,他们中不乏最聪明的年轻人和最无知的老糊涂。"

第十章　上流社会与底层生活

拥挤的街道上帮人停车的"服务员"会这样对车主说话："哦，尊贵的巴夏阁下，我愿为大人您效劳。请问尊驾您的车需要清洗一下吗？"这样的语言反映了一种根深蒂固的等级观念。这种观念可以追溯到马穆鲁克时代——每名衙门官员都要佩戴与自己官阶相称的帽饰，而普通老百姓的着装则要与他们的信仰和职业匹配。或许它还可以追溯到更加遥远的过去。在那个时代，法老被认为是人与神之间活的纽带。因此，接近这尘世权力的中心就意味着接近永恒。"我比其他任何一个仆人都更受国王尊敬。"这是第四王朝普塔神庙大祭司普塔希斯最引以为豪之事。他甚至把这些文字刻在了自己位于萨卡拉陵墓的墓室里："陛下允许我亲吻他的脚，因为陛下不希望我亲吻土地。"

五千年后，开罗的社会金字塔仍然是底部庞大，顶部窄细。那些处于底层的人一如既往地认为，获取权力的唯一途径是尽量贴近那些真正掌握控制权的少数幸运儿。机构和单位通常都是一个领导说了算，结果如何完全取决于他的个人性格。商业帝国的经营范围则极为分散，因为企业家们知道通往财富的最快途径不是技术或技能，而是如何巧妙利用跟政府领导的关系。在非商业部门——甚至政党内部——民主实践极为少见，而且经常受到人为操纵，根本没人把它当回事。

就连开罗的警察队伍也呈现出头重脚轻的组织形式（它也一直如此——9世纪时福斯塔特的警察体系就是由几名高层官员、众多薪水微薄的警员和密探组成）。有一次我坐在出租车里，司机不顾我的反对，执意拐进一条挂着"禁止入内"标识的狭窄街道（开罗司机的典型作风）。即便是当一整队穿着制服的巡警向我们走来时，他也丝毫没有面露惧色。果然，巡警们只是让出一条路来让我们通过。这时我注意到，这些人全都是普通警员，中间没有一名警官。这就是说，他们无权采取任何行动。

"需要多少名警员才能抵得上一名警官？"我问司机。

他想了半天，最后说："我猜是无限个吧。"

✖

在描述公元前三千年末的一段动荡时期时，一位名叫内费尔胡的赫里奥波里斯城的主教这样形容灾难的降临："这个国家像陶工手里的转轮一样疯狂地旋转，盗贼成了主人，而名门贵妇却被赶出了门外。"

纵观历史，开罗市民深信，等级制度的崩溃标志着最严重的社会动乱的到来。然而证据表明，开罗社会始终处在反复的自我重组之中，这个过程从未间断。在开罗，阶级之间一直都是流动的，而不像印度的种姓制度那样是固定不变的。只要谁手里有钱，有权力，便足以成为更高阶级的一员。比如，在1952年军事政变后大约二十年的时间里，大部分军官和拥有田产的贵族世家联了姻。当今开罗最富有的实业家之一最初只是一名考试辅导老师；许多声名显赫的娱乐圈明星、房地产巨头以及埃及共和国历任的四位总统也都出身于贫寒家庭。

不过，相比马穆鲁克时代一位女子麻雀变凤凰的经历，开罗当

第十章 上流社会与底层生活

代这些"乞丐变富翁"的故事不算新奇。在14世纪中期,马穆鲁克王国的"歌乐局"(一个负责给妓女颁发营业执照并对娱乐行业征税的政府机构)花二十第纳尔买来了一个阿比西尼亚裔的女奴。这位女奴名叫"伊蒂法克",是"一致"的意思,或者更雅致一点,意为"和谐"。根据历史学家马克里齐热情洋溢的描述,伊蒂法克的皮肤像"黑曜石一般闪耀,嗓音甜美动人,歌声更是完美无瑕"。当时的苏丹伊马德丁·伊斯梅尔对她一见倾心,并将她娶入了后宫。不过由于伊斯梅尔的早逝(因病而亡而非被人所杀,这在马穆鲁克苏丹当中实属罕见),他的兄弟赛义夫丁·沙巴恩宣布继位。而就在沙巴恩登基的当天,他迫不及待地迎娶了伊蒂法克。据马克里齐记载,伊蒂法克得到了同时代任何女子都无法企及的恩宠。沙巴恩为她修建了一座宫殿,仅是里面的陈设就花了9.5万第纳尔。"她拥有四十件镶满珠宝的礼服、十六件金丝刺绣的礼服,以及八十张面纱,其中有的单件价值就达到了一千第纳尔,最低也达到了两百第纳尔……"

不过,伊蒂法克的传奇人生此时才刚刚开始。沙巴恩被废黜后(后来被绞死),取而代之的是他15岁的弟弟哈吉。这位新统治者也娶了伊蒂法克,并彻底沉溺在对她的迷恋之中。"伊蒂法克成了他唯一的关注,完完全全地占据了他的心。"马克里齐写道。与此同时,伊蒂法克的权势越来越大,甚至连教她唱歌的老师也被授予了贵族的封地,但这样的隆宠招来了其他马穆鲁克贵族的嫉妒。他们强迫尚在少年的苏丹将伊蒂法克逐出皇宫,剥夺了她所有的财产,包括一枚价值十万第纳尔镶满宝石的王冠。不久,哈吉就被杀了,但名声在外的伊蒂法克却过得不错。她嫁给了富有的高官希巴特·阿拉。等到希巴特死后,伊蒂法克再次嫁人。她的第五任也是最后一任丈夫是遥远的摩洛哥王国的苏丹。他与她共度余生。

即使是在开罗的统治阶级当中,也很少有人能将家族祖先追溯到四五代以前。这是因为在开罗,财富的流动性通常很强。伊斯兰的继承法会把家族遗产分割等额的数份,这就使得财富难以聚沙成塔。另外,开罗变幻莫测的政治局势也在不断地调整着阶级结构。

不过,即使不考虑上述因素的影响,开罗人热衷消费、疏于储蓄的习惯也会导致财产的流失。在人前保持体面一直被开罗人认为是首要的社会责任。对开罗人而言,低调可不是什么美德,大张旗鼓才是。更何况,由于贫穷是如此的迫近,只要能炫一把富,当然不能错过机会。华丽的婚纱礼服、小汽车、价值十万美元的婚礼,还有论公斤点的鱼子酱和海鲜大餐,这些对于消费得起的开罗家庭都是必需的。即便是那些消费不起的家庭,他们宁愿破产,也不愿丢了脸面。一顿临时约定的午餐到最后往往会变成一场丰盛的宴会。主人会用一道道丰盛的菜肴将客人团团围住。由于这种铺张浪费,开罗人的肥胖率和胆固醇水平居高不下,不过这样至少也比被人说"吝啬"要好得多。

在许多开罗中世纪的宏伟建筑里,主人会划分出截然不同的房间,分别用于公共展示和私人生活,而这样的安排在普通的现代公

第十章 上流社会与底层生活

寓里也依然存在：摆放着镀金家具和银制小摆设的大客厅只在招待来客、跟亲家谈判等需要充面子的场合才会启用，就像法老神庙或科普特教堂里的圣殿一样，是专为新加入的人员准备的。其他所有活动则被转移至一个"非正式"的客厅，里面温馨地布置着电视机、儿童玩具和安乐椅等。

开罗人对待穿着和言谈都带有谨小慎微的细致，原因大致相同。有一句埃及谚语是这样说的："吃饭是为了取悦自己，而穿衣是为了取悦他人。"伊斯兰律法也教导人民："脑子里想什么随你所愿，但不要口出恶言亵渎了神。"若是被电视台记者抓住采访，开罗市民极有可能会对着镜头滔滔不绝说政府的好话。但若是在私底下，他的发言则很可能会变为尖酸的嘲讽。

在这个社会，羞愧是一种如影随形的负担，而非做错事情的歉疚。也许这就是为什么开罗人会在人前与人后的行为之间画出一条明显的分界线。这也是为什么开罗人倾向于搁置疑问，即便知道某件事的真实性可疑，也会先表达口头上的支持或同意。但场面话说完以后，他会眨眨眼、耸耸肩，该怎么认为还是怎么认为。

"我们是一个'假装'的社会，"卡斯尔艾尼医院的一位医生曾向我解释道，"我们谈论规则，假装我们打算遵守。我们的政府自欺欺人，假装自己是个民主政府。我的一些同事通过作弊手段拿到了医学学位，却假装成有真才实学的医生看病问诊。因为他们确实考完了试，并假装没有贿赂考官。"

就连开罗的地理区划也反映了这种行为方式上的差异。

19世纪末的开罗有着截然不同的两个部分：一个是曲径通幽的老城，另一个是有着笔直马车道的新城。虽然没有任何物理屏障将这两个区域隔开，但就如一本埃及回忆录一针见血的描述："一边是油炸食物的气味，另一边则是希腊面包店和瑞士糕点屋的香气，两种不同的气味让新老城区泾渭分明，仿佛在它们中间立了一道铁丝网。"

到20世纪末，开罗给自己披上了一层更加复杂的外衣，但过去的区域划分却保留了下来。比如在尼罗河西岸，通往上埃及的铁路干线将穆汉迪辛区布局整洁的街道与布拉克达库鲁区杂乱无章的小巷分隔开来。这两片区域都是过去二十年里建设起来的，但是前者将城区行车纳入了道路规划的核心，后者的街巷却还是按照路人的通行习惯自发形成，与中世纪的城镇几乎没有什么区别；前者有入时的连锁店、超市和装空调的办公室，后者则有街角商店和露天车间；前者有可以做心脏搭桥手术和整容手术的医院，后者则有优惠诊所、草药医生和产婆；前者有绿树、公园和钢筋混凝土的高层建筑，后者则没有任何公共开放区域，砖头砌成的公寓把人口压缩进一个个垂直排列的小火柴盒里。

像穆汉迪辛区这样的地带给了开罗一个由林荫大道、现代建筑、街灯和标识牌组成的门面。然而，只有少数的开罗人会在这片

第十章 上流社会与底层生活

"正式区域"生活——这片有旅游巴士和官员的豪华轿车驶过的区域才是政府认可并妥善管理的开罗。除此之外,还有三分之二甚至更多的开罗人都生活在未做市政规划的"大众区域"。据一次住房调查发现,开罗80%的新建筑位于这些大众区域,包括被城市吞没的乡村地区(如上面提到的布拉克达库鲁区)、近代修建的开罗旧城区,以及城市边缘的棚户区——这些棚户区有一天也会变成像老城区那样人口密集的城市空间。

在大众区域生活,日子可能不怎么好过。由于缺乏隐私,家庭妇女和未出嫁的女子不得不每天被圈在狭小的公寓里,周边也没有可供儿童玩耍的场所,这些都为住户之间的口角埋下了隐患。纷争的导火索通常只是些鸡毛蒜皮的琐事:脏水滴在了楼下晾晒的衣物上,孩子之间拌嘴吵架,邻居往公共过道里乱堆垃圾等。印巴巴是穆汉迪辛区北部的一个贫困地区。据该地区的警察局长对《金字塔报》的记者所述,该警局每天会收到不少于一百起邻里斗殴事件。其中一例典型案件的情况是这样的:一个家庭主妇在楼道里溅了水,邻居孩子踩上去后滑倒了,随后引发的斗殴导致15人被送往医院。

不过,像印巴巴这些区域的居民却很少认为自己居住在贫民窟。在这里,下水管道要不经常泄漏,要不压根没建,停电更是家常便饭。但是这些"大众区域"却有一种亲切的人情味,也没有受到犯罪和青少年不良行为等城市问题的严重影响。考虑到部分区域的贫困程度,开罗总体的公共安全水平算是非常高的。也许这是因为,尽管开罗的面积很大,但大部分市民仍然住在村庄规模的、彼此分隔的空间里。在这些小小的世界里，邻里之间相互认识，人们也都在意自家的名声。铁轨对面的居民讲体面、有规划的生活（尤其是他们享有的隐私空间）虽说令人羡慕，但是对于大多数开罗人来说，显得太过遥远，不如直接归为异类。

13世纪时，来自格拉纳达的诗人伊本·萨伊德（Ibn Sáid）写道，开罗是一座穷人也能生活得很好的城市。他进一步解释说，这是因为"面包供应充足、价格低廉，城市内外有各种音乐会和娱乐活动，满足欲望的渠道很多：穷人可以随心所欲，在集市上肆意舞蹈，不穿衣服四处晃荡，服食大麻制剂和其他麻醉品取乐。18世纪末，一个跟随拿破仑的土耳其变节军官发现开罗人中贫穷的那部分似乎生活得更有滋味"：小贩、搬运工、赶驴人、工匠、皮条客和妓女（简单地说，就是普通民众的底层）都对自己的职业很满意，因为他们能享有很大的自由度。据拿破仑带去的学者估计，当时开罗三分之一的工匠经常消费鸦片和"蜜制大麻脂球"等毒品。

如今，开罗的工人也还是比"上等人"更放纵于吸毒、嬉笑、开玩笑和其他找乐子的行为。当"大众区域"的婚礼用饮宴狂欢占据了深街小巷时，富人昂贵的舞厅聚会却是一成不变的单调乏味。乘坐"鸡屁股"、"白粉"和"荡妇"（开罗人对不同奔驰车型号的叫法）① 来到五星级酒店的富人们不得不正襟危坐好几个小时，忍受没完没了的靡靡之音和肚皮舞表演。他们因一心想着保持威严，

---

① "鸡屁股"形容一款车高高翘起的车尾，叫"白粉"是因为只有毒品贩子才能买得起，叫"荡妇"是因为车头灯很像又大又圆的眼睛。早期的奔驰车型被称为"鳄鱼"和"猪"——所有这些叫法都揭示出普通民众对奔驰车主的看法。

第十章　上流社会与底层生活

担心做出不得体的举动，而不能站起身来自由跳舞。

❈

不过，对于开罗的穷人来说，只要想到历史可能恰恰是站在他们那边的，未尝不是一种安慰。如果有一天历史注定要重演，富人们那些宽敞的住宅也将归他们所有。事实上，开罗城中许多标志性的建筑一开始都是精英阶层的专属领地，但到头来都落入了普通民众手里。如果这座城市真有什么恒定不变的特质，那便是这种永恒的、无休止的流转。

据考古学家推测，孟斐斯古城的遗迹之所以如此稀少，原因就在于这座古老都城只是一场"流动的盛宴"。修建金字塔的法老们很可能把宫殿修在了自己陵墓的近旁。这些高大的建筑［或者古埃及文字中的"per-ra"，是"pharaoh"（法老）一词的词根］演变为国家的临时首都，吸引了大批侍从和幕僚前来。不过，一旦继任的法老为自己的陵墓和宫殿选定了新址，这些仆从也就随之而去。此后，人去楼空的皇家建筑并不会一直弃置不用，而是被穷人占据。比如，河谷神庙（与吉萨的门卡乌拉金字塔大有关联）的考古发现表明，在法老离开后不久，就有民众擅自在神庙的庭院内建造了泥屋，并且——用权威金字塔学家马克·莱纳（Mark Lehner）的话说——将这里变成了某种"圣地贫民窟"。

中世纪的统治者也会选择离开那些陈旧、冗杂、不再能提供宫廷式奢侈的居住区。在8世纪时，阿拔斯王朝的总督在福斯塔特的东北角建立了一个行政区,并将其命名为"阿斯卡尔",意为"兵士管区"。仅一百年后,当时的埃及总督伊本·图伦就发觉阿斯卡尔已经太过繁冗,不符合他的喜好。他在更偏北的地方修建了一个更宏伟的城区,命名为"格塔伊耳"(即"驻扎营")。据说这里可以轻松容纳一万名士兵,还配有宫殿和带动物园的游乐场,以及(据后世传说)一个装满水银的池子。总督会坐在丝绸制的垫子上,由拴着银链条的女奴隶们拖着他在水银上前进。后来,随着伊本·图伦的势力越来越大,他宣布埃及脱离阿拔斯王朝独立,并以自己的名义铸造了金币。但图伦王朝并没有维持多久。905 年,一支阿拔斯军队重新占领了埃及,格塔伊耳被夷为平地,只留下了城区中心的清真寺。据说这座清真寺可供伊本·图伦麾下的所有士兵入内祈祷。①

但开罗精英阶层逃离拥挤的城市最典型的例子还是 969 年"al-Qahira"(意为"胜利之城")的建立。法蒂玛王朝的哈里发穆仪兹·阿拉(al-Mu'izz li Din Allah)声称想远离世俗事务。他追随前人的足迹,在福斯塔特的东北方筑起了一道道围墙,将空旷的土地间隔开来。不过,仅仅三百年间,他在这片新区筑起的两座宫殿之间的阅兵场就演变为了"卡萨巴",也就是中世纪开罗城的主干道。

随着现代社会的人口激增和民众对建筑法规的无视,许多开罗的"正式"地带人满为患,失去了中产阶级的青睐。于是,有身份

---

① 伊本·图伦清真寺今天依然是开罗最大的清真寺。环绕其巨大庭院的双层院墙保护了这座建筑,使其免遭被改建成旅馆和疯人院的厄运,甚至还抵挡住了近年来汹涌的城市化浪潮。

第十章 上流社会与底层生活

有地位的人搬出去,平民百姓搬进来。甚至像穆汉迪辛这样的新区也出现了这样的趋势,街道上挤满了汽车和商店。由于城里缺少停车场,富有的开罗人搬往城市周边的沙漠丘陵。投机商人们不顾伊斯兰教千年的禁忌,抢夺了尼罗河谷东部和西部的土地。到20世纪末,地产商们忙着给开罗的特权阶层规划新城。穿着保安制服的现代"看门人"在市郊的主题社区里巡逻,社区的名字大多是"梦之乡""比弗利山庄""格陵兰""英伦小镇""高尔夫城"一类。电视广告和报纸彩页里展示着带石柱和门廊的现代别墅,称其为拥挤的城区优雅的替代品。一张广告插页上得意扬扬地写着:"所有人都梦想住在这里,但不是所有人都住得起。"

开罗城建筑规划的任性无常从一个例子便可见一斑:一名房地产开发商发现,有一个低收入住宅楼紧邻他计划开发的庄园式别墅社区。为了确保买他别墅的客户的游泳池不被该住宅楼的住户窥视,这个聪明的家伙买下了俯瞰别墅社区的一整栋六层楼,并计划将它夷为平地。

※

20年来未曾间断的城市扩张让如今的开罗变得丑陋不堪。捉襟见肘的预算、巨大的住房需求、监管的松散和建筑人才向海外的流失,这些因素结合在一起,使开罗城呈现出一幅粗制滥造、未加修饰的面貌。宏伟的大理石入口让位于黑暗、狭窄的走廊和低矮的天花板。建筑物表面附着管道、电缆、空调、招牌、天线和电视卫星设备等物，看起来驳杂而丑陋。

美感不断消逝，这蔓延到了开罗的老城区。在过去属于"花园城"的地带，包括马阿迪、赫里奥波里斯和扎马莱克等区域，铁锤和打桩机马不停蹄地工作，用一幢幢高楼取代了过去的别墅群。在开罗市中心的伊斯梅利亚区，战前欧洲的气息十年前还萦绕在温斯坦文具店、里奇咖啡馆和格罗比茶馆等地，现在却已渐渐消散。除此之外，这座城市的空间格局也发生了改变。清真寺、街头小贩和停放的汽车占据了为婴儿车准备的人行道；广告牌和重新翻修的店面遮盖了新古典主义的建筑造型、装饰派艺术的门廊和新艺术风格的旋转锻铁栏杆。老旧的"本地"住宅区的风格和习惯受到现代的批量生产、扩音器和霓虹灯的侵蚀，甚至连赫迪夫伊斯梅尔修建的庄严的林荫大道也丢掉了自身的巴黎风情，倒更像是一座集市。据著名开罗记者卡米尔·祖哈里回忆，"加达拉"是 20 世纪 50 年代卡斯尔尼尔大街最负盛名的鞋匠铺，过去它常会在橱窗里摆放一双做工精良的鞋子。而现在，就像街上的其他店铺一样，它橱窗里展示的鞋子足够开罗体育场里人脚一双了。

尽管如此，过去古姆胡里耶街划出的区域界限如今依然存在。这条大道自北向南，从拉姆西斯广场一直延伸到曾经的阿卜丁皇宫。赫迪夫伊斯梅尔修建的巴黎风情的林荫大道正是以这条街为起点向西延伸。而在它东边，过去"西方区"通过人行道和红绿灯强加给开罗的"秩序感"正在消失，逐渐让位于"东方区"的城市肌理。

这块 3.75 平方英里的区域当年围绕着法蒂玛王朝的哈里发穆

第十章 上流社会与底层生活

伊兹皇城的建造，可追溯到距今一千年之前，但它还远不是开罗历史最古老的区域：在尼罗河对岸坐落着孟斐斯古城，北部有赫里奥波里斯古城，南部还有早期伊斯兰王国的首都。但是这片被埃及人称为"穆仪兹的开罗"的区域是留存至今面积最大的前现代街区，不仅其街道规划几乎被完整地保留了下来，而且它也是当今开罗人口最稠密、最繁忙的区域之一。小作坊挤满了每一条小巷，生产的商品从汽车零件到专供游客的骆驼玩偶，应有尽有。街道两旁的每一寸空间都被狭窄的店面所占据，路中间则摆满了小贩的摊位，往来的手推车和驴车络绎不绝。

就在这片繁忙的街区，还矗立着六百多座中世纪的历史遗迹（有的经过了妥善的修复），足以将穆仪兹的开罗变成一座伊斯兰建筑的露天博物馆。别的古城顶多只有某一个伟大王朝的遗迹，但这里的遗迹却覆盖了伊斯兰历史上所有的时代和风格，从9世纪的伊本·图伦清真寺到19世纪穆罕默德·阿里建造的宫殿和喷泉。马穆鲁克时代恢宏的清真寺、学院里宽敞的庭院和精雕细琢的石头穹顶；模仿早已消失的亚历山大港的灯塔而建造的三层尖塔；奥斯曼帝国时期的公共喷泉、浴池和驿站；大理石镶嵌装饰和栅格屏障的富商宅邸，今天，这些华美的建筑依然见证着开罗作为最闪耀的"世界之都"的光辉时代，它们面向老城主干道和游览路线卡萨巴街绵延开来，其规模之大、风格之纯粹优雅令人称奇。

※

今天，这些宏伟的历史遗迹大多丧失了原本的功能。由虔诚的信徒捐赠给这座城市的喷泉过去每天都有运水工负责注满，但现在却已干涸。除了爱资哈尔清真寺学院，所有旧日的伊斯兰教法学院都不复存在，取而代之的是现在大学里的法学院。开罗大部分老旧的核心区域已无声地坍塌。繁忙的交通和偶发的地震对它们造成了破坏性的影响。破损的下水管道让腐蚀性的液体渗入了古老石灰石墙壁的多孔结构，它们迅速开裂，剥落出彩色大理石装饰面板。混凝土公寓俯瞰着附近倒塌房屋的瓦砾，双层立交桥环绕一座 15 世纪的清真寺拔地而起。市场上充斥着塑料和铝合金制造的商品，过去的皮革和黄铜制品几乎看不到了。

衰败的景象虽说令人伤感，但至少证明这个地方还活着。虽然它不像许多欧洲老镇那样保持得整洁有序，也不像重建的美国弗吉尼亚州威廉斯堡殖民地那般鲜明活泼，但它却是一座生生不息的城市。开罗的老城区倾向于隐藏和诱惑，而不是将它的珍奇全然展现在人们面前。对于第一次来到这里的游客而言，尚有许多惊喜值得发现。比如 14 世纪雅什巴克宫的巨大废墟里，潜伏在地下室蝙蝠旁的是一辆福特 T 型车，不知为何被主人留在了那里；站在宣礼塔的露台上眺望，会看见夕阳在无数灰暗的穹顶和烟雾笼罩的塔尖之间落下。

在老城区的生活节奏，饱经风霜的建筑表面和紧凑的公共空间里，仍然保留着明显的年代感。远离主街的狭窄小巷两旁，建筑物虽说不像旧日那样遮蔽天空，为夏日带来宜人的凉爽，但巷子的宽度仍然没有超过中世纪的规格，也就是刚刚够两匹满载的骆驼同时经过，并且大多依然是人行步道。除行人以外，在小巷里穿行的还

第十章 上流社会与底层生活

有小型铃木卡车,这些装运重物的载具取代了过去无所不在的驴子,它们的喇叭被改装成了台湾产的汽笛,会播放"兰巴达"的曲调。不像开罗市中心那些不加分类的百货商店,这里全部都是高度专业化的小店:缝纫机一条街、电视一条街、钟表一条街、纽扣一条街、手工工具集市、专营螺钉和钉子的小巷,还有一整片专卖洋娃娃以及奢华婚礼需要的餐盘和喜糖的市场。店里的商品被垒成好看的金字塔状。在靠近尼罗河的维卡拉塔巴拉地区,二战时期处理剩余军用物资的场所发展成拥挤的跳蚤市场,出售旧衣服、旧家具、拆除的汽车零件等。在靠近市场的东墙边,是毒品贩子的交易区(十年前已被缉毒队取缔)。年轻的毒枭们在搁板桌子上给印度大麻称重,干瘪的老人每周五下午蹲守在小巷里,等待哈吉·穆斯塔法的小儿子从他父亲存货充裕的商店里送来定量的免费鸦片。在某些商品一条街里,各种商铺不知不觉中形成了一条完整的产业链:从木材批发市场到售卖木工用具、沙发填充物和织锦缎的店铺,再到沙发框架和木头雕刻,最后到制作好的成品——路易十六式的镀金座椅和紫色天鹅绒沙发。这些商品带着十足的神气,躺在集市的土路上沐浴着开罗的阳光。

最重要的是,老城区保留了一种旧日的地域感——一个个微型社区围绕一个特定的行业、一座清真寺、一家咖啡馆、一家杂货店和一位教长的坟墓发展起来。这里的社区单位不是依照地形特征或宽阔的林荫大道划分出来的街区,而是最普通的巷道,也就是纳吉布·马哈福兹在他的小说里赞美过的巷道。

在过去,每条巷道都实行事实上的自治。每天黄昏后的第二个小时，人们刚一结束晚祷，巷道的看门人就会关闭大门，把居民与外面纷乱的世界隔绝开来。两百年前，当拿破仑的军队占领开罗时，他们发现开罗城中有五十多条巷道都被高墙和大门牢牢封锁。东方军团在开罗做的第一件事就是将这些障碍物全部拆除。也是多亏这个决定，他们的大炮后来才能通行无阻，并成功镇压了反抗侵略者的埃及人民。

自那时起，老城的肌理就一点点被磨平了。希腊人离开了希腊人聚居的巷道，犹太人遗弃了犹太人居住的巷道，只留下几座基督教堂和犹太会堂在偏僻的街道上自生自灭。富人们离开了他们的高堂华屋，丢弃了树木繁茂的庭院、喷水池和高高的集风口，搬去了更新、更宽敞的区域，那儿的房子都通了电，还配备了精良的水暖装置（或者他们是这样以为的）。那些没被文物保护主义者挽救回来的宅邸慢慢被新来的农村移民给占据了。他们把山羊拴在黄铜制的门把手上，在花园的喷泉池里洗衣服，把精美的栅格屏风从窗户里扔出去生火。作为古往今来不同命运的交汇之地，这些昔日的巷道如今并没有沦为贫民窟，而是成为坚定自豪的工人阶级居住地。

有句话是这么说的："富人创造时尚，穷人保持传统。"如今在老城区里，仍然能欣赏到跨越时间的开罗民俗风情。这里更多的行人穿着传统的民族服饰：男子穿的是一直垂到脚背的长袍"galabiyya"，而女子则把自己包裹在纯黑的宽袍"milāya"里。也是在这里，开罗所剩无几的甘草饮料摊贩会穿着传统的肥裤子、围着缎面宽腰带忙生意。他们的黄铜杯子叮当作响，像一场响板表演，穿过周围的骂声和笑声。在洋铁匠一条街，这些杯子的碰撞声与铁匠

第十章　上流社会与底层生活

锤子的撞击声混成一片，听起来像是一个失去控制的木琴乐队。焚香者转着手里的香炉，一边低声祈祷，一边在各家店铺间游荡，换取几个金币的小费。

在斋月期间，在老城区的亲切感和传统惯例的吸引之下，开罗人会成群结队地来到侯赛因清真寺附近的咖啡馆和小吃摊。在一夜的豪餐饱食之后，守更人会在黎明到来前巡视街道，敲鼓示意信徒在太阳升起、禁食开始之前，再抓紧时间吃一口食物或是抽最后一口烟。男孩跑到屋顶上照看自己养的鸽子。少女来到街角的储水管处，把水灌满手里的罐子，然后扭摆着身子回家去，任由对面咖啡馆里的游荡者描绘出她们曼妙的曲线。

❈

阿斯弗是老城区的一家老牌咖啡馆。店内的瓷砖地板上摆放着稻草坐垫的椅子和黄铜面板的长桌。一位表情严肃的男子穿着朴素的白色长袍，他既是这儿的老板也是保镖，同时还为客户充当双陆棋和纸牌游戏的裁判。屋外，他引以为傲的葡萄藤为一排临街摆放的木凳洒下绿荫。

我就是在这里遇到阿什拉夫的。那天我倚着咖啡馆的墙坐着，假装偷瞄街对面打水的女子，抽着一管极好的水烟，扮演当地看客的角色。我几乎没留意到身旁那位健壮的绅士，只是略有些感谢他没有与我攀谈，而是让我沉浸在自己的思绪中——这在开罗是一种难得的奢侈。

没过一会儿，我就抽完了第一管水烟。我的烟瓶里放的是一种黏性的混合物，名叫"马阿西尔"（ma'assil），由切碎的烟草炖在糖蜜里熬成，这是开罗人的一项优秀发明。在尼古丁带来的快感中，我把煤炭一个个夹出来，放在黄铜制的烟盘上，取下旧烟瓶，把新烟瓶拧上去。不过，我还没来得及把煤炭放到烟碗里，邻座这位客人就探过身来，往我的烟瓶里放了一小块黑色的东西。他什么也没说，只是坐回原处，露出鼓励的笑容。在四目交汇的瞬间，我也只得报之以微笑。若我回绝这位邻座客人任性的入侵，那无疑是一种背叛——对开罗精神的背叛，对我自己秉持的东方宿命论的背叛，对这位喜笑颜开的陌生人的背叛。

他给我的东西气味浓厚馥郁，散发出带巧克力味的烟雾。

就像后来我发现的那样，不管阿什拉夫走到哪里，都不忘往袜子的松紧带里塞一先令重的大麻。若是碰上爱管闲事的便衣警察，只要偷偷动动脚趾就能把它抖落到地上。我发现，对于阿什拉夫所在街区的男子而言，抽大麻这件事是最普通不过的。如果一定要说它有什么特别的话，那就是它是男子气概的体现，是体面的标志，也是开罗男人绅士气质的一部分——整洁的穿着、勤勉的祈祷、严格的禁食、蔑视政治、礼让、慷慨、独立、谦虚、体力强健（阿什拉夫虽然矮，却有着宽厚的肩膀）——这一切都带给了阿什拉夫作为真正的土地之子应有的尊重。

在那几年里，我们经常见面。有时是在阿什拉夫的公司里，这是一个狭小的作坊，他和一个助手、一个幼年学徒在晶体管收音机的伴奏下组装电动甘蔗榨汁机——这种辊式压力机类似老式洗衣机

第十章　上流社会与底层生活

上的轧布机。一到下午5点，整个街区，不，是整座城市的所有工厂都会把收音机调到同一个电台，听众可以在长达一小时、由伟大的开罗天后乌姆·库勒苏姆演唱的抒情歌曲中徜徉。之后，我们又会回到阿斯弗咖啡馆。在那里，阿什拉夫把我介绍进了他的朋友圈子：健壮如牛的屠夫里达、金匠哈格·易卜拉欣、机械师曼苏尔。有时阿什拉夫会在傍晚邀请我去他那边参加当地的圣纪节，或是去参加他哥哥福阿德的婚礼。让我惊讶的是，婚礼的核心娱乐环节是街区中央一台机器上播放的色情视频。家庭妇女们站在楼上敞开的窗前，大声说着粗俗的俏皮话，而坐在下面的男人们则带着敬畏默默地观看。

　　阿什拉夫给了我看待这座城市的全新视角，而我眼中的开罗也一度变了模样。阿什拉夫居住的巷道里的那个世界尽管受到贫穷和传统的限制，但它无疑是完整的。人们的品味简单而精致：吃最好的炖蚕豆、抽最干净的水烟、以慷慨和勇敢的品质为荣。他们与过去的联系也没有被切断。这里的生活节奏围绕着每天五次的祈祷、斋月的禁食、朝圣季节的盛宴，以及当地的圣纪节进行。个人行为的导向是职责而不是需求：不能背叛朋友、不能欺骗家人、不能一直不结婚，这就意味着不能在存钱买婚房和装修上面有丝毫犹豫，而且也不能没有孩子。至于外面的那座开罗城，除了偶尔以官僚和警察的形象闯入以外，其余时候都是无关紧要的存在。当地八卦受到的关注度远高于发生在开罗的新闻。在人们眼里，开罗的其他部分无异于一个妖妇——邪恶、放荡，被他人占有。

　　当阿什拉夫穿过开罗城来我这边时，可以看出他并不是十分自在。他的一举一动都带着僵硬，这里有宽阔的、没有人情味的街道，电梯和扶手椅，书籍和酒精，以及我的女性友人们，她们既不戴面纱，也和我没有亲属关系，却大大方方地与陌生人随意交往。我的疏忽大意有时也会引来尴尬，比如我让阿什拉夫写下他的地址，却没有意识到他不会写字；比如我忘记了我的卫生间没有足够的用具供虔诚的穆斯林使用（与伊斯兰厕所必备的汤壶瓶相比，光用纸擦是多么的粗野啊！）；另外我还发现，我周围的环境也缺乏传统的端庄。说话时的既定公式、对真主的提及、标准的赞美和慰问词，以及热情好客的姿态在哪里？那些本应伴随我好运的展示品在哪里？那些装满小摆设的玻璃橱柜、小玩意和镀金的家具在哪里？

正是通过阿什拉夫，我才开始意识到开罗的两个世界是多么的天差地别。

阿什拉夫有一位表弟（或者根据阿拉伯语里的确切说法，是他母亲的妹妹的儿子），他在开罗大学攻读艺术史学位。为了写一篇重要的论文，这位表弟必须看懂一些书，而这些书却是用他不理解的英文写成的。具体的原因我现在想不起来了，总之我答应了阿什拉夫，帮忙给他表弟翻译一下书里的内容。

虽然感觉有些怪异，但我还是在某天下午，在阿什拉夫的作坊里和他的表弟会面了。他表弟的穿着显得过于正式，他很喜欢咯咯傻笑，这不是个好迹象。看得出来，与阿什拉夫不同，这位表弟是个下定决心要逃离这片巷道的人，这也是他身上不安的根源。后来得知的情况也证实了我的猜测：他表弟对艺术史的兴趣是"制度使然"，而不是他自己的文艺追求。他对我坦陈，他本想读一个更有用的学位,比如商科,但是因为埃及实行一考定专业的制度(分数最高的学生分配到医学和工学,剩下的人只能读法学和文学),所以阿什拉夫的表弟也只得忍受被分配到艺术史专业的命运。

因为他表弟的书还放在家里,所以我们坐上了他的小摩托车,穿过小巷,穿过行人,在坑洼的路面上颠簸,最后停了一栋老房子敞开的门前。他把摩托推到一个筑有泥墙的狭窄院子里,楼上一位晾晒衣物的女子回房拉上了百叶窗。鸡在院子的一角留下一摊摊粪便,一条受惊的野狗慌忙从我脚旁溜走。

他带我走进院子旁的一个长方形的房间。这里刚好够放下一条长凳和一台大得不相称的电视机,还有配套的录像机。这无疑是一个用于展示的"正式"客厅。他在电视机附近徘徊,似乎是想把我的目光从这间陋室转移过来。"看部美国电影怎么样?"他问。"当然可以。"我回答道。不过我很快就为我的礼貌后悔了,因为这是一部彻头彻尾的血腥暴力凶杀片。在接下来的一个小时,从不绝于耳的尖叫和撕扯声中,我大概明白电影讲的是一把斧头突然活了,砍断了整个得克萨斯州半数青少年的手脚。每当我决心放弃无用的挣扎,把眼珠转回到屏幕上时,"鲜血"就会变本加厉地喷涌而出。

接下来,更恐怖的事情出现了,阿什拉夫表弟的论文主题竟是抽象表现主义。他翻着一本关于杰克逊·波洛克的书,对着插图皱起眉头,然后把这些异教徒的文字递给我,静待我给出权威的解释。但是,光是用我有限的阿拉伯语解释抽象表现主义的矛盾修饰法,再加上它背后的西方绘画、艺术和哲学背景(而很快我就发现他对这些一无所知)就已经极其困难,更不用说从夸张的描述中提取出意义，比如"这位画家发现他的滴画法蕴含着浑然天成的几何与分形"，又比如"他终于到达了极致的自由"。这完完全全是一场文化短路。我唯一能传达给他的是，一个美国人在一块大画布上随意滴了些颜料，然后很多朝圣者都去博物馆里对这些作品顶礼膜拜，并花大价钱买下了它们。就算是我自己听起来，这些话也跟阿拉丁的飞毯一样荒诞不经，不过我感觉他还是相信了我，仅仅因为它们确实出现在了一本书里，还配上了图片，而且也与"西方人无理由地不加节制"的普遍观念相符。

几天后，我总算从头痛中缓了过来，阿什拉夫的表弟送给我一份礼物。那是一个小小的木头盒子，表面镶嵌着象牙和珍珠母贝（或者更确切地说，是塑料仿制的象牙和珍珠母贝）组成的几何图样。在这个既实用又赏心悦目的小物件里，似乎潜藏着来自古老东方世界的一句申斥。至今我还保留着这个小盒子，虽然它上面的嵌体已经脱胶了。

几年后，我听说阿什拉夫的表弟加入了埃及流往中东石油国家的知识分子劳工潮，去了沙特阿拉伯开卡车。他寄回家的钱变成了老街区里的一幢六层公寓，取代了一栋已经倒塌的房屋（不过并没有造成人员伤亡：当时房子里只有两个人，他们正在二楼做爱。不知走了什么运，房屋倒塌时，他们的旧黄铜床正好滑出窗户，直接落到了巷子里，两人逃过一劫）。

至于阿什拉夫，我们渐行渐远，回到了各自的世界和对"体面"的定义。也许我变得过于"开罗"化了。我身边的朋友们也不再是过去的那个阶层。对他们来说，开罗老城区的巷道就跟狄更斯

第十章 上流社会与底层生活

笔下的"伦敦东区"一样遥远而陌生。

就在离阿什拉夫居住的巷道不远的地方,在有着千年历史的爱资哈尔清真寺的背后,矗立着一座15世纪的大宅,被称为"扎伊纳布·卡顿之宅"。

就在几年前,有一对来自贫穷的埃及南部地区(这个地区的埃及人以面包和洋葱为主食,也是历史上开罗的建造者和拆毁者)的兄弟修复了这座宅邸。有一天趁工头不在,他们扳开了一块大石板,猛然瞧见里面有一道金光闪过,兄弟俩赶忙在土里摸索。他俩找到的这个宝藏数目可观,价值不可估量。可能是害怕马穆鲁克人的劫掠,不知多少代以前的居民在地下埋藏了成百上千枚金币。

兄弟俩分了赃,并发誓保守秘密。他们很狡猾,表面上还是每天去打短工,背地里则卖掉金币,换成现金存起来。不过后来有一天,他们还是被自己的愚蠢和上埃及人特有的暴脾气给出卖了。两兄弟中有一人怀疑帮自己处理赃物的金匠动了手脚,于是和后者大吵起来,并试图掐死他。随后赶来的警察看到双方争议的物品,当即就给两人戴上了镣铐。大部分的金币后来都被成功追回,存放在伊斯兰博物馆里。兄弟俩被关进了监狱。但是最可悲的是,这件事在整个老城区里引发了掀地板和凿墙的热潮,让文物保护主义者们痛心疾首。

这座大宅如今改建成了博物馆。它宏伟的轮廓占据了爱资哈尔清真寺背后街道的一个拐角。它采用典型的开罗中世纪风格,第一层是用石头砌成的,再往上则是用砖砌。它的外墙上没有任何装饰,以便打消税务官敲竹杠的念头。唯一能看到的就是高处向外突出的有栅格遮挡的窗户。这样一来,扎伊纳布·卡顿就能站在这里,不戴面纱欣赏着外面的世界,而她的名声也不至于受损。从入口进来后,通过一个低矮的拱门,然后沿着曲折的走廊走到尽头,眼前会豁然出现一个石板铺成的院子。这就是那个时代开罗人的梦想:拥有属于自己的一片天空,在开阔空间的北面修一个抬高的门廊,迎面吹着三角洲凉爽的微风。就是在这里,在这块通往庭院的古老花岗岩门槛下面,"一个宝藏被找到了"。一位独自坐在这里的头发花白的工人告诉我。刚开始他对我很警惕,问我是什么身份,是警方的线人、外国的特工还是我有什么他不知道的。不过,随着他叙述的展开,先前的谨慎慢慢变为愤怒。他扒拉着破旧的背心和长裤,带着浓重的上埃及口音激动地咆哮,喉结不住地上下颤动:"诅咒政府!看看我,我想吃肉,我想要鞋子。诅咒我的家人!我亲哥哥的儿子,那两个贪婪的混蛋,一点儿也没透露过黄金的秘密,全都给他们自己留着呢!结果呢!现在他俩都在监狱里,不用工作,政府养着他们呢!他们的小孩在家里还能吃上肉。而我呢?我呢?我只能吃面包和洋葱。我诅咒他们所有人!"

※

我乘坐的出租车慢慢远离了爱资哈尔清真寺和扎伊纳布·卡顿

第十章　上流社会与底层生活

的宅邸，远离了老城区那片驳杂的棕褐色，最后驶下天桥，直接到了歌剧院广场。虽然司机并不会意识到，但这一路上我们不仅跨越了开罗几个世纪的历史，而且也在一个更现实的维度中穿行——从贫困的深渊到达了财富的高峰（我也在思考着这个维度究竟有多宏大。也回忆起有一天，我在一个拾荒者的小屋里度过了一个上午，小屋周围是都是瓦楞铁扎成的猪笼。坐在那个铁皮小屋里的泥地上，一只老鼠真的就从我同伴的手上跑过，我们听着年轻漂亮的屋主说起她心脏的杂音，说起她没钱支付自己需要的手术，以及她担心自己死后没人抚养她的三个孩子。当天中午，我去一位出色的心脏外科医生的豪华公寓里做客，与他共进午餐，而这个男人刚好就拥有她需要的一切。欣赏着他窗前尼罗河的壮观景色，看着远处烟雾缭绕的地平线上那位拾荒者所在的村庄，我思考着如何才能连接起这些截然不同的世界）。

出租车陷入了市中心拥挤的车流和人流中。车子走走停停，驶过了迈阿密电影院挂出的本周放映广告牌。海报画家细致地描绘了一个肌肉男三层楼高的鲜红躯干上的每一条纹路。背景是一个遇险的少女，穿着绿色便服，半空里飘着一把枪和一辆带奔驰三叉星徽的加长豪华轿车。

司机发出一阵抱怨。换了是我每天开着一辆老式的俄罗斯产菲亚特，在拥挤的车流中磨蹭十个小时，赚钱供六个孩子上学，想必我也会抱怨。（事实上，考虑到他们面对的情况，开罗职业司机的沉着冷静着实令人钦佩。有一次，我坐在一辆更破的老旧汽车里沿着河滨路缓行。突然间，伴随着一阵雷鸣般的撞击和骇人的刮擦声,出租车猛然停在了路中间。正当我惊慌失措之际,只见司机一动不动地坐着,头垂在方向盘上哀叹:"又来了!"显然,这已经不是发动机第一次熄火了。)在拥堵的街道上,我们的出租车短暂地停在了一辆蓝色警车旁。里面关押的嫌犯(可能是宗教恐怖分子)重重地拍打着警车的金属车身,高喊着"真主是伟大的!除了安拉没有神!"一辆摩托车喷着两团黑乎乎的烟雾插到我们前面,刮擦了出租车的挡泥板。司机探出车窗,大声问候了此人的祖宗,最后以"婊子养的!"作为结束。看来,在开罗生存除了要顺从天命以外,保持斗志也是很重要的。

很快我们就过了河,来到吉萨这一侧。临河的高层建筑组成了一道密不透风的高墙,每栋楼的楼顶上都放置着圆盘式的卫星天线。再往上游还能看到矗立的吊车:一座摩天大楼即将拔地而起,顶层公寓正标价两千万英镑出售。我之所以知道这些,是因为上周我刚刚在金字塔附近的种马场认识了一名承包商。这名意大利工程师的工作是为这栋大楼的室内游泳池安装水下音响系统。预算是多少呢?"十万美元,"意大利人耸耸肩,欣赏着畜栏里腾跃的阿拉伯种马,"用来干什么我不懂。反正他们让我装,我装就完了。"

一辆造型优美的轿车闪着远光灯超了我们的车。车里的人打着电话聊着天,他看上去很开心,想必是因为知道他这辆车哪怕一个交警队花光他们毕生积蓄也买不起,其中就包括刚才那个挥手示意他通过红灯的交警(这些交警血液里的铅浓度是全世界任何职业里最高的)。

不一会儿,我就来到了一个由抛光花岗岩镶板包裹的大堂,在三名全副武装的保镖的注视下走进电梯。在24楼,一位穿着整洁的缎面长袖衣服的仆人替我开了门。他是我的女房东扎扎的管家,叫"蔬菜"。他的真名并不是"蔬菜",这只是扎扎在背后对他的爱称。扎扎喜欢往所有东西里加入一点逗趣搞笑的成分。她女仆的代号是从一个常见的埃及名字直译过来的,叫"感情";她的司机汉姆迪则被她称为"我的感激"。

扎扎在客厅里踱着步。

"你没开玩笑吧,图图,那也太难以理喻了!"她手里拿着无线电话,朝我转了转涂着眼影的眼睛。她又用手捂住听筒,绿色的指甲油跟她手指上鸽子蛋大小的祖母绿戒指颜色正好相衬。

"帮我个忙,"她指指角落里的吧台压低声音说,"给我弄一杯吧,跟平时一样的就行。"

当我调好两杯伏特加汤力时,扎扎已经挂断了电话。"天啊,这女人可真讨厌。"她说道,露出她最迷人的皓齿。她往烟嘴里装烟时留意到了自己的指甲,抬头冲我眨眨眼说:"这个颜色丑死了,不是吗?但我喜欢。"

扎扎有一位稍有些反常的巴夏父亲,高贵的突厥人血统使她有着羊皮纸般苍白的皮肤、墨黑的头发和直爽的性格。她讲着一口流利的法语和英语,因为她年少时常常混迹在瑞士格施塔德、巴黎的乔治五世大道和伦敦多切斯特酒店。她的服装品位紧跟日本的时尚设计师。她结过两次婚,也离过两次婚,可她一天班也没上过。"感谢上帝!"她常常挂在嘴边。

扎扎有一大群身居高位的表亲,所以在她这里总能听到最有料的八卦。据我猜测，图图大概就是这些表亲中的一个，她一直在跟扎扎讲她在另一位表亲跟某个暴发户实业家的婚礼上的见闻。

"你能想象吗，"扎扎躺在一张长靠椅上愉快地对我说，"婚礼请柬是用银托盘刻字！我是说，他们直接拿刻字的银托盘当请柬！刻了一千个。还有自助宴会！"她灌了一大口伏特加，"说出来你都不信，宴会主题好像是'走出非洲'之类的，服务员都穿着椰壳胸衣配草裙。而且他们还用士兵的光头来盛烟熏三文鱼——这点简直要了我的命！"

为制造出夸张的效果，她特意停顿了一小会儿才解释。

"这是因为，新郎的叔叔是个将军。"

我还是没懂。

扎扎挥着她涂着绿色指甲油的手，不耐烦地解释道："他命令一整个旅的士兵全部剃成光头，晚上把他们运到宴会厅，让他们坐在桌子底下，把头从桌子的洞里往外伸，然后客人就从他们汗津津的光头上取走烟熏三文鱼。"

她咯咯笑着，直到把脸笑抽了才停下来。

"虽然爸爸以前也让仆人把剩菜剩饭埋在花园里，好不让农民看见，不过革命以前我们还真没见过这么俗气的事情。这事儿都足够让我去当修女了！"

恐怕没有这个可能性，我心想。

"当然，"扎扎补充道，"图图认为这场婚礼棒极了。"

第十章　上流社会与底层生活

深夜，斯里兰卡裔的仆人又开了一瓶黑方威士忌。我们聚集在一位名流装潢师的会客厅里。房间采用东方主义的巴洛克风格：黄铜瓮里养着叶兰，地上铺着贝都因风格的地毯，长沙发的靠背上镶嵌着珍珠母贝，松散地覆盖着波斯和高加索毛毯。今晚这里举办的是一场化装舞会。不过，虽然几十名宾客穿着各式各样的奇装异服，屋子里的气氛却很是阴郁。据报道，一名宗教极端分子刺伤了埃及文坛的元老——现年八十多岁的纳吉布·马哈福兹，致使他身受重伤。

在会客厅外俯瞰尼罗河的阳台上，一位全身裹着机车皮衣的黎巴嫩名媛正在和一个头戴丝绸头巾的印度王公（其实是一位有世袭爵位的比利时外交官）说："武力是这些冷血的恐怖分子唯一理解的东西，就应该把他们全都吊死。"

门铃响了，装扮成法国香颂女王伊迪丝·琵雅芙的男主人手里拿着威士忌，穿过聚会的人群去开门。门猛然打开，两个身着白色长袍的长胡子男人冲进房间，一边高喊着"万岁！"，一边拿着玩具冲锋枪向客人们疯狂扫射。这一招很成功，屋子里响起一阵阵尖叫和爆笑。而且其中一名恐怖分子的扮演者正是一位科普特裔政府官员的表兄弟。所有客人都被这讽刺给逗乐了，屋子里的气氛终于活跃起来，还没等大家注意到，黎明的唤拜声就已渐次响起。此时，男主人正在表演他著名的模仿秀——《咆哮的40年代》里的宠儿塔希娅·卡里奥卡，世界上最苗条、最性感的肚皮舞演员。

第十一章
开罗之声

第十一章 开罗之声

> 城市流于文字表面。
> 街巷是她的声带,
> 杀死了替罪的羔羊。
>
> ——埃德蒙·亚贝斯(Edmond Jabes),《城市之钥》(*Les Clefs de la Ville*),1951 年

> 哦,我们的舌头真了不起:
> 它连钢铁都能融化。
>
> ——艾哈迈德·福阿德·内格姆(Ahmed Fouad Negm),吟游诗人,1970 年

"不是所有会写文章的都是诗人,不是所有能哼小曲的都是歌

手,不是所有戴头巾的都是博学的教长。马背上的不一定都是骑士,台下坐的也不一定都能听懂。"

这抑扬顿挫的吟唱刚一响起,就立即让全场观众沉浸其中。歌词的最后一句带着扬起的音调,配上台上表演者狡黠的目光,无疑是对台下观众发起的挑战,唤起他们参与这场讲述中来的欲望。此时正是 20 世纪 90 年代,人们更习惯于欣赏的是莫扎特和莫里哀的作品,而不是一个穿着长袍和戴着乡下人的披巾、鼻音浓重的阿拉伯农夫讲的民间故事。不过,这位名叫伊扎特·阿尔·奇纳维(Izzat al-Qinawi)的表演者正是埃及最后的故事大师之一。他仿佛施了咒语,让整座开罗歌剧院深深着迷。

今晚的故事讲述了阿拉伯部落巴尼·希拉勒的英雄阿布·扎伊德(Abu Zayd)传奇人生中的一个片段。这部浩大的史诗巨著肯定是没法用斋月期间的三十场晚间演出讲完的。故事大致是说,阿布·扎伊德因为出生时皮肤黝黑,遭到生父抛弃,并在放逐中成长为一名骁勇的战士。后来他英勇战斗,差一点就杀死了他的宿敌,却不知那人正是他的父亲。最后,阿布·扎伊德与父亲和解,并带领巴尼·希拉勒一族战胜了突尼斯的国王。伊扎特·阿尔·奇纳维完美地驾驭着这个故事,时而在散句中信马由缰,时而在韵句中狂奔猛突,时而在低声的叙事中曳步而行。他甚至会不时停下讲述,扫视人群,挑一个听众出来,问他是否跟上了故事的节奏。就像荷马在描写他的主人公阿喀琉斯的盾牌时不惜笔墨一样,这位吟游诗人在刻画英雄手持的奇迹之剑时也不吝盛赞。就像古希腊的盲人吟游者用竖琴作为伴奏一样,伊扎特·阿尔·奇纳维也用他的双弦小

第十一章　开罗之声

提琴奏出了一首细声如笛的曲子，身旁还有鼓手打着节拍，合唱团反复唱诵着故事里那些最引人入胜的语句。

一如往常，故事在悬念的最高点戛然而止：阿布·扎伊德会杀死自己的父亲吗？要不是在歌剧院里，奇纳维本可以示意听众奉上一堆金币，来继续展开下面的情节。但是在这个座无虚席的大厅，他得到的只有全场起立、热烈的掌声和第二天报纸上的评论。批评家们不无自豪地将他"优雅的本土艺术"与时下更流行的"粗俗的电视肥皂剧"进行了对比。

✵

与所有伟大的民间史诗一样，阿布·扎伊德的传奇故事也是改编自真实的历史人物。巴尼·希拉勒这个游牧部落在 11 世纪的某个时候离开了阿拉伯半岛，向西迁移。他们也曾对开罗构成威胁，但法蒂玛王朝的哈里发穆斯塔西尔破财免灾，把这个惹是生非的游牧民族遣去了遥远的敌国，也就是现在的突尼斯。巴尼·希拉勒部落四处劫掠的故事就由说书人传给了学徒，后来又与几个世纪以来贝都因人记忆中的神话色彩和一波三折的故事情节相结合。虽然距离巴尼·希拉勒人来到埃及又被逐远走已经过去了不知多少年，这些故事依然在流传。

阿布·扎伊德的故事一直是中世纪开罗听众的最爱。在那个时代，"说书"还是一项十分专业化的艺术。随着时代变迁，听众的口味发生了变化，后来兴起的广播电视取代了旧日的吟游诗人，咖啡馆里再也看不到他们的身影。若没有偏远的上埃及基纳省寥寥可数的说书人的惊人记忆力（他们正是巴尼·希拉勒部落残存的后裔），阿布·扎伊德的故事早就湮灭在了时间的长河里。

1830年，据爱德华·莱恩所说，他在开罗遇到的巴尼·希拉勒史诗这部作品的说书人就有五十位。在那个时代，开罗的咖啡馆里还有很多其他"剧目"可供选择，从先知的故事到《一千零一夜》及其衍生的外传。据莱恩所述，马穆鲁克苏丹扎希尔·拜伯尔斯的历险记就有三十名说书人讲述，受欢迎程度仅次于阿布·扎伊德。这部作品并非源自民间传闻，而是来自官方宣传机构。与在遥远的沙漠里和远古部落作战的阿布·扎伊德不同，拜伯尔斯的传奇主要发生在13世纪末期的开罗街头。

作为内部政局不稳、战火不断的马穆鲁克王朝的奠基人，苏丹拜伯尔斯迫切需要忠诚的臣民。为了推行个人崇拜主义，他命令史官撰写关于他一生的英雄事迹。他甚至还雇用了一批说书人去传播有关自己虔诚和英勇的故事，这就跟现在开罗的国家信息部制作的宣传短片很相似。这些短片汇集了国家要员出席重大场合的画面，配以激昂的军乐。在每场电影开播前，影院都必须先把这些短片播一遍，这个做法直到几年前才取消。不过，随着时间的推移，拜伯尔斯的传记渐渐面目全非，等它传到莱恩经常光顾的咖啡馆的时候，已经演变成了一个绝妙的寓言。

根据中世纪编年史综述，拜伯尔斯是马穆鲁克奴隶兵出身，他一路披荆斩棘，以铁血的兵戎生涯和狡诈的政治手腕走上了权力的巅峰。但是在说书人的版本里，拜伯尔斯的形象却完全不同：他是

第十一章　开罗之声

一个没落王子，从小父母早逝，但他识破阴谋，力克顽敌一举成名，并成为受人尊敬的贵族来到开罗。从这里开始，为了迎合开罗听众的需求，故事情节一转，虚构的描述完全脱离了史实：拜伯尔斯雇用了一个名叫奥斯曼的当地人当马童，这个机灵鬼喧宾夺主，成了后半段故事的主角。而扬名天下的拜伯尔斯，曾"击败了蒙古骑兵和十字军"的英雄，却只能在自己的故事里靠边站，让位给说书人凭想象创造的这个小人物。

奥斯曼是个厚脸皮又市井的城里人，他会用押韵的阿拉伯俚语来愚弄讲突厥语的古板官员。在他眼里，开罗与"浪漫"和"高雅"完全不沾边，这个被他称为"摇钱树"的城市里到处是匪徒、恶棍、小偷伪装成的教长、徇私的法官、阴险狡诈的秘密警察，而萨拉丁城堡里高高在上的苏丹则是个无可救药的酒鬼。

奥斯曼成了拜伯尔斯深入开罗"地下城"的向导。拜伯尔斯作为表面上的主角，代表着国家力量，但被淡化为一个有些模糊的行刑者形象，他讲的是抑扬顿挫的古典阿拉伯语，而那些精彩的台词都来自真正的主角奥斯曼。这个马童带领着一个由乞丐组成的队伍，靠着歪打正着的暗中侦查将各种罪犯绳之以法。他揭露秘密警察的首领和首席法官原来是未受割礼的异教徒，最后他还逮住了开罗地下城的"教父"。此人叫穆卡勒德，是个穿着入时的皮条客和诈骗犯。拜伯尔斯用他的剑赶走了所有邪恶的、假扮穆斯林的异教徒。

也许正是由于这种与现代精神格格不入的宗教必胜主义，拜伯尔斯罗曼史在20世纪的"剧目"中销声匿迹（只剩下了文字，不像巴尼·希拉勒部落史诗那样尚在说书人口中传诵）。但是，这部作品把基督徒描绘成危险的、潜入伊斯兰内部的敌对势力，反映出它迎合了中世纪听众需求。拜伯尔斯罗曼史从一部官方的"圣徒言行录"演变成了一部幽默剧，一个夹杂着开罗工人阶级喜闻乐见的地下阴谋的故事。在这个故事里，真正的世界不是萨拉丁城堡和城堡里处理的公共事务，而是城堡之下的街巷和集市；真正的英雄是一群乌合之众，而不是他们声名显赫的主人；真正的语言不是拜伯尔斯呆板的照本宣科，而是奥斯曼开罗式的妙语巧辩。

今天的开罗仍然存在着一高一低两种声音，而这一现象还要从阿拉伯语本身说起。

英国诗人罗伯特·格雷夫斯在 20 世纪 20 年代曾说，他在开罗大学的学生似乎有两种截然不同的思维模式，可以在"自由放任、享乐主义的咖啡馆和电影院模式（法语倾向）与正经的官僚做派的道德说教模式（英语倾向）"之间随意切换。格雷夫斯不会说阿拉伯语。如果他学了阿拉伯语的话，他就会意识到，他的学生们的母语为这两种"思维模式"的并存提供了充足的空间。

正如阿拉伯音乐对四分音的使用让它拥有了比西方的音阶更丰富微妙的表现空间，阿拉伯语的纵向深度也是其他语言无法比拟的。梵语在今天已经演变为印地语，拉丁语已经分化为十几种不同的语言，而阿拉伯语却一直保持着它的多语言统一性。虽然它已经发展出了无数个现代分支，但它与源头的垂直联系依然没有

第十一章 开罗之声

断。阿拉伯语涵盖的范围从一千四百年前的《古兰经》，到13世纪神秘主义者的诗歌，再到开罗街头顽童的隐语暗号无所不包。这就好像在日常英语里加入了最早的希腊语、詹姆士一世钦定版的《圣经》、街头的黑帮说唱，再加上五角大楼的官僚说辞。

古典阿拉伯语，即书面语，被认为是普遍通用的标准，因此其纯洁性得以从制度层面得到保障。爱资哈尔大学会安排一名全职人员仔细核对每一本新版《古兰经》的每一个字母，以确保它们与原始版本一模一样。根据埃及法律，若在《古兰经》里放错了一个变音符号，都可能招致监禁的责罚。与此同时，开罗的阿拉伯语学院的学者埋首故纸堆，努力为"计算机"和"收音机"等现代事物寻找纯粹的阿拉伯语说法，以捍卫语言的纯洁性。

就如法国巴黎的"法语纯洁性"卫士一样，阿拉伯语学院的努力也以失败告终。开罗人顽固地使用英语发音化的阿拉伯语来指称这些现代发明。阿拉伯口语已经不可逆转地吸收了过去一千年里外界的影响：既有法语和意大利语的艺术和机械词汇，又有土耳其语的等级和职业名称，还有英语的科学和商业术语。"罗巴比起亚！"这是任何一个二手商贩推着小车穿过开罗街头都会喊的叫卖声，但他本人可能完全不知道自己说的正是如假包换的意大利语：robe vecchie，也就是旧衣服的意思。开罗的拍卖商在落槌一张所有开罗丈母娘都会为之疯狂的法国第二帝国样式写字台，或是一幅展示18世纪巴伐利亚林间空地野餐场景的针绣挂毯时，最后的倒数三声用的也是意大利语的"Alle uno, alle due, alle tre！"。

古典阿拉伯语在日常讲话中用得很少，阿拉伯口语也很少以书面形式出现，除非需要用它强调口语化的效果，如动画字幕、歌词和广告语等。与古典阿拉伯语在时间维度上的纵向整合相反，阿拉伯口语在地域维度上出现了横向分化。比如，一个摩洛哥人和一个伊拉克人几乎完全无法理解对方，除非他们求助于书面的阿拉伯语，或者阿拉伯世界内部借由音乐、电影和电视传播甚广而普遍通用的开罗话。

由于"高等"的阿拉伯语（即书面语言）与神圣的《古兰经》的渊源，它通常也隐含了事物在"应然"层面的含义。书面语言是理想化的宗教和官方用语，是英雄拜伯尔斯在自己的罗曼史中使用的语言。而"低等"的阿拉伯语——小人物奥斯曼的语言——则倾向于表现事物在"实然"层面的情况。大多数情况下，这两种语言都是各行其道、泾渭分明的，这给开罗在地理和习俗方面的分裂意识又增加了一个维度。但有的时候，二者也会出现融合，比如政治家时而会用某个简洁有力的口语词语来强调一个观点，以此来点缀他的高谈阔论，而乞丐则常常引用代表完美之至境的《古兰经》里的经典句子来请求路人的施舍。

除此以外，"高等"的阿拉伯语也是新闻报道的专用语言，这为时事动态罩上了一层严肃的色彩，而这种严肃性在惯于炒作的西方新闻界已经消失了。《金字塔报》典型的催眠式标题会这么写："首脑会议为阿拉伯世界的团结和双边关系取得了重要的积极成果"。即使是最骇人听闻的犯罪行径也会使用这种文字表达，比如世族仇杀事件中的杀人犯证词可能会这么记录："因此我不得不给这个邪秽的恶棍大力一击，以便为我被杀的亲兄弟报仇。"此外，优雅悦目的阿拉伯语书写体也为最简单的词句赋予了更重要的含

第十一章 开罗之声

义：开罗公共汽车磨损凹凸的表面印刷着精美的团花式书法体文字，而这些文字只不过是写着"开罗交通管理局"。

书面语言赋予了官方公告如天然宝石花纹般恒久的质感。由于开罗的广播电台和各大报社都掌握在国家手中，它们自然也继承了拜伯尔斯时代的官方笔杆子的角色，向民众灌输官方版本的历史叙事。它们对新闻的排序方式不是按其重要性，而是按所涉人物的官职级别——就跟古埃及画家描绘的法老身形是普通人的三倍大是一个道理。这些报道也会不时给领导人唱唱赞歌，其溜须拍马的程度不亚于萨卡拉遗址发掘出的一篇文字记录：当法老阿蒙诺菲斯三世（Amenophis Ⅲ）询问该任命谁为孟斐斯港的首席长官时，朝臣们的回应是："我们能教普塔（工艺之神）如何做工吗？我们会教透特（文字之神）如何说话吗？"

但是，与其他的"东方"地域（如萨达姆时代的巴格达）不同的是，世俗、古老的开罗富有怀疑主义精神。在这里，花言巧语在脚踏实地的态度面前总是显得一文不值，而且不论官方的标语口号吹得多响，若是没有在实践中推行应用，民众也是不买账的。就在埃及在六日战争中惨败后，一群开罗作家向政府请愿，要求从官方宣传中删除"战斗"一词，因为大家认为"政府并没有发起真正的战斗来收复埃及失去的领地"，而对这个词语的滥用使其丧失了"力量、效果和信誉"[①]。

[①] 同样，历史学家纳达夫·萨夫兰将民主在埃及无法推行的原因归结为阿拉伯语中"民主"一词给人引发的联想："对'民主'一词纯粹理想主义的理解是埃及出现的多种怪象的根源。很多政治家和社会运动一边歌颂民主，一边又压制甚至完全摧毁民主赖以运作的机构和程序。"

古埃及人最喜爱的故事是《雄辩农夫的故事》(*Tale of the Eloquent Peasant*)。从第十二王朝以来，它就一直是抄写员练字的专用文本，受欢迎程度可见一斑。这个故事讲的是一个因贫穷而备受欺压的农夫，凭借善辩的口才，一路将冤屈诉至孟斐斯城的国王耳中。这个故事里包含了埃及某种经久不衰的国民性，因此也一直是开罗民众集体意识的一部分。《圣经》中约瑟的故事就有可能受到了它的影响，20世纪一些早期的开罗戏剧和音乐剧也受到了它的启发。

如今的《消息报》也有一部连载系列漫画，描绘的是一个坐在统治者脚下的农民，他姿态谦卑，却用荒诞不经的土话巧妙地揭示出政府的各种不靠谱。

《雄辩农夫的故事》的经久不衰反映了这样一个事实：在这个权力一直集中在首都一小撮精英分子手里的古老国家，文字往往成了普通人手中唯一可以用于反抗的武器。尽管历代的马屁精们都从埃及国王那里拿到了重金厚禄，普通民众却从不惮于为统治者奉上奚落和揶揄。

穆塔纳比（Al-Mutanabbi）是中世纪阿拉伯最不攀附权贵、也最受人爱戴的一位诗人。他出生在伊拉克库法城的一个挑水工家庭。虽家境贫寒，但他很快就展现出超凡的诗歌天赋，这使他在阿拉伯东部为富裕阶层服务。后来他来到开罗（在10世纪的，这座

第十一章 开罗之声

城市还叫福斯塔特），并在卡弗尔·阿尔·齐曼姆（Kafur al-Zimam）的宫廷里担任撰述颂词的职务。

卡弗尔·阿尔·齐曼姆是非洲宫奴出身——Kafur 意为"樟脑"，这是个烂大街的宦奴名字。但作为统治者，顶着这么个名字就显得有些可笑了。从伊赫希德王朝晚期到法蒂玛王朝崛起前的这段时间里，卡弗尔已上位并掌握了埃及的大权。卡弗尔对他的宫廷弄臣们偏爱有加，在公元 954 年的大地震后，有人提出地震是由于民众跳舞赞颂统治者的美德而引发的，此人得到了一千第纳尔的赏赐。穆泰纳比以前也没少从这种慷慨中获益，但后来他逐渐对这位主公产生了反感，指责卡弗尔不顾人民忍饥挨饿，自己过着奢侈的生活。最后，得罪了卡弗尔的穆泰纳比为了逃命，不得不离开福斯塔特，并发出一串杀伤力极大的嘲讽作为回击：

> 在遇到那个太监之前，我依稀记得，
> 思考是头脑的工作。
> 现在，我看明白他的智商了，
> 毫无疑问，他的思考是在裤裆里完成的。

这样的词句在开罗历史上反反复复地出现。正是因为开罗人传唱了类似的押韵文来嘲讽马穆鲁克苏丹拜伯尔斯·阿尔·贾尚吉，才导致三百人被割掉了舌头（他的统治很快就被推翻了）。再举个小例子，从诗人穆泰纳比的时代往后再过五个世纪，历史学家伊本·塔格里伯蒂曾写道：如果把一只鞋子掷向腐败的开罗总督的后脖颈，这只鞋定会抗议："我究竟做错了什么，为什么要这样对我？"

理查德·伯顿（Richard Burton）爵士在翻译《一千零一夜》时也察觉到文字中暗含的讽刺语调。他揭示了开罗式的说话风格对这部包罗万象的作品的影响，并将其描述为"欢闹嬉戏的拉伯雷式幽默中隐藏着桑丘潘沙式的尖刻狡黠"。

在今天的开罗，没有什么比机智诙谐更能赢得众人的钦佩了，也没有哪个特质比埃及人说一个人有着"沉闷的血液"更令人鄙视，因为这就是在说此人没有幽默感。不过，不分场合的打趣也会惹人气恼：开罗集市街道上商人的欺哄会耗尽客人的耐心，当然开罗本地人除外。但若是换个角度，积极融入这种精神的话，就会发现大家纯粹只是为了好玩——况且这也比西方人典型的"各人自扫门前雪"的沉闷要有意思得多，对"荒诞"的敏感度能为最简单的交流添加一些乐趣。毕竟除了开罗，还有哪个城市的出租车司机会从车里跳出来，跪在柏油路上亲吻十字路口的白线呢？这是我亲眼所见：司机亲完地面，起身便对过来准备开罚单的交警喊道："长官，您来看看，白线已经不生气，我轧它了！"

就像罗马人谈论美食，伦敦人谈论天气一样，开罗人通过机智诙谐的双关语和俏皮话打破陌生人之间的距离感。坐在开罗的任何一家咖啡馆里，都能听到一串串妙语连珠，伴随着众人的捧腹大笑，直至整座咖啡馆陷入一片哄然大笑。开罗最厉害的喜剧演员可以连续好几个小时不带重样的巧语绝伦，直到让听众笑到筋疲力尽才罢休。这些故事里最常见的取笑对象是萨伊迪（Sa'idi），指那些来自上埃及地区的土包子。最典型的搞笑剧本是这样的：一个亚历山大人、一个开罗人，还有一个萨伊迪一起被困在了沙漠，一个精

第十一章 开罗之声

灵出现了,答应实现他们每人一个愿望。亚历山大人说:"让我在玛莫拉的沙滩上躺平,我周围都是穿着比基尼的女孩。"话音刚落,他就消失了。开罗人说:"把我放在侯赛因清真寺的祷告垫上。"随后他也消失了。萨伊迪面露痛苦之色,半天才说:"我觉得太孤单了,能不能拜托您把我的朋友们都弄回来?"

遭殃的不只是萨伊迪,开罗人幽默起来可不管什么皇亲贵胄。1981年,就在萨达特总统遇刺后的几个小时内,最新炮制的笑话就传遍了开罗城。在萨达特遇刺去世前不久,许多人就注意到,他额头上长出了一块"葡萄干"——这是指前额上一小块发皱的皮肤,一般是因祈祷过于热切,额头撞地造成的,但民众并不相信萨达特真是什么虔诚的信徒。我记得就在他遇刺的当晚,咖啡馆里就有人开玩笑说,当清洁工们打扫他身亡时站立的检阅台时,就在地板上捡到了总统额头上掉落的"葡萄干"。

在开罗,讽刺艺术曾如此盛行,以至于任何一位深街僻巷里的开罗主妇只要受到足够的挑衅,都可以用长篇大论的押韵散句把对方痛骂一顿。这种被称为"radḥ"的独特的骂人形式以轻蔑地解下外衣丢在地上开始。随后,这位主妇会一只手叉腰,另一只手举到眉毛,摆出趾高气扬的姿态,口中喷射出枪林弹雨:

> 你真是太低贱,
> 不能更低贱,
> 就像生锈无用的针线,
> 就像门口肮脏的鞋垫,
> 就像不值一文的照片,

被人丢出了打印店。①

✡

如今，开罗人讽刺挖苦的尖刻程度可能并未稍减，但仪式感满满的radḥ式骂街更有可能出现在电视节目里，而不是真实地发生在开罗的街头。电视屏幕里主妇的叫骂通常会被认为不够庄重和不够淑女，或者更确切地说，是某种来自过往时代的怪异风俗。

在开罗这种只有极少数人能读写的城市，广播和电视作为强有力的大众文化渗透路径，带来的同质化影响尤为剧烈。除此之外，掌握了广播电视节目制作权的这群人也自认为是在完成一项"文明化"的使命，开罗又很少有家庭具备足够的经济条件或物质空间来获得其他形式的娱乐，这就使得广播电视的影响力愈发强大。即使是惯于反抗权威的开罗人也没能抵挡住这股风潮，只得屈从于媒体宣传的浸染。在今天的开罗城，民众的态度和愿望越来越受到电视宣传的正统观念的左右：对主流宗教和消费主义的推崇，或以某种特定方式对埃及历史进行的二次建构。借由这种方式，"高等"阿拉伯书面语言的沉重音调已渐渐侵入了自由散漫的口语。

开罗的当权者惯于把自己的形象强加给埃及的其他地区。早在三十年前，批判家刘易斯·阿瓦德（Lewis Awad）就精准地揭示了开罗的知识分子对普通民众的态度。当时他宣称，知识分子有责

---

① 这首韵文改编自阿法夫·鲁提菲·赛义德博士的作品（详见参考书目）。

第十一章 开罗之声

任把自己的同胞从他所谓的"像等待伏击和吞噬民众的食尸鬼一样潜伏在他们周遭的地狱般的粗野"中"拯救"出来。

阿瓦德之所以这么说,是他觉得有必要引导崇尚传统的埃及人民接受更为现代化、世俗化的公民观念。但是,他的使命感以及他对"无知的暴民"的恐惧暴露了他与广大民众的脱节,而这跟孟斐斯城里的贵族和中世纪的马穆鲁克人与民众的脱节并没有什么两样。

自1952年七月革命爆发后,政府越发重视其"推进文明化"的使命,并完全垄断了新闻和广播行业。过去曾揭发政党利益关系的报纸,以及尤其是1962年后兴起的电视新闻节目,都变成了政府的喉舌。审查人员打着推进"现代化"和"社会化"的旗号,对电影、戏剧,甚至音乐进行了"净化"。他们编制了一份清单,里面列出了64个绝对禁止拍摄的形象。驴子、街头小贩和乞丐等日常景象被认为"有伤大雅",不适合公众观看。罢工和示威等场景则"妨害了社会稳定",因此在开罗的老电影里从来都看不到这些场景和事物。

从那时起,政府逐渐放宽了对很多领域的管控,尤其是对文字印刷品的管控。如今反对派的报纸刊物塞满了开罗的各个报摊,其中包括从极左一直到极右的各种政治立场。但是在1997年的一项调查中,73%的受访者都表示电视是他们获取新闻的主要渠道,只有8%的人表示他们的信息来源是反对派办的报纸刊物。尽管90%的开罗家庭都拥有电视机,却只有不到三分之一的成年人读完了高中。

除此之外，政府也一直保持着对广播行业的垄断，而广播行业的规模也大得吓人。在国家信息部位于尼罗河畔的一座三十层的总部大楼里，三万名职员在无数间演播室和办公室里忙碌。开罗广播电台正是从这座大楼里放送着"阿拉伯之声"、"巴勒斯坦之声"、"山谷之声"（针对埃及的上游邻国苏丹的听众）、"开罗之声"，以及覆盖了从阿姆哈拉语到祖鲁语等各个语种的短波电台，还有放送着法语、德语、英语、意大利语、希腊语和亚美尼亚语节目的本地电台。国家电视台仅在开罗就开设了三个频道和一个卫星频道。电视台自行制作的节目占所有播出节目的90%——这在当下好莱坞主导的影视界也算是个了不起的成就。在刚刚过去的斋月（一年中的收视旺季，因为开罗人在吃过日落后的第一顿饭后，总会习惯性地瘫坐在电视机前）中，国家信息部就推出了不下18部连续剧，从时下流行的《巴尼·希拉勒部落史诗》的古装剧到情景喜剧，再到政界传奇，应有尽有。

开罗最受欢迎的连续剧能一直拍到一百集开外，收视人数高达两千万人。有的电视剧，比如1993年的系列片《莱拉·阿尔·希尔米亚》（Layali al-Hilmiyya）追溯了开罗一个老旧街区三代人的生活，真切地反映了社会现实。但是总体而言，开罗的电视节目倾向于刻板说教。考虑到政府的宣传需求与大多数制片人及导演所持的上层阶层态度，这种情况或许很难避免。除此之外，思想保守的阿拉伯石油君主国的守旧思想也进一步限制了影视作品的发挥（比如沙特阿拉伯的观众就无法接受女性角色与既非丈夫也非近亲的男性角色共处一室的画面），但这些国家却正是埃及电视剧的主

第十一章 开罗之声

要出口市场。

国家信息部里掌勺的厨师们确保着菜肴的清淡，但他们还不是大众口味唯一的"看门人"。打着"维护音乐的文化标准"的幌子，一个叫"听众委员会"的机构负责审查批准所有可供电台公开播放的歌曲。这个古板的委员会当然不会认可那些迎合大众的创新，于是流行音乐只好转入私制的盒式磁带在地下流通。流行歌手艾哈迈德·阿达维亚在20世纪80年代卖出了数百万张唱片，但他那些充满讽喻意味、风行一时的作品一次也没在电台播出过，因为"听众委员会"认为这些歌太"低俗"了（面对同样的禁令，一位音乐人把政府审查人员的地址和电话号码印在了磁带盒上）。戏剧和电影也同样受到了限制。电影导演必须向政府的艺术内容审查机构提交剧本和最终的成品。此外，尽管开罗的舞台演员已经将即兴表演发展为一门艺术，却仍然可能因偏离了经批准的剧本或违反"公共道德"而受到起诉。

与60年代相比，今天的政治审查可能没有那么严苛了，但近年来的宗教复兴却以同样的方式挤压了言论自由的空间。例如，在1985年，警方在接到爱资哈尔大学神职人员的告密后，突袭检查大学附近的一家书店，并没收了某部作品的两千本插图版存货。随后，法院裁决这部作品"违反了正派的原则，违背了埃及社会的道德，使年轻人误入歧途、腐化堕落"。这部"道德沦丧"的作品不是其他低级读物，正是世界文学的经典之作《一千零一夜》。经过上诉，该案最终被法院驳回，理由是"这本书是开展研究必要的参考"。但是，一部经典作品居然会被现代社会封禁，这个念头本身就让知识分子不寒而栗。试想，若是当今梵蒂冈教皇宣布封禁乔叟的《坎特伯雷故事集》或薄伽丘的《十日谈》，那该是多么荒谬可悲的事情。

知识分子心头的阵阵凉意很快转为刺骨的酷寒。开罗人通俗的"咖啡馆和电影院"思维模式与阴沉严肃的道德说教思维模式之间的冲突已经愈演愈烈。

例如，1991年有一部戏剧就因为片场使用的一个道具而被审查人员封禁了。这个道具的底座可以转动，它的一面是麦加的克尔白——供奉着黑色圣石的天房，是全球穆斯林礼拜朝向和朝觐中心。而转到另一面，则变成了一个油桶，一个肚皮舞者跳上去搔首弄姿。这隐喻了沙特阿拉伯的双重标准：国民在自己国家可能会装得很虔诚，但开罗人却常能看见他们在开罗的赌场里寻欢作乐。此剧因"恐会伤害埃及与沙特这个石油大国的关系"而饱受清真寺布道师的谴责。身无分文的剧作家本人在一次心脏病发作不久后与世长辞，享年三十岁。

1992年，一位名为阿拉·哈米德（Ala' Hamed）的不见经传的小说家因为在其作品中对各种各样的先知进行调侃，被一位《金字塔报》保守派专栏作家指控有亵渎神明的嫌疑。哈米德的作品随后被查禁，他丢了税务稽查员的工作，并以渎神罪受到指控。直言不讳的世俗派记者法拉杰·福达在哈米德的审判中出庭为其作证，但不久就在自己的办公室外遭枪击身亡。为了确保哈米德的人身安全，警方只好对他实行了24小时的密切监控。在他与妻子及两个女儿合住的狭小三居室阁楼房里，这位备受围攻的作家告诉我："我唯一的罪行就是我没能明白，埃及的创作自由空间就这么点儿

第十一章 开罗之声

大。"随后他竖起手指在空气中画了一个小小的圆圈,哈米德最终被判一年监禁。

1995年,一名狂热分子持刀刺伤了纳吉布·马哈福兹。这位82岁的诺贝尔文学奖获得者因伤势严重,右臂瘫痪,从此再也无法执笔写作。而凶徒刺杀(尽管刺杀未遂)的原因是20世纪50年代爱资哈尔清真寺曾下令封禁马哈福兹的小说《我们街区的孩子们》(*Children of Gebelawi*),因为该机构认为这个发生在开罗的一条小巷里的故事是对宗教经典的讽喻。1996年,法院又宣布封禁埃及最具影响力的导演之一尤瑟夫·夏因(Yousef Chahine)的电影,理由是其作品《奴隶苦难史》(*The Emigrant*)取材于《圣经》。

不过,当年的另一项裁决引起的轰动比起这两件事有过之而无不及。经过两年的法庭激辩,埃及最高上诉法院宣布开罗大学备受尊敬的阿拉伯文学学者纳斯尔·阿布·扎伊德(Nasr Abu Zayd)是"伊斯兰教的叛教者",因此他与身为穆斯林的妻子的婚姻关系也必须终结。由于不愿离婚,同时害怕宗教极端分子的死亡威胁,这对夫妇逃离了开罗,从此流亡欧洲。

阿布·扎伊德教授的遭遇深深刺痛了开罗的自由派人士。他们过去一直认为,尽管存在种种缺陷,司法系统还是站在他们这一边的。而现在,这个唯一能抵挡国家力量和宗教狂热的自由堡垒似乎也被攻破了。不过,那些具有历史眼光的人则认为,如今的轩然大波只是20世纪20年代那场著名的叛教审判更为卑劣的重演,只是塑造开罗世界观的漫长竞赛中的一局比拼,而这场竞赛终会让那些支持和反对社会开放的人们站在对立的两端。

但是归根结底,最重要的一点认知可能是:这场竞赛还没有分出个胜负。对于阿布·扎伊德教授的惨败,开罗的知识分子并没有躺倒认输,而是奋起反击。电影、戏剧和流行的电视连续剧将宗教激进分子描绘成受人误导、动辄使用武力的投机分子。自由派出版商重新发行了埃及短暂的"启蒙时代"中备受争议的经典作品,年轻作家们也毫不示弱,依旧敢于挑战"性"和"宗教禁忌"等主题。

遗憾的是,他们激起的水花并没有在开罗民众那里产生涟漪。虽然开罗出版的书籍占到阿拉伯语书籍出版总量的五分之三,但整个阿拉伯世界每年出版新书的数量却比不上一个比利时。过去的这些年间,我在开罗地铁里从没见过任何人阅读除教科书、报纸以外的任何书籍。对开罗的出版商来说,给一本备受好评的小说三千册的印刷量已算极为慷慨。即便是像纳吉布·马哈福兹这样多产的作家从翻译出版权中获得的收入也远远超过其作品在开罗国内的发行收入。他说,连他自己的女儿也更喜欢看由他的作品拍成的电影,而不是去阅读文字版。永远不愁销路的则是耸人听闻的政治八卦和宗教小册子,以及越来越多的黄色新闻刊物,封面上都是劲爆刺激的标题,内容多半是打擦边球。在1996年开罗的十大畅销书中,有七本书的封面上都展示着衣着暴露的女性,旁边是醒目的书名《性与精灵》《来自地狱的女人》《出口少女》等。

除了政府的干预和宗教的限制,开罗受众品位的肤浅浮躁也限制了艺术家的发挥。在这里,最受大家欢迎的是哗众取宠的陈词滥调,而不是去追求什么完美的艺术境界。曲高和寡的状况也往往空耗了年轻艺术家们的才华。像哈里·比萨拉(Khayri Bishara)这样原本大有前途的电影制作人便是如此。他曾于20世纪80年代推出了一些极具创造力的优秀戏剧,但90年代却转而炮制大众音乐剧。自历史学家马克里齐斥责开罗人"重虚饰而轻本质"后的六百年以来,开罗人的品位似乎并没有多大的长进。

�֍

讽刺的是,广泛的公众冷漠让开罗分属各派的思想精英们出现了一种共同的疏离感。世俗派觉得自己疏离于大众叙事主流的宗教话语,而宗教激进分子则觉得自己疏离于"正在不断侵蚀伊斯兰遗产"的西方势力。前者被指责为试图"模仿西方",而后者的罪名则是试图"复辟过去"。在这两个极端之间,又出现了很多其他的对立势力——恪守陈规、崇尚权威的老一辈与要求自由辩论、开放思想的新一代人的斗争,还有开罗让人应接不暇的高速发展和愈加宽阔的阶层鸿沟。同时,朝着反方向飞奔的两极却也带来了一种内在的张力,一种将"高等阿拉伯语"和"低等阿拉伯语"、外国风尚和本地传统文化融为一体的渴望。

可悲的是,这些反向的趋势大多数情况下并不能成功地合流。双方之间的误解其实已经上升到了极端程度。

这正是1997年一百四十名上流社会青少年的遭遇。当时天刚亮,他们就被打击恐怖分子的警察从家里拖出来,扔进了监狱。一家危言耸听的媒体将他们涂抹的黑色口红、骷髅头图案的T恤、锐舞和重金属音乐指为崇拜撒旦的明显标志。狭隘的公众在仇富情绪的驱使和宗教权威的领导下,争先恐后地投入了"猎巫"运动的狂潮之中。尽管后来事实证明,这群富家子弟从未像媒体小报中声称的那样群体滥交和纵饮鸡血,但是公众普遍认为,就为"行为举止偏离埃及主流太远"这一点,他们也理应受到惩罚。

阿拉伯裔美国学者福阿德·阿加米(Fouad Ajami)恰当地描述了开罗重金属乐迷的困境,实际上也是开罗西方化的精英阶层整体的困境:"处于(西方)世界边缘的社会拼命地标榜着现代化的种种虚饰,实际上是因为其国际精英阶层清楚地感受到了自身的孤立。在某个层面上他们能意识到,他们已经与资产阶级的文明进程无缘了。"

难怪有那么多现代开罗人觉得跟自己的同胞们脱节了。但是,这种普遍的异化其实并不是什么新鲜事。早在二十年前,小说家瓦吉赫·加利(Waguih Ghali)就曾写道:开罗看起来很国际化,并不是因为有众多的外国人在这里生活,而是因为许多埃及人虽然身在故乡,行为举止却格格不入,感觉宛在异邦。

事实上,自从开罗成为一个现代城市以来,异化就一直是其文学作品中一以贯之的核心主题。在最早的模仿欧洲小说形式的阿拉伯语作品中,这个主题就已经出现了:《伊萨·本·希夏姆的故事》(*The Story of Isa bin Hisham*)是穆罕默德·穆瓦利希(Muhammad al-Muwaylihi,1858—1930年)的作品。该书出版于19世纪90年代,讲述了一个死后五十年从坟墓复活的巴夏的故事,有些

第十一章 开罗之声

类似《瑞普·凡·温克尔》(*Rip Van Winkle*)式的设定。当主人公巴夏从哈里发墓地一路游荡到了繁华的首都时,他发现这里已经面目全非。目睹了开罗市民在酒吧里消磨时光,在生意场里被外国人骑在头上,这位巴夏很是震惊。文中有一幕是他怒斥一个偷奸耍滑的驴车夫为"乡野村夫",却没想到此人竟振振有词地反驳道:"我们处在一个自由的时代,驴车夫和王子之间已经没有区别了。"

1943年出版的中篇小说《乌姆·哈希姆的灯笼》(*Umm Hashim's Lantern*)探讨了类似的主题,但它的作者叶海亚·哈基(Yahya Haqqi)诉诸更具浪漫色彩的民族主义和富有情感寓意的宗教思想,对书中主人公的疏离感采取了截然不同的处理。

这本书的情节围绕着位于开罗南部的萨依达·扎纳布圣祠展开。故事讲述了附近街区一位名叫伊斯梅尔的男孩远赴欧洲留学,当上了医生,回到开罗却发现自己的未婚妻患上了失明症。伊斯梅尔的母亲告诉他,自己一直在把萨依达·扎纳布圣祠里的灯油滴进女孩的双眼来为她治病。听闻此言,惊愕的伊斯梅尔将那瓶油扔出了窗外。由于厌恶家人的迷信无知,伊斯梅尔怒气冲冲地离开了家。但是,独自在城中徘徊数日后,他却感到有一股无可阻挡的力量,吸引着他不断靠近萨依达·扎纳布的圣祠。最终,伊斯梅尔还是落叶归根:他走进圣祠,祈求守陵人给他一些灯油,然后发誓要凭借自己的医术和对神迹的信心,倾一生之力治愈自己的爱人。

对于目睹了本国文学从浪漫主义到现实主义演变的现代开罗文人来说,伊斯梅尔的领悟可谓过于天真了。世俗主义者一眼就能看出,这个故事里包含了当今开罗知识分子论辩的矛盾焦点(事实上，自从约两百年前第一批开罗人从巴黎学成归来，发现开罗人民拒绝他们从国外带来的唯物主义世界观以来，这些矛盾就一直主导着开罗的认知领域）。如何像伊斯梅尔倡导的这样，将传统与智识、心灵和头脑相结合，仍然是埃及知识分子面前的最大挑战。

这也是为什么很多人将1967年六日战争前的那二十年视为埃及的"黄金时代"。因为在那段激情迸发的岁月里，埃及推翻了殖民统治者，开始了大刀阔斧的社会改革，也开展了大胆的文化融合实践。音乐、戏剧、绘画和电影领域，各种新鲜词语层出不穷，开罗发出的声音曾一度成为整个现代阿拉伯世界的代表。如果这声音所传达的是某种"异化"，那么它也确实引起了共鸣。虽然具体方式不同，但是每个阿拉伯国家和城市都曾因西方的殖民统治，经历了对外开放和闭关自守之间的意识分裂。不过，似乎只有开罗才在这两端的撕扯中实现了某种调和，并以人才的大量涌现作为其最佳诠释。

※

20世纪的开罗天后乌姆·库勒苏姆经久不衰的盛名是现代开罗"黄金时代"的缩影。历史上很少有艺术家能在长时间的跨度里，受到如此众多观众的喜爱。乌姆·库勒苏姆简直就是伊迪斯·皮亚芙、玛利亚·卡拉丝、弗兰克·辛纳屈再加鲁契亚诺·帕瓦罗蒂的结合体。对1.5亿阿拉伯人来说，她是东方之星，是尼罗河的夜莺、阿拉伯音乐天后，而对开罗人来说，她就是无人不知、无人

第十一章 开罗之声

不晓的"那位女士"。

在乌姆·库勒苏姆于1973年退休前的37年里，阿拉伯世界的每位听众在每月第一个星期四的晚上都会准时调至开罗的电台，聆听她在卡斯·阿尼尔影剧院现场直播的音乐会。每场音乐会长达六小时，结束时已是凌晨三四点了，而她的听众的忠诚程度却超乎想象。有一次，一位忠实听众没能出现在他惯常就座的前排座位，由于此举太过反常，乌姆·库勒苏姆在中场休息时发动警察去寻找此人，经一番探寻后警察发现，原来因为他的父亲刚刚过世没能到来。稍加安抚之后，他还是来听了下半场演唱会。20世纪60年代，一位科威特粉丝送给乌姆·库勒苏姆一辆配有冰箱和电视机的银色凯迪拉克埃多拉多，而一位尼罗河三角洲的农民则送给她一头奶牛和一头水牛。在六日战争后的国际巡回演出中，乌姆·库勒苏姆筹集了数百万英镑，并用这笔钱支援战败的埃及军队。在她病重期间，叙利亚电台与她所在的医院保持24小时连线，以便能第一时间报道她的健康状况。

于1975年举行的乌姆·库勒苏姆的葬礼，其规格甚至超过了纳赛尔总统，两百多万送葬者走上开罗街头。悲痛的人群抬着她的灵柩从解放广场走了整整三英里来到侯赛因清真寺。

几十年过去了，位于哈里发墓地的乌姆·库勒苏姆墓仍吸引了大量人群前来祭拜。纪念乌姆·库勒苏姆的网站保留着她所有的影像，乌姆·库勒苏姆乐团在开罗的整个冬季音乐会期间，仍会准时于每月的第一个周四演出她过去的经典作品。乌姆·库勒苏姆广播电台每天下午5点到晚上10点持续播出，百分之五十的开罗人都会准时等候在收音机旁，让"那位女士"浑厚（晚年略显沙哑）的嗓音带着自己穿过城市、走过商店、搭乘出租车、来到工厂的车间或家里的灶台旁。很少有埃及人（甚至很少有阿拉伯人）会说自己没听过像《废墟》、《你是我的生命》和《它们让我想起》这些感情充沛的抒情歌曲。而乌姆·库勒苏姆成名的故事更是无人不知无人不晓：她于20世纪初出生在尼罗河三角洲一个极其贫穷的村庄，原本是在乡村婚礼上唱《古兰经》的歌手，后来有了点名气，来到开罗后一飞冲天，从此长红不衰。

乌姆·库勒苏姆的成名故事映射了开罗从一个沉睡的阿拉伯小镇走向国际化大都市的历程。到了20世纪20年代末，乌姆·库勒苏姆这位乡村教长女儿每年的收入可达八万美元——即使在当时的好莱坞，这也是相当可观的数字。她演唱的歌曲也从传统的宗教颂歌变成了情歌。这些情歌都取材自著名诗人的经典之作，再由现代的埃及作曲家改编配调。她的伴奏乐团也不再是穿着长袍的乡巴佬，而是穿着夹克、打着领结的顶级音乐人。据1926年一位评论家在开罗的《罗斯·优素福》（Rose al-Yusuf）周刊里所述，这个过去常常挽起袖子、用手抓食物的女孩，现在吃饭时会使用西方的刀叉，在问候他人和回答他人的问候时，说的也都是法语。

早年间接受的唱诵训练让乌姆·库勒苏姆掌握了纯正的阿拉伯语发音，严格的自律给了她无与伦比的音域和掌控力，除此之外，她还有着超强的即兴创作能力。据说她从来没有以相同的方式唱出过任何一句歌词。在开罗演唱会上观众们临时要求"再来一曲"的山呼海啸声中，她会登台把一段副歌连唱五十遍，每一遍的音高和

第十一章　开罗之声

音调都略有不同,把现场变成一片狂欢的海洋。除了出众的天赋以外,乌姆·库勒苏姆的个性也十分强势。到20世纪40年代,她已同时兼任开罗广播电台"听众委员会"和埃及音乐家联合会的主席。二十年间,她实实在在地左右着埃及人"能听什么、不能听什么"。1946年,她的一位前途大好的竞争对手,叙利亚出生的歌星伊斯玛罕因车祸英年早逝时,有传言称乌姆·库勒苏姆正是幕后的策划者(我所住公寓的看门大叔仍然笃信这一传言,就像他固执地相信乌姆·库勒苏姆本人是因受到萨达特总统妻子的嫉妒而被毒死的一样)。

乌姆·库勒苏姆不仅是一位伟大的女歌手,对她这一代人来说,她更是阿拉伯文化复兴的化身。她将古典音乐技巧、大众的情感、开罗光鲜亮丽的城市形象结合在一起,把所有被殖民主义撕碎的身份一个个串联起来。她骄矜的举止被机敏的才智所掩盖,她的高领长袍配上招牌的手帕和墨镜,使她的形象既有西方的时尚又有东方的端庄。目不识丁的人听到她歌曲中的古典诗词也会心旌摇曳,饱学之士则为她对简单且口语化歌词的微妙处理赞不绝口。当她在20世纪40年代痛苦地演绎出"光靠愿望不能满足要求,只有斗争方能赢得世界"时,似乎喊出了每个埃及人对结束英国统治的灵魂呼唤。在60年代,当她颤抖的声音唱出《废墟》中的"给我自由,放开我的手"时,唤起了无数的憧憬。不论是渴望建国的巴勒斯坦人,还是呼吁平等的阿拉伯女性,所有人都对她感同身受。

❂

乌姆·库勒苏姆是开罗音乐界最闪耀的明星，但她并不是唯一的一颗。还有许多人的才华为这座城市增光添彩：多产的歌手兼作曲家穆罕默德·阿卜杜勒·瓦哈布（Muhammad Abd al-Wahab）创新的节奏和编曲，出生于叙利亚的法里德·阿特拉什（Farid al-Atrash）精湛的演奏技艺，年青偶像阿卜杜勒·哈利姆·哈菲兹（Abd al-Halim Hafez）甜美流畅的嗓音。在1970年以前，没有任何一位阿拉伯艺人的名气能与他们相匹敌。

事实上，其他阿拉伯国家的艺人也根本没法跟他们竞争。只有开罗能铺设出一条条星光大道，让天资超凡的人直通成名的圣殿。到1950年为止，整个阿拉伯世界（除埃及外）加起来一共只制作了十部电影，而仅开罗一座城市就拍出了三百多部——其中不少作品已经达到了当时欧洲的顶尖水平。从20世纪40年代到60年代，开罗的各大电影制片厂每年都会产出约五十部电影，这些充满故事性的音乐剧、爱情片、情景剧和喜剧让当时还停留在民间传说故事里的观众们着了迷。值得一提的是，埃及导演对两性和同性题材的处理反映出一种自信的心态——他们认为有必要刺激和推动阿拉伯邻国们向现代社会演进。开罗老电影里展现的魅力四射的场景——最新款的别克和凯迪拉克轿车在霓虹闪烁、星光熠熠的街道上驶过——投射出一种既充满诱惑又令人不安的城市色彩。对一些人来说，这种不安感尤为强烈：1941年，一部大热影片《青春无敌》

第十一章 开罗之声

(*Intisar al Shabab*)于叙利亚南部上映,饰演主角的伊斯马罕(Ismahan)本人出身于一个高贵的德鲁兹家族。当叙利亚德鲁兹部落的部民看着这位绿色眼睛的电影明星浓妆艳抹,穿着尼龙丝袜出现在银幕上时,他们愤怒地端起了来复枪,朝着幕布一顿扫射。

两千多部开罗制作的电影画面共同构成了阿拉伯人对这个城市的集体印象。观众们对开罗电影制片厂布景的熟悉程度甚至超过了好莱坞电影里的大街小巷:在巴夏的宅邸里宏伟豪华的楼梯旁,女主角激动得几近晕眩;在老城的街巷里,天真无邪的少女从阳台上慢慢放下篮子的吊绳;在金字塔大道的夜总会里,舞者穿着金属亮片的演出服,在醉醺醺的客人的桌子之间妖娆地回旋。开罗也成了阿拉伯世界通用的文化坐标。我在突尼斯的时候,有一次朋友开玩笑说,应该把谁送到"马努巴"去。说话者随后向我解释:"马努巴就是我们的'阿巴西亚'",这是开罗的滑稽剧里经常提到的一个区名,指的是开罗的精神病院所在地。

虽然今天批评家们总在抱怨电影质量有所下降,但开罗现在的电影年产量依然是其他阿拉伯国家总和的三倍还多。[1] 两个阿拉伯卫星频道 24 小时轮番放送着埃及电影,开罗的明星们也继续占据着整个阿拉伯世界的八卦头条。即便是在最偏远的也门乡村地带,喜剧演员阿黛尔·伊马姆(Adel Imam)和情景剧女主法特恩·哈马马(Faten Hamama)也都是家喻户晓。其他阿拉伯国家很少有

---

[1] 使开罗的电影制片人颇为灰心的是,销售收入与电影产量从来不成正比。国家电视台巧取豪夺,播放一部两小时的电影支付给制片方的费用仅与播放六十秒广告收取的价格相当。而在出口市场上,由于版权保护不力,盗版影碟猖獗,以及富裕的沙特阿拉伯禁止公开放映电影等因素,开罗电影仅占到国际电影市场营收份额的 0.1%。

电影能出口海外，原因很简单：叙利亚的观众根本就听不懂突尼斯方言的对话。但是每个阿拉伯人都能在第一时间对最新炮制的开罗俚语心领神会。阿尔及尔和阿勒颇工厂里的工人们可以一字不落地背诵开罗流行影视剧里的台词，比如热门喜剧《捣蛋鬼上学堂》（*Madrasat al Mushāghibīn*），它于20世纪70年代在开罗上映，播了整整四年方告完结，现在也依然定期在电视上播出。

✖

开罗之所以还充当着阿拉伯世界的文化领头羊，很大程度上是因为它没有什么竞争对手。正如该地区没有哪个民族国家像埃及一样深深扎根于自己的历史和身份，也没有哪座城市能与开罗相媲美：堵塞的交通、爵士乐队、世界级的歌剧院提供的丰富选择——骇人的犯罪故事、高雅的芭蕾舞和妖娆的肚皮舞，再加上尼罗河上流光溢彩的夜景，所有国际化大都市该有的东西开罗都有。阿拉伯世界里唯一能与开罗相匹敌的城市恐怕只有贝鲁特。但是这个曾以随心所欲的生活方式吸引了无数艺术家和夜店常客的城市，如今已因内战而四分五裂。大马士革、巴格达和突尼斯都在偏狭的意识形态之下痛苦煎熬，其国民若是能目睹开罗报刊政见观点之丰富，怕是会惊掉下巴。至于波斯湾的那些石油君主国，其稀少的人口和僵化的宗教正统观念，严重限制了其发展出国际化大都市文化的机会。虽然沙特阿拉伯买下了多家著名的阿拉伯语报纸和卫星电视台来提升其形象，但其内容生产依然由开罗的记者和技术人员完成，

第十一章 开罗之声

正如海湾地区 50% 的教学人员都来自开罗五所重点大学。

自从埃及在六日战争中惨败后，开罗再也没能找回它往日的荣光。

六日战争后，开罗天空中一颗颗闪亮的明星迅速陨落，纳赛尔总统、阿卜杜勒·哈利姆·哈菲兹、法里德·阿特拉什、乌姆·库勒苏姆相继离世，留下了一个巨大的空白（1974 年，得知阿卜杜勒·哈利姆离世的消息后，有六名心碎的追随者跳楼自杀）。经济上的窘迫加重了埃及人战败的屈辱，而随后阿拉伯半岛石油国家的暴富又让这种屈辱感越发强烈。长期以来，开罗人一直将海湾地区的袖珍酋长国视为文化的穷乡僻壤。在开罗游艇俱乐部，一名退休的埃及外交官曾挥着雪茄向我形容，它们是"插着旗子的原始部落"，而现在，经历了对以色列的惨败，骄傲的开罗人民又不得不转头向这些邻国乞求就业机会、资金，甚至施舍。

开罗的文化源泉似乎瞬间枯竭了。纳赛尔的阿拉伯民族主义理想的覆灭摧毁了这座城市的自信，使它陷入了质疑和自我厌恶之中。"纳赛尔社会变革的失败让人失望透顶，"开罗当代最杰出的诗人艾哈迈德·阿卜杜勒·穆阿蒂·伊加齐（Ahmad Abd al-Mu'ati Higazi）评论道："知识分子被卷了进来，他们牺牲了思想的独立性，因为他们相信全体国民的自由应置于个人自由之上，包括那些天资超凡的人……这就是文化生活败落的罪魁祸首。许多最优秀的开罗作家和艺术家都移民海外了。"

在整个 70 年代和 80 年代，开罗走得磕磕绊绊。在纳赛尔的统治下恃宠而骄（在被投入监狱之前）的文化创意阶层如今必须面对一个越来越物质化和宗教化的社会。新一代艺术家们既被传统所缚，又被往日的辉煌所累。他们不仅怀念过去的电影和歌曲，也怀念曾经那张舒适的温床和那个正在迅速消逝的世界——开罗最大的几家文艺咖啡馆纷纷关门歇业了：旧城区装饰着巨幅的镀金镜子和鳄鱼标本，挤满了小贩、擦鞋工和算命先生的菲沙威咖啡馆，现在已经成了游客大军的聚集地；市中心的里奇咖啡馆以前坐满了左派阴谋家和监视他们的秘密警察，现在却因遗产纠纷而宣告关闭；陶菲奇亚区开阔空旷的塞西尔酒吧如今已被改造成了一家银行。埃及的国宝级作家纳吉布·马哈福兹过去是出了名的咖啡馆常客。过去他每周都会去自己曾经居住的阿巴西亚街区的乌拉比咖啡馆，但现在他放弃了这个习惯。开罗的交通堵塞把每周一次的短途旅行变成了烦人的苦差。

颓丧的气息渗入了这座城市的每个角落，甚至从街道的外观也能看出端倪。从20世纪60年代中期到80年代中期，开罗的建筑师们几乎没能设计出任何一座值得一提的建筑，取而代之的是见证了官员的贪婪腐败和低劣审美的陈迹：人们拆毁了解放广场上的一座新伊斯兰风格的宫殿，好给一幢高层建筑腾出地方。但是这座高层建筑最终也没能建起来，因为业主因金融诈骗破产了。同样的原因使得尼罗河畔和杰济拉体育俱乐部旁边也出现了好几座这样的烂尾楼。河滨公园被卖给了国际连锁酒店集团，而官僚机构、工会和军队的私人俱乐部则占据了尼罗河两岸绝大部分的空间，将开罗仅有的呼吸新鲜空气的通道——开罗之肺——与普通百姓隔绝开来。

开罗文坛再也没能出现任何一个人物可以取代短篇小说作家优

第十一章 开罗之声

素福·伊德里斯（Yusuf Idris）和剧作家陶菲克·哈基姆（Tawfiq al-Hakim）这些文学巨擘的地位。严肃的作家们纷纷将创作题材从社会现实转向黑色闹剧和奇幻小说——这让他们与自己本就稀少的读者群进一步疏远。但大部分作家都向商业化低下了头：开罗的戏迷们现在只能忍受浮夸尴尬、漏洞百出的作品。音乐领域，合成器和混音室炮制出低劣、重复、毫无识别度的歌曲，除了闹哄哄的大乱炖，就是虚情假意的靡靡之音，空有形式，毫无内容可言。

电影行业也是如此。由于依赖海湾国家的资金赞助，电影制片人纷纷迎合金主的品位，炮制出蹩脚的闹剧和浮夸的爱情桥段。这些作品成了埃及演员们露脸的场地，如侯赛因·法赫米（演技平平的埃及版罗伯特·雷德福）和纳迪亚·阿尔金迪、蕾拉·埃尔维等无足轻重的小明星。为数不多的几部现实主义作品连成本都赚不回来，导演穆罕默德·汗、阿斯玛·巴克利、达乌德·阿卜杜勒·赛义德以及阿蒂夫·塔伊卜在捉襟见肘之中艰难求生存。这些电影准确地描绘了开罗的形象，但是它的目光过于尖锐，主人公的问题也太局限于开罗社会本身，无法在海外市场引起太多的共鸣。因此到20世纪90年代，开罗的电影产业整体急剧缩水。

资金的缺乏、意识形态的偏移，还有机关单位里挤满的工资少得可怜的政府职员，这些因素叠加在一起，将开罗的众多文化机构变成了无人引航、官僚聚集的空壳。在收藏了全球最多阿拉伯语书籍的达尔库图卜国家图书馆里，无数珍贵的中世纪手稿因储藏室窗户破损而受到脏污毁坏。开罗的连锁酒店建起主题餐厅，试图还原老城区的街头生活，而老城里真正的古老的纪念碑、传统手工艺和集市却无人问津。开罗的各家美术学院、现代艺术博物馆、电影学院、芭蕾舞学院、古典音乐学院和东方音乐学院培养人才只求数量，不求质量。艺术实验被依样画瓢所取代。纳赛尔时代的老古董们把持着作家联盟、报业联合会和律师协会。而此时的整个阿拉伯世界，以及开罗本身，终于将目光转向别处，寻求灵感。

乌姆·库勒苏姆1964年的经典之作《它们让我想起》中的歌词似乎描绘出了当时整座城市的意识状态：

> 它们又对我诉说起你，让我想起，让我想起……
> 它们点燃了渴望的火焰，在我心中，在我眼里……
> 它们带我回到过去，
> 过去的舒心、快乐和甜蜜……虽不乏痛苦和哭泣，
> 但我记得有多幸福，当我和你在一起，
> 唉，魂梦里又忆起我们为何分离……

✺

在十年前的格里隆，一个开罗的左派分子们通宵畅聊的露天啤酒坊里，氛围好似一座四面受敌的城池。在烟雾缭绕之中，话题在封闭的小圈子里转了一轮又一轮，从宗教保守主义者的步步紧逼，到"圈内"出现的叛变者。有时，谈话的声音会陡然增大，那是众人在谴责许多曾经的同行者——左翼分子和世俗派的民族主义者——如今叛投敌营的行为。他们有的去了海湾地区谋差事，一头扎进了宗教主义的潮流，或是加入了民族民主党获取政府给的小恩

第十一章　开罗之声

小惠，又或是急匆匆地前去探访了以色列（开罗的知识分子最不屑一顾的地方）。

这些谈话并不只是醉酒后的抱怨。撇开一些得失之争不谈，人们确实真切地感到，刘易斯·阿瓦德（Lewis Awad）于多年前提醒知识分子注意的"地狱般的粗野"仿佛真的将要熄灭启蒙运动的火焰。世界各地发生的事件都指向各种显现的危险：伊朗的革命、阿尔及利亚的内战、以色列对被占领土的持续殖民、海湾战争，以及美军进驻阿拉伯国家，所有这些事件都表明，纳赛尔的阿拉伯民族主义构想已经宣告失败。若是把目光拉近一点，聚集在格里隆的人们能察觉到一群野蛮人正在自家门口集结：煽动乌合之众、四处焚书撒野的极端分子，横加干预的官僚主义，还有海湾地区的金钱至上主义，虚浮的电视广告和好莱坞肥皂剧带来的腐化堕落。所有这一切都表明，开罗自封的"先锋派知识分子"即将输掉这场争夺埃及大众心智的战斗。

十年后，聚集在格里隆的左翼分子们还是在谈论阿拉伯文化的危机。他们仍然视宗教蒙昧和美国霸权为威胁阿拉伯世界的原罪。但是，格里隆酒吧里的整体氛围却比过去显得振奋了许多，也"清醒"了许多。自由主义的堡垒不仅没有被攻破，人们还越发明显地感觉到，开罗处在变革的边缘。或者说，开罗文化生活的引擎开始加速，以追赶这座城市发展变化的步伐。

如果说开罗确实走上了通往新世纪的征途，那么它需要感谢一个东西：钱。全球化的迅速发展使政府意识到，若想在世界经济较量中占有一席之地，只能打开国门，并提升埃及对私营企业的吸引力。各行各业的私有化改革不仅使开罗证券交易所起死回生，还唤醒了常年处于沉睡状态的创造力。外商投资和旅游业的繁荣带来了足够多的财富来支持艺术行业的发展。新的制片公司建起来了，并蓄势待发向电影行业注入新鲜血液。新的画廊和出版物也接连面世，揭示着私人赞助的再度复苏。一种全新的现代建筑风格也在开罗出现，虽然还谈不上多么华美，但其法老式的浮夸、棱角分明的线条、昂贵奢华的大理石和花岗岩装饰无疑都是开罗独有的元素。

格里隆的左派人士们说得没错，开罗新贵阶层对艺术的兴趣确实赶不上他们对奢侈品的兴趣。自1952年的七月革命以来，开罗的劳斯莱斯和捷豹车行展厅终于在近年首次开放。《金字塔报》上也随处可见各种新奇古怪的商品，比如售价一千五百美元，带有加热、电子控制、自清洁等功能的马桶座圈（以及"可选择装配"的内置烘干机）。新开的小酒馆"塔巴斯科"的保镖开发出一个收入颇丰的副业。他提供接听提醒服务：客人们可以把手机寄存在他那里。当收到来电时，他就会走进一众狂欢滥饮的富家子弟中，找到手机的主人让他接电话。

开罗超市的常备货品里现在不仅有了大量的进口鱼子酱和烟熏三文鱼，还加入了五花八门的本土奢侈商品。杰济拉体育俱乐部的上层人士以前每次从欧洲回开罗，行李箱都要装得满满当当。现在他们发现埃及本地的商品也能满足自己的需求了。就如11世纪的福斯塔特一样，开罗再一次成为精美的亚麻制品、锦缎、手工地毯和高档餐具的生产地。除此之外，富裕阶层只需豪掷七万美元，就能开上开罗本地组装的宝马和奔驰。

第十一章　开罗之声

虽然这不合时宜，但它产生的涓滴效应却提升了人们对消费和收入增长的期望。此外，随着分期付款的引入，现在开罗七分之一的家庭都拥有了汽车或摩托车，四分之三的家庭拥有洗衣机和冰箱，开罗的工人们开始要求获得高质量的商品和服务。更为重要的是，薪金的提升产生了巨大的吸引力，持续了半个世纪的人才流失终于有所放缓。在设计、计算机软件和金融等新兴领域，开罗过去涌向海外的技术移民甚至出现了回流之势。

当然，所有这些都无法掩盖开罗问题的严峻性。信奉唯物论的中产阶层虽已壮大，但是穷苦民众的边缘化程度也进一步加深了。贫富差距不再由政府一手托平，留下了一个私营慈善机构无法填补的巨大鸿沟。这也意味着，虽然更好的医疗、住房和教育已经出现，但也只有那些付得起钱的人有权享用。大多数的开罗人依然从推车的摊贩、跳蚤市场和廉价商店那里购买衣物，乘坐拥挤且缓慢的公共汽车，或是忍受小巴士司机的野蛮驾驶，因为出租车的费用是他们万万承受不起的，尽管开罗出租车的计费标准在全球城市中已属最低的一档（约为每英里五十美分），而私家车那样的奢侈他们更是想都不敢想。在未来的很长一段时间里，面包和洋葱价格的波动将会极大地决定开罗人民的生活水平。而面对这个全新、竞争激烈的世界，他们的劣势就更加明显。

政府在打击宗教极端分子方面确实取得了成功，但开罗人民也为此付出了代价。虽说私有化确实带来了国退民进的效果，但激进分子的威胁使得政府下定决心不对威权统治加以改变，这对开罗人民而言不是个好消息。一个规模如此庞大、发展如此迅疾的城市需要反应迅速、敢于变通的政府，而不是一台忠于陈腐政权、与当今开罗现状脱节的行政机器。除非开罗人民有足够的选择权，否则困扰这座城市的交通堵塞、污染、官僚作风等种种痼疾恐将难以治愈（这些还只是开罗人每天都要面对的城市问题中的一小部分）。通过掩盖宗教在公共生活中的影响，政府成功地平息了埃及社会的核心矛盾，将之交给命运决定。这命运可能是仁慈的，也可能是残酷的。但可以肯定的是，被动地等待命运到来只会让绝大多数知识分子处在悬而不决的忧虑之中。

今天，这个拥有一千两百万居民的城市不再是一个所有人都彼此认识的地方，而是换上了一副冷峻、不耐烦的面孔。"哦，是的，大家在物质方面肯定是比以前好了，"穆斯塔法·达维奇表示，这位我行我素的影评人曾因审查时允许的尺度过大，两次丢掉了国家审查员的职位，"但是生活品质肯定是下降了，我们不再像过去那样自由自在了。"

空间、金钱和地位的斗争异常激烈。索纳拉·易卜拉欣（Sonallah Ibrahim）在自己的小说里记录了这座城市的现代化转型，并将中产阶层生活中的荒唐考验与政府天花乱坠的口号一一对比。"这里的生活艰难，污浊，非常耗损心神。"这位温言细语的作家接着说，"虽然不喜欢，但我也只能生活在这里。在这一点上我别无选择。"不过与此同时，易卜拉欣又承认说，开罗是一座极具丰富性的城市。用他的话说，是一个"你可以把自己和其他人隔开的地方"。

这种丰富性也表现在很多其他的层面。虽然近几十年来文化发

第十一章 开罗之声

展停滞不前，但开罗摆脱了狭隘的地方主义。这座城市仍然是一面镜子，映出世间万象，反射着传统与现代之间的鲜明交界，让妙趣横生和异想天开的开罗充满了故事。开罗人民固执的对抗心态虽然令人恼火，但也使得这座城市永远都不会轻易地屈服于文化全球化趋势。在眼花缭乱的喧闹嘈杂之中，在政府浮夸焦躁的装腔作势之中，在民众漫不经心的孤陋顽劣之中，开罗持续散发着一座骄傲古城独有的、恒久的、泰然自若的气质。开罗将战胜面前的一切挑战，再屹立五千年。

傍晚时分，我在"亡灵之城"一条尘土飞扬的大路上走着。一位老人坐在一个墓室门外向我招手。"进来，进来，"他笑容满面地说，"在我这儿不必拘束。"他在几块墓碑之间忙前跑后，用便携式的煤油炉烧着茶。

"不，我并没有在这儿住很多年，"他说，"我大半辈子都是在阿巴西亚度过的，那儿是我住的地方。不过后来楼塌了，没办法，我只好搬到了这里。"他笑着说："但是不要觉得我不快乐。这里很平静。而且我也不是一个人，我陪着过世的亲人们，和他们住在一起，我的小朋友们也在这儿一起生活。过来，我给你看看。"

他从一张高高的黄铜床底下拉出一个用棕榈叶编织成的小鸽棚。一群羽毛光亮的鸽子排成一列昂首阔步地走出来。它们不时梳理羽毛，咕咕地叫着，蹒跚着走到透出光亮的墓室门口，然后飞走了。

　　我们坐在墓室的门阶上，啜饮着老人递过来的浓郁而香甜的茶水，看着鸽群在天空中画出的圆圈越来越大，越来越远。又有更多鸽子从或近或远的屋顶飞来，加入了这支队伍，在天空的映衬下留下一圈圈轨迹。日落的唤拜声响起，鸽子扑棱着翅膀回到家里，它们一只接一只地降落，老人抚摸着它们的脖颈，它们摇摇摆摆地走回笼子里。

　　老人的声音渐渐隐入周围的寂静中："我当然快乐，"他说，"我住在全世界最伟大的城市。"

参考文献

尽管本书编辑同意不附参考文献，但为了方便读者追溯资料来源，我将参考文献按时间进行分类，内容在时间上有所重叠的文献为"一般"类别，其中还有一些以开罗历史为背景的小说佳作，非常值得一读。

此文献列表不包含所有描写开罗的书目，只包含本书用于参考的作品。

一般背景

Abu Lughod, Janet. *Cairo: 1001 Years of the City Victorious.* Princeton, N.J.: Princeton University Press, 1971.

Aldridge, James. *Cairo.* London: Macmillan, 1969.

Ali, Maulana Muhammad. *The Religion of Islam: A Comprehensive Discussion of its Sources, Principles and Practices.* Lahore: The Ahmadiyya Anjuman Ishaat Islam, 1950.

Ameer Ali, Syed. *A Short History of the Saracens.* Delhi: Kitab Bhavan, 1926.

Amin, Ahmad. *Qāmūs al-'ādāt wal-Taqālīd wal-Ta'ābīr al-Misriyya.* Cairo: Dar al-Kitab al-Masri, 1981.

Berchet, Jean-Claude, ed. *Le Voyage en Orient: Anthologie des voyageurs francais dans le Levant.* Paris: Robert Laffont, 1985.

Bohas, Georges, and Jean-Patrick Guillaume, ed. and trans. *Le Roman de Baibars,* 4 vols. Paris: Editions Sinbad, 1985-89.

Burton, Richard F. *The Book of The Thousand Nights and a Night.* London: The Burton Club, 1886.

Carré, J. M. *Voyageurs et écrivairns français en Égypte,* 2 vols. Cairo: Institut Français d'Archéologie Orientale, 1956.

Clerget, Marcel. *Le Caire: Étude de géographie urbaine et d'histoire économique,* 2 vols. Cairo: Imprimerie Schindler, 1934.

The Encyclopedia of Islam, new ed. Leiden: E. J. Brill, 1995.

Farag, Fouad. *Al-Qāhira,* 3 vols. Cairo: Dar al-Ma'arif, 1946.

Fargeon, Maurice. *Les Juifs en Égypte depuis les origines jusqu'à ce jour.* Cairo: Maurice Sananès, Editeur, 1938.

Ghali, Waguih. *Beer in the Snooker Club.* London: André Deutsch, 1964.

Ghallab, Muhammad. *Les Survivances de l'Égypte Antique dans le folklore égyptien moderne.* Paris: Librairie Orientaliste, 1929.

al-Ghitani, Gamal. *Malāmiḥ al-Qāhira fī Alf Sana.* Cairo: Dar Nahdat Misr, 1997.

Ghosh, Amitav. *In an Antique Land.* New York: Alfred A. Knopf, 1993.

Glassé, Cyril. *The Concise Encyclopedia of Islam.* London: Stacey International, 1989.

Hakim, Besim S. *Arabic Islamic Cities: Building and Planning Principles.* London: Kegan Paul International, 1986.

Hamdan, Gamal. *Al-Qāhira.* Cairo: Kitab al-Hilal, 1993.

——. *Shakhsiyat Misr.* Cairo: Dar al-Kutub, 1970.

Heyworth-Dunn, Gamaleddine. *Select Bibliography on Egypt.* Cairo, 1952.

Hourani, Albert. *A History of the Arab Peoples.* London: Faber and Faber, 1991.

Huart, Clement. *A History of Arabic Literature.* Beirut: Khayats, 1966.

Lane, Edward William. *Account of the Manners and Customs of the Modern Egyptians.* London: 1836.

Lane-Poole, Stanley. *Cairo: Sketches of Its History, Monuments, and Social Life.* London: J. S. Virtue, 1892.

Lyster, William. *The Citadel of Cairo: A History and Guide.* Cairo: Palm Press, 1993.

McPherson, J. W. *The Moulids of Egypt.* Cairo, 1941.

Mahfouz, Naguib. *Autumn Quail,* trans. Roger Allen. Cairo: American University in Cairo Press, 1985.

Manley, Deborah. *The Nile: A Traveller's Anthology.* London: Cassell, 1991.

Meinardus, Otto. *Christian Egypt Ancient and Modern.* Cairo: Institut Français d'Archéologie Orientale, 1965.

Pick, Christopher. *Egypt: A Traveller's Anthology.* London: John Murray, 1991.

Pickthall, Muhammad M., trans. *The Meaning of the Glorious Qur'an.* Mecca: Muslim World League, 1977.

Raymond, Andre. *Le Caire.* Paris: Fayard, 1993.

Rodenbeck, John, et al. *Cairo* (Insight City Guides series). Singapore: APA Publications, 1992.

Rodenbeck, J.; H. Yousef; et al. *Egypt.* (Insight Guides). Singapore: APA Publications, 1988.

Ruthven, Malise, and the Editors of Time-Life. *Cairo.* Amsterdam: Life Books, 1980.

Sayyid, Ayman Fuad. *At-Tatawwur al-'Umrāni fi Madīnat al-Qāhira.* Cairo: Dar al-Misriyya al-Lubnaniyya, 1997.

Seton-Williams, V., and P. Stocks. *Egypt* (Blue Guide). London: A. & C. Black, 1993.

Solé, Robert. *Le Tarbouche.* Paris: Seuil, 1992.

Soueif, Ahdaf. *In the Eye of the Sun.* London: Bloomsbury, 1992.

al-Tarabili, Abaas. *Shawāri' Laha Tārhkh.* Cairo: Dar al-Misriyya al-Lubnaniyya, 1997.

Taylor, Walt. *Arabic Words in English.* (SPE Tract XXXVIII). Oxford: Clarendon Press, 1933.

Wiet, Gaston. *Cairo, City of Art and Commerce,* trans. Seymour Feiler. Norman: University of Oklahoma Press, 1964.

Zaki, Abd al-Rahman. *Hadhihi Hiya al-Qahira.* Cairo: Dar al-Mustaqbal, 1943.

———. *Al-Qāhira.* Cairo: Dar al-Mustaqbal, 1943.

从史前至阿拉伯征服
(史前至公元640年)

Baikie, James. *Egyptian Papyri and Papyrus-Hunting.* London: Religious Tract Society, 1925.

Ball, John. *Contributions to the Geography of Egypt.* Cairo: Government Press, 1939.

Bilolo, Mubabinge. *Les Cosmo-Theologies philosophiques d'Heliopolis et d'Hermopolis.* Kinshasa: UNESCO, 1986.

———. *Le Créateur et la Création dans la pensée Memphite et Amarnienne.* Kinshasa: UNESCO, 1986.

Breasted, J. H. *Ancient Records of Egypt.* Chicago: University of Chicago Press, 1906.

———. *A History of Egypt.* New York: Charles Scribner's Sons, 1909.

Butler, A. J. *Babylon of Egypt.* Oxford: Oxford University Press, 1913.

Dimick, Marion. *Memphis, the City of the White Wall.* Philadelphia: University of Pennsylvania Press, 1956.

Doxiadis, Euphrosyne. *The Mysterious Fayoum Portraits: Faces from Ancient Egypt.* London: Thames and Hudson, 1995.

Dunand, F., and R. Lichtenberg. *Mummies: A Journey Through Eternity.* London: Thames and Hudson, 1991.

Edwards, I. E. S. *The Pyramids of Egypt.* London: Penguin, 1947.

Emery, Walter B. *Archaic Egypt.* London: Penguin, 1961.

Gaballa, G. A. *The Memphite Tomb-Chapel of Mose.* Warminster: Aris & Phillips, 1977.

Gardiner, Alan H. *Ancient Egyptian Onomastica.* Oxford: Oxford University Press, 1947.

Habachi, Labib. "The Destruction of Temples in Egypt." *Medieval and Middle Eastern Studies in Honor of A. S. Attiya,* ed. Sami Hanna. Leiden: E. J. Brill, 1972.

——. *The Obelisks of Egypt.* Cairo: American University in Cairo Press, 1984.

Helck, W., and F. Otto, eds. *Lexikon der Äegyptologie.* Wesbaden: Harassowitz, 1980.

Herodotus. *The Histories,* trans. Aubrey de Selincourt. London: Penguin, 1954.

Hornblower, G. D. "Further Notes on Phallism in Ancient Egypt," *Man* XXVII (1927).

Hume, W. F. *The Geology of Egypt.* Cairo: Government Press, 1937.

Jeffreys, D. G. *The Survey of Memphis.* London: Egypt Exploration Society, 1985.

Jones, Angela Milward. *The Pyramids and Sphinx at Giza.* Cairo: Palm Press, 1993.

Kees, Herman. *Ancient Egypt: A Cultural Topography,* trans. Ian Morrow. Chicago: University of Chicago Press, 1978.

Kitchen, K. A. *Pharaoh Triumphant: The Life and Times of Ramses II.* Warminster, Eng.: Aris & Phillips, 1982.

Krupp, E. C. *In Search of Ancient Astronomers.* Garden City, N.Y.: Doubleday, 1977.

Lauer, Jean-Philippe. *The Pyramids of Sakkara.* Cairo: Institut Français d'Archéologie Orientale, 1991.

Lehner, Mark. *The Complete Pyramids.* London: Thames and Hudson, 1997.

Lewis, Naphthali. *The Greeks in Ptolemaic Egypt.* New York: Oxford University Press, 1986.

Malek, Jaromir, and John Baines. *Atlas of Ancient Egypt.* Oxford: Andromeda, 1980.

Martin, G. T. *The Hidden Tombs of Memphis.* London: Thames and Hudson, 1991.

Mercer, Samuel. *The Religion of Ancient Egypt.* London: Luzac, 1949.

Morenz, Siegfried. *Egyptian Religion.* London: Methuen, 1973.

Moret, Alexandre. *Le Nil et la civilisation égyptienne.* Paris:

Renaissance du Livre, 1926.
Plutarch. *De Iside et Osiride*, ed J. G. Griffiths. Cardiff: University of Wales Press, 1970.
Porter, Beth, and Rosalind Moss. *Topographical Bibliography of Ancient Egyptian Hieroglyphic Texts*. Oxford: Clarendon Press, 1934.
Saad, Zaki. *Excavations at Helwan*. Norman: University of Oklahoma Press, 1969.
Saleh, Abdel-Aziz. *Excavations at Heliopolis*. Cairo: Cairo University Press, 1981.
Siculus, Diodorus. *The Antiquities of Egypt*, trans. Edwin Murphy. London: Transaction Publishers, 1990.
Smith, H. S. *A Visit to Ancient Egypt: Life at Memphis and Saqqara c. 500-30 B.C.* Warminster: Aris & Phillips, 1974.
Strabo. *The Geography of Strabo*, trans. and ed. H. C. Hamilton. London: Bohm's Classical Library, 1857.
Thompson, Dorothy J. *Memphis Under the Ptolemies*. Princeton, N.J.: Princeton University Press, 1988.
Trigger, Bruce. *Early Civilizations: Ancient Egypt in Context*. Cairo: American University in Cairo Press, 1993.
Velde, Hermante. *Seth, God of Confusion*. Leiden: E. J. Brill, 1967.

从阿拉伯征服至拿破仑时代
(公元640—1798年)

Abd al-Raziq, Ahmad. *La Femme au temps des Mamlouks en égypte*. Cairo: Institut Français d' Archéologie Orientale, 1973.
Abdel Hamid, Saad Zaghloul, ed. *Kitāb al Istibsār fi 'Ajāib al-Amsār* (by anonymous twelfth-century Moroccan author). Alexandria: University of Alexandria, 1958.
Abu Saleh the Armenian. *The Churches and Monasteries of Egypt*, trans. B. T. A. Evett. Oxford: Clarendon Press, 1895.
Adler, Elkan N., ed. *Jewish Travellers*. London: Routledge, 1930.
Africanus, Leo. *Description de l'Afrique*. Paris: Librairie d'Amérique et d'Orient, 1956.
Ali, Arafa Abdu. *Raḥla fi Zamān al-Qāhira*. Cairo: Madbouli, 1990.
Ali, Mustafa. *Mustafa Ali's Description of Cairo of 1599*, trans. Andreas Tietz. Vienna: Osterreichischen Akademie der Wissenschaften, 1975.
Amitai, Reuven. "The Rise and Fall of the Mameluke Institution," *Studies in Honor of Professor David Ayalon*, ed. M. Sharon. Jerusalem: Cana, 1986.
al-Ansari, Umar Ibn Ibrahim. *A Muslim Manual of War*, trans. G. T. Scanlon. Cairo: American University in Cairo Press, 1961.

Ashtor, Eliyahu. "The Karimi Merchants," *Journal of the Royal Asiatic Society* XXXII (1956).
———. *Levant Trade in the Later Middle Ages*. Princeton, N.J.: Princeton University Press, 1983.
Ayalon, David. *Gunpowder and Firearms in the Mameluke Kingdom*. London: Valentine Mitchell, 1956.
———. *Islam and the Abode of War*. London: Variorum Reprints, 1994.
———. "The Eunuchs in the Mameluke Sultanate." *Studies in Memory of Gaston Wiet*, ed. Myriam Rosen-Ayalon. Jerusalem: Hebrew University Press, 1977.
———. "Mamluk Military Aristocracy During the First Years of the Ottoman Occupation," *The Islamic World: Studies in Honor of Bernard Lewis*, ed. C. E. Bosworth et al. Princeton, N.J.: Darwin Press, 1989.
———. *The Mameluke Military Society*. London: Variorum Reprints, 1979.
———. "Studies in al-Jabarti." *Journal of the Economic and Social History of the Orient* III (1960).
———. *Studies on the Mamelukes of Egypt*. London: Variorum Reprints, 1977.
al-Baghdadi, Abd al-Latif. *The Eastern Key: Kitab al-Ifadah wal-I'tibār of Abd al-Latif al-Baghdadi*, trans. K. A. Zand and John and Ivy Videan. London: Allen & Unwin, 1965.
Baybars al-Mansuri. *Mukhtār al Akhbār*, ed A. S. Hamdan. Cairo: Dar al-Misriyya al-Lubnaniyya, 1993.
Behrens Abu Seif, Doris. *Azbakiyya and Its Environs, from Azbak to Ismail*. Cairo: Institut Français d'Archéologie Orientale, 1985.
———. *Islamic Architecture in Cairo*. Leiden: E. J. Brill, 1989.
Berkey, Jonathan. *The Transmission of Knowledge in Medieval Cairo: A Social History of Islamic Education*. Princeton, N.J.: Princeton University Press, 1992.
Blanc, D., et al. "À propos de la carte du Caire de Matheo Pagani," *Annales Islamologiques* XVII (1981).
Bleser, Paul. "Le Pelerinage du Chevalier Arnold Von Harff," *Zum Bild Ägyptens im Mittelalter und in der Renaissance*, ed. Erik Hornung. Freiburg: Universitatsverlag, 1990.
Bovill, E. W. *The Golden Trade of the Moors*. London: Oxford University Press, 1958.
Brinner, W. M. "The Harafish and Their Sultan," *Journal of the Economic and Social History of the Orient* VI (1963).
Broadhurst, R. J. C. *A History of the Ayyubid Sultans of Egypt*. Boston: Twayne Publishers, 1980.
Butler, A. J. *The Arab Conquest of Egypt*. Oxford: Oxford University Press, 1902.
Chen, Mark. "Jews in the Mameluke Environment: The Crisis of 1442." *Bulletin of the School of Oriental and African Studies* XLVIII (1984).
Crecelius, Daniel, and Bakr Abd al-Wahab, trans. *Al-*

Damurdashi's Chronicle of Egypt, 1688-1755. Leiden: E. J. Brill, 1991.

Creswell, K. A. C. *The Muslim Architecture of Egypt.* London: Oxford University Press, 1952.

Darrag, Ahmad. *l'Égypte sous le règne de Barsbay (1422-1430).* Beirut: Institut Français de Damas, 1961.

Denoix, Sylvie. *Decrire le Caire: Fustat-Misr d'Après Duqmaq et Maqrizi.* Cairo, Institut Français d'Archéologie Orientale, 1992.

Devonshire, R. L. *Some Cairo Mosques and Their Founders.* London: Constable, 1921.

Dodge, Bayard. *Al-Azhar: A Millenium of Muslim Learning.* Washington, D.C.: Middle East Institute, 1974.

——. "The Fatimid Legal Code." *The Muslim World* LI (1960).

Dols, Michael. *The Black Death in the Middle East.* Princeton, N.J.: Princeton University Press, 1977.

——. *Medieval Islamic Medicine: Ibn Radwan's Treatise "On the Bodily Ills of Egypt."* Berkeley: University of California Press, 1984.

——. "The Second Plague Pandemic and Its Recurrences in the Middle East: 1347-1894." *Journal of the Economic and Social History of the Orient* XXVI (1983).

Dopp, P. H. "Le Caire vu par les voyageurs occidentaux du Moyen Age," *Bulletin de la Société Royale de Géographie de l'Égypte* XXIII-XXVII (1951).

Ehrenkreutz, Andrew. "Saladdin's Coup d'État in Egypt," *Medieval and Middle Eastern Studies in Honor of A. S. Attiya,* ed. Sami Hanna. Leiden: E. J. Brill, 1972.

Fischel, Walter. *Ibn Khaldoun in Egypt.* Berkeley: University of California Press, 1967.

Gayraud, Roland-Pierre. "Istabl Antar (Fostat): Rapport de Fouilles 1984-5," *Annales Islamologiques* XXII (1986); see also A. I. XXIII, XXV, XXVIII. Ghistele, Joos van. *Le Voyage en Égypte 1482-83,* trans. Renée Bauwens-Préaux. Cairo: Institut Français d'Archéologie Orientale, 1979.

Glubb, John Bagot. *Soldiers of Fortune: The Story of the Mamelukes.* London: Hodder & Stoughton, 1973.

Goitein, D. S. *A Mediterranean Society: The Jewish Communities of the Arab World as Portrayed in the Cairo Geniza,* 5 vols. Berkeley: University of California Press, 1972-88.

——. "Slaves and Slavegirls." *Arabica* IX (1962).

Grunebaum, Gustav von. "The Nature of the Fatimid Achievement," *Colloque International sur l'histoire du Caire,* ed. André Raymond, Michael Rogers, and Magdi Wahba. Cairo: Ministry of Culture, 1969.

Haarmann, Ulrich. "Regional Sentiment in Medieval Islamic Egypt," *Bulletin of the School of Oriental and African Studies* XLIII (1980).

Hanna, Nelly. *Habiter au Caire: La Maison moyenne et ses habitants aux XVII et XVIIIe siècles.* Cairo: Institut Français d'Archéologie Orientale, 1991.
Hassan, Zaky Mohamed. *Les Tulunides.* Paris: Établissements Busson, 1933.
Hayes, John, ed. *The Genius of Arab Civilisation: Source of the Renaissance.* London: Eurabia Publishing, 1983.
Heck, W. M. *Cairo or Baghdad: A Critical Reexamination of the Role of Egypt in the Fatimid Dynasty's Imperial Design.* Ann Arbor, Mich.: University Microfilms, 1986.
Hitti, Philip. *Capital Cities of Arab Islam.* Minneapolis: University of Minnesota Press, 1973.
Holt, P. M. *The Age of the Crusades: The Near East from the Eleventh Century to 1517.* London: Longman, 1986.
——. "Some Observations on the Abbasid Caliphate in Cairo," *Bulletin of the School of Oriental and African Studies* XLVII (1984).
Homerin, Th. Emil. *From Arab Poet to Modern Saint: Ibn Farid, His Verse, and His Shrine.* Columbus: University of South Carolina Press, 1994.
Humphreys, R. S. "The Expressive Intent of the Mameluke Architecture of Cairo," *Studia Islamica* XXXV (1972).
Ibn Battuta, Muhammad. *Travels,* trans. Sir Hamilton Gibb. London: Hakluyt Society, 1958.
Ibn Iyas, Muhammad ibn Ahmad. *An Account of the Ottoman Conquest of Egypt,* trans. W. H. Salmon. London: Royal Asiatic Society. 1921.
——. *Journal d'un Bourgeois du Caire,* trans. Gaston Wiet. Paris: Armand Collin, 1960.
Ibn Jobair. *Voyages,* trans. M. Gaudefroy-Demombynes. Paris: Guethner, 1949.
Ibn Khaldun, Abd al-Rahman Muhammad. *An Arab Philosophy of History: Selections from the Prolegomena,* trans. Charles Issawi. Princeton, N.J.: Darwin Press, 1987.
——. *Muqaddimat Ibn Khaldun.* Tunis: Dar al-Maarif, 1991.
Ibn al-Ma'mun. *La Chronique de L'Égypte d'Ibn al-Ma'mun,* ed. Ayman F. Sayyid. Cairo: Institut Français d'Archéologie Orientale, 1983.
Ibn Muyassar. *La Chronique de L'Égypte d'Ibn Muyassar,* ed. Ayman F. Sayyid. Cairo: Institut Français d'Archéologie Orientale, 1981.
Ibn Taghribirdi, Abul Mahasin. *History of Egypt 1382–1469,* trans. William Popper. Berkeley: University of California Press, 1954.
Idrisi, Abu Abdallah Muhammad. *Description de l'Afrique et de l'Espagne,* trans. Reinhardt Dozy. Amsterdam: Oriental Press, 1969 (repr.).
al-Imad, Leila. *The Fatimid Vizierate.* Berlin: Klaus Schwarz, 1990.
Irwin, Robert. *The Arabian Nights: A Companion.* London:

Penguin, 1994.
——. *The Middle East in the Middle Ages: The Early Mameluke Sultanate 1250-1382.* Carbondale: Southern Illinois University Press, 1986.
Issawi, Charles. "The Decline of Middle Eastern Trade," *Islam and the Trade of India*, ed. D. S. Richards. Oxford: Oxford University Press, 1970.
Kennedy, Hugh. *The Prophet and the Age of the Caliphates.* London: Longman, 1986.
Khan, Geoffrey, ed. *Arabic Legal and Administrative Documents from the Cambridge Geniza Collection.* Cambridge: Cambridge University Press, 1993.
Khattab, Aleya. *Das Ägyptenbild in den Deutschprachigen Reisebeschreibungen der Zeit von 1285-1500.* Frankfurt: Peter Lang, 1982.
Khusrau, Nasir. *The Safarname of the Persian Nasir Khusrau*, ed. and trans. Mandana Nakhai. Ann Arbor, Mich.: University Microfilms, 1980.
Knysh, Alexander. "'Orthodoxy' and 'Heresy' in Medieval Islam: An Essay in Reassessment." *The Muslim World* LXXXIII, I (1993).
Kubiak, Wladyslaw. *Al-Fustat: Its Foundation and Early Urban Development.* Cairo: American University in Cairo Press, 1987.
Kubiak, Wladyslaw, and G. T. Scanlon. *Fustat Expedition Final Report*, 2 vols. Cairo: American Research Center in Egypt, 1989.
Lambert, Phyllis, ed. *Fortifications and the Synagogue: The Fortress of Babylon and the Ben Ezra Synagogue, Cairo.* London: Weidenfeld & Nicolson, 1994.
Lane, Edward William. *Arabian Society in the Middle Ages: Studies from The Thousand and One Nights*, ed. Stanley Lane-Poole. London: Curzon Press, 1883.
Lane-Poole, Stanley. *A History of Egypt in the Middle Ages.* London: Methuen, 1901.
Lapidus, Ira. *Middle Eastern Cities.* Berkeley: University of California Press, 1969.
——. *Muslim Cities in the Later Middle Ages.* Cambridge: Cambridge University Press, 1984.
Leaman, Oliver. *Moses Maimonides.* Cairo: American University in Cairo Press, 1990.
Lev, Yaakov. *State and Society in Fatimid Egypt.* Leiden: E. J. Brill, 1991.
Levtzion, N. "Mamluk Egypt and Takrur." *Studies in Honor of Professor David Ayalon*, ed. M. Sharon. Jerusalem: Cana, 1986.
Lézine, Alexandre. *Trois palais de l'époaue ottomane au Caire.* Cairo: Institut Français d'Archéologie Orientale, 1972.
Little, Donald P. "Coptic Conversion to Islam under the Bahri Mamelukes." *Bulletin of the School of Oriental and African Studies* XXXIX (1976).

MacKenzie, Neil. *Ayyubid Cairo, A Topographical Study.* Cairo: American University in Cairo Press, 1992.

Maqrizi, Ahmad ibn Ali. *A History of the Ayyubid Sultans of Egypt*, trans. R. J. C. Broadhurst. Boston: G. K. Hall, 1980.

——. *Kitāb al Khitat.* Cairo: Matba'at al-Nil, 1911.

——. *Kitāb as-Sulūk li Ma'arifat Duwal al Mulūk.* Cairo: Lagnat al Ta'lif, 1958.

Margoliouth, D. S. *Cairo, Jerusalem, and Damascus.* London: Chatto & Windus, 1907.

Marmon, Shaun. *Eunuchs and Sacred Boundaries in Islamic Society.* Oxford: Oxford University Press, 1995.

Mayer, L. A. *Mameluke Costume.* Geneva: Albert Kundig, 1952.

Mehrez, Shahira. "The Ghawriya in the Urban Context." Cairo: M.A. thesis, American University in Cairo, 1972.

Mignanelli, Bertrando de. "Ascensus Barcoch," trans. Walter Fischel. *Arabica* VI (1959).

Muir, William. *The Mameluke or Slave Dynasty of Egypt.* Amsterdam: Oriental Press, 1968.

al-Mukaffa', Sawiris ibn. *History of the Patriarchs of the Coptic Church.* Cairo: Société d'Archéologie Copte, 1948.

Musabihi. *La Chronique de l'Égypte de Musabihi*, ed. A. F. Sayyid and T. Bianquis. Cairo: Institut Français d'Archéologie Orientale, 1978.

Nasr, Sayed Hossein. *Ismaili Contributions to Islamic Culture.* Tehran: Imperial Iranian Academy of Philosophy, 1977.

Niebuhr, Carsten. *Travels Through Arabia and Other Countries of the East.* Reading: Eng.: Garnet, 1994 (repr. of 1792 Edinburgh ed.).

Ohtoshi, Tetsuya. "The Manners, Customs, and Mentality of Pilgrims to the Egyptian City of the Dead, A.D. 100–1500." *Orient 29* (1993).

Petry, Carl F. *Protectors or Praetorians: The Last Mamelukes and Egypt's Waning as a Great Power.* Albany, N.Y.: SUNY Press, 1994.

Poliak, A. N. "Les Revoltes populaires en Égypte à l'époque des Mamelouks," *Revue des etudes Islamiques* III (1934).

"Some Notes on the Feudal System of the Mamelukes," *Journal of the Royal Asiatic Society* XXIII (1937).

Popper, William. *Egypt and Syria under the Circassian Sultans.* Berkeley: University of California Press, 1957.

Raymond, Andre. *Artisans et commerçants au Caire au XVIIIe siècle*, 2 vols. Damascus: Institut Français de Damas, 1973.

Raymond, Andre, and Gaston Wiet. *Les Marches du Caire: traduction Annotée du texte de Maqrizi.* Cairo: Institut Français d'Archéologie Orientale, 1979.

Revault, J., and B. Maury. *Palais et maisons du Caire du XIVme au XVIIIme siècle*, 3 vols. Cairo: Institut Français d'Archéologie Orientale, 1975-83.

Sadeque, Syedah Fatima. *Baybars I of Egypt*. Dacca: Oxford University Press, 1956.

Sanders, Paula A. *Court Ceremonial of the Fatimid Caliphate*. Ann Arbor: University Microfilms, 1984.

———. "From Court Ceremony to Urban Language: Ceremonial in Fatimid Cairo and Fustat," *The Islamic World: Studies in Honor of Bernard Lewis*, ed. C. E. Bosworth, et al. Princeton, N.J.: Darwin Press, 1989.

Scanlon, George. "Housing and Sanitation: Some Aspects of Medieval Public Services," in *The Islamic City*, ed. A. H. Hourani and S. M. Stern. Oxford: Oxford University Press, 1970.

Sauneron, Serge. *Villes et légendes de l'Égypte*. Cairo: Institut Français d'Archéologie Orientale, 1983.

Shoshan, Boaz. *Popular Culture in Medieval Cairo*. Cambridge: Cambridge University Press, 1992.

Staffa, Susan. *Conquest and Fusion: The Social Evolution of Cairo—A.D. 642-1850*. Leiden: E. J. Brill, 1977.

Stillman, N. A. "The Merchant House of Ibn Awkal," *Journal of the Economic and Social History of the Orient* XVI (1973).

Tafur, Pero. *Travels and Adventures, 1435-39*. London: Routledge, 1926.

Taylor, Chris. "Sacred History and the Cult of Muslim Saints in Late Medieval Egypt," *Muslim World* LXXX, 2 (1990).

Thevenot, Jean de. *Voyage du Levant*, ed. Stephane Yerasimos. Paris: Maspero, 1980.

Thorau, Peter. *The Lion of Egypt*. London: Longman, 1992.

Wiet, Gaston. *L'Égypte de Murtadi, fils du Gaphiphe*. Paris: Geuthner, 1953.

———. *Les Marchands d'Épices sous les sultans mamlouks*. Cairo: Éditions des Cahiers d'Histoire Égyptienne, 1955.

———. *Muhammad Ali et les Beaux Arts*. Cairo: Dar al-Ma'arif, 1949.

———. "Personnes Déplacées," *Revue des Études Islamiques* XXVII (1959).

———. "Le Traite de famines de Maqrizi," *Journal of the Economic and Social History of the Orient* V (1962).

Williams, Caroline. "The Cult of the Alid Saints in the Fatimid Monuments of Cairo," *Muqarnas* I (1983).

Winter, Michael. *Egyptian Society under Ottoman Rule*. London: Routledge, 1992.

Yellin, David, and Israel Abraham. *Maimonides*. Philadelphia: Jewish Publication Society of America, 1903.

al-Zahiri, Khalil. *La Zubda Kachf al Mamalik*. Beirut:

Institut Français de Damas, 1950.

从拿破仑时代至今（1798年至今）

Abu Sayf, S.; M. al-Bandari; M. Qasim; and Y. Wahbi. *Mawsū 'at al-Aflām al-'Arabiyya.* Cairo: Bayt al Ma'arifa, 1994.

Adams, Charles, *Islam and Modernism in Egypt.* London: Oxford University Press, 1933.

al-Ahram Center for Strategic Studies. *Al Hāla ad-Dīniyya fi Misr.* Cairo: Al-Ahram, 1996.

Ajami, Fouad. *The Arab Predicament.* Cambridge: Cambridge University Press, 1981.

Amin, Samir. *l'Égypte Nasserienne.* Paris: Éditions de Minuit, 1964.

Appleton, Thomas Gold. *A Nile Journal.* Boston: Roberts Brothers, 1876.

Armbrust, Walter. *Mass Culture and Modernism in Egypt.* Cambridge: Cambridge University Press, 1995.

Atiya, Naira. *Khul Khal: Five Egyptian Women Tell Their Stories.* Syracuse, N.J.: Syracuse University Press, 1982.

Awad, Louis. *The Literature of Ideas in Egypt.* Atlanta, Ga.: Scholars Press, 1986.

Baer, Gabriel. *Studies in the Social History of Modern Egypt.* Chicago: University of Chicago Press, 1969.

Balboni, L. A. *Gli Italiani nella Civilta Egiziana del Secolo XIX,* 3 vols. Alexandria: Societa Dante Alighieri, 1906.

Ballantine, James. *The Life of David Roberts, R. A.* Edinburgh: A. & C. Black, 1866.

Berger, Morroe. "Cairo to the American Traveler of the Nineteenth Century," in *Colloque International sur l'histoire du Caire,* ed. André Raymond, Michael Rogers, and Magdi Wahba. Cairo: Ministry of Culture, 1969.

Berque, Jacques. *Egypt: Imperialism and Revolution,* trans. Jean Stewart. London: Faber & Faber, 1972.

Bibliographic Guide to Contemporary Arab Cultural Values. Cairo: General Egyptian Book Organization, 1972.

Boktor, Amir. *School and Society in the Valley of the Nile.* Cairo: Elias' Modern Press, 1936.

Booth, Marilyn. "Colloquial Arabic Poetry, Politics, and the Press in Modern Egypt," *International Journal of Middle Eastern Studies* XXIV (1981).

Brinton, J. Y. *The American Effort in Egypt.* Alexandria: Imprimerie du Commerce, 1972.

Caillard, Mabel. *A Lifetime in Egypt, 1876–1935.* London: Grant Richards, 1935.

Campo, Juan Eduardo. *The Other Side of Paradise: Explorations into the Religious Meanings of Domestic Space in Islam.* Columbia: University of South Carolina

Press, 1991.
Cannon, Byron. *Politics of Law and the Courts in Nineteenth-Century Egypt.* Salt Lake City: University of Utah Press, 1988.
Cecil, Lord Edward. *The Leisure of an Egyptian Official.* London: Hodder & Stoughton, 1921.
Cooper, Artemis. *Cairo in the War.* London: Hamish Hamilton, 1989.
Copeland, Miles. *The Game of Nations.* London: Weidenfeld & Nicolson, 1969.
Cressaty, le Comte. *L'Égypte d'aujourd'hui.* Paris: Marcel Riviere, 1912.
Crouchley, A. E. *The Economic Development of Modern Egypt.* London: Longman, 1938.
Curzon, Robert. *Visits to the Monasteries in the Levant.* London: John Murray, 1849.
Danielson, Virginia. *The Voice of Egypt: Umm Kulthum, Arabic Song, and Egyptian Society in the Twentieth Century,* Chicago: University of Chicago Press, 1997.
Description de l'Égypte, 20 vols. Paris: Imprimerie Imperiale, 1809.
Egypt, 1919. Alexandria: Whitehead Morris, 1925.
Egypt Human Development Report 1995. Cairo: Institute of National Planning, 1995.
Enkiri, Gabriel. *Ibrahim Pasha.* Cairo: Imprimerie Français, 1948.
Erlanger, Harry, Baron d.' *The Last Plague of Egypt.* London: Dickson & Thompson, 1936.
Fakhouri, Hani. "An Ethnographic Survey of a Cairo Neighborhood," *Journal of the American Research Center in Egypt* XXII (1985).
Flaubert, Gustave, See Steegmuller and Wall.
Fullerton, Morton. *In Cairo.* London: Macmillan, 1891.
al-Gawhary, Mahmud. *Ex-Royal Palaces in Egypt.* Cairo: Government Printing Office, 1954.
Ghorbal, Shafiq. *The Beginnings of the Egyptian Question and the Rise of Muhammad Ali.* London: Routledge, 1928.
Gilsenan, Michael. *Saint and Sufi in Modern Egypt.* Oxford: Clarendon Press, 1973.
Graves, Robert. *Goodbye to All That.* London: Jonathan Cape, 1929.
Greener, Leslie. *The Discovery of Egypt.* New York: Dorset Press, 1966.
Herold, Christopher. *Bonaparte in Egypt.* London: Hamish Hamilton, 1962.
Holt, P. M. *Egypt and the Fertile Crescent 1516-1922.* Ithaca, N.Y.: Cornell University Press, 1966.
——, ed. *Political and Social Change in Modern Egypt* London: Oxford University Press, 1968.
Hopkins, Nicholas, ed. "The Informal Sector in Egypt,"

Cairo Papers in Social Science 14 (Winter 1991).
Hopkins, Simon. "The Discovery of the Cairo Geniza." *Bibliophilia Africana* IV (1981).
Hopwood, Derek. *Egypt: Politics and Society 1945-81.* London: Allen & Unwin, 1982.
——. *Tales of Empire: The British in the Middle East 1880-1952.* London: I. B. Tauris, 1989.
Hourani, Albert; Philip S. Khoury; and Mary C. Wilson, eds. *The Modern Middle East: A Reader.* Berkeley: University of California Press, 1993.
Ilbert, Robert. *Heliopolis: Le Caire 1905-1922: Genèse d'une ville.* Paris: Centre Nationale de la Recherche Scientifique, 1981.
Ismail, Muhammad Hussam al-Din. *Madīnat al-Qāhira min Wilāyat Muhammad 'Ali ila Ismail.* Cairo: Dar al-Afaq al-Arabiyya, 1997.
al-Jabarti, Abd al-Rahman. *'Ajā'ib al-āthār fil-Tarājim wal Akhbār,* 4 vols. Cairo: Bulaq Press, 1882.
——. *Chronicle of the First Seven Months of the French Occupation of Egypt,* trans. S. Moreh. Leiden: E. J. Brill, 1975.
Karnouk, Lilliane. *Modern Egyptian Art: The Emergence of a National Style.* Cairo: American University in Cairo Press, 1988.
Kinglake, Alexander. *Eothen.* London: Ollivier, 1844.
Kipling, Rudyard. *Letters of Travel, 1892-1913.* London: Macmillan, 1920.
Kishtainy, Khaled. *Arab Political Humor.* London: Quartet, 1985.
Kitroeff, Alexander. *The Greeks in Egypt, 1919-37.* London: Atlantic Highlands, 1988.
el-Koudsi, Mourad. *The Karaite Jews of Egypt, 1882-1986.* Lyons, N.Y.: Wilprint, 1987.
Krämer, Gudrun. *The Jews in Modern Egypt.* London: I. B. Tauris, 1989.
Kuhnke, La Verne. *Lives at Risk: Public Health in Nineteenth-Century Egypt.* Berkeley: University of California Press, 1990.
Lacouture, Jean, and Simone Lacouture. *Egypt in Transition.* New York: Criterion, 1958.
Lambert, Edwige, and Isabelle Vinatier, eds. *Le Caire.* Paris: Autrement, 1985.
Landes, David. *Bankers and Pashas: International Finance and Economic Imperialism in Egypt.* Cambridge, Mass.: Harvard University Press, 1958.
Lane, Edward William. *Cairo Fifty Years Ago,* ed. Stanley Lane-Poole. London: John Murray, 1896.
Lane-Poole, Sophia. *The Englishwoman in Egypt,* 3 vols. London: Charles Knight, 1844-46.
Laskier, Michael. "Egyptian Jewry Under the Nasser Regime," *Middle East Studies* XXXI (1995).

Loti, Pierre. *Egypt*, trans. W. P. Baines. London: T. Werner Laurie, 1909.

Lutfi al-Sayyid Marsot, Afaf. *Egypt in the Reign of Muhammad Ali.* Cambridge: Cambridge University Press, 1984.

——. *Egypt's Liberal Experiment, 1922-37.* Berkeley: University of California Press, 1977.

——. "Mud-Slinging Egyptian Style," *Journal of the American Research Center in Egypt* XXX (1993).

Manning, Olivia, and Barrie St. Claire-McBride. *Alamein and the Desert War.* London: Sphere Books, 1967.

Messiri, Sawsan. *Ibn al-Balad: A Concept of Egyptian Identity.* Leiden: E. J. Brill, 1978.

Mitchell, Timothy. *Colonizing Egypt.* Cambridge: Cambridge University Press, 1988.

Le Mondain Égyptien: The Egyptian Who's Who. Cairo: Imprimerie Lencioni, 1940.

Mostyn, Trevor. *Egypt's Belle Époque: Cairo 1869-1952.* London: Quartet, 1989.

Mubarak, Ali Pasha. *Al-Khitat al-Tawfiqiyya al-Jadīda*, 20 vols. Cairo: Bulaq Press, 1887-89.

Nerval, Gérard de. *The Women of Cairo*, trans. of *Voyage en Orient.* London: Routledge, 1929.

Nubarian, Nubar Pasha. *Memoires*, ed. Mirrit Boutros Ghali. Beirut: Librairie du Liban, 1983.

Ostle, R. C. "The City in Modern Arabic Literature," *Bulletin of the School of Oriental and African Studies* XLIX (1986).

Pascal, Jacques. *Middle East Motion Picture Almanac.* Cairo: Société Oriental de Publicité, 1946.

Petrie, W. M. Flinders. *Ten Years Digging in Egypt.* London: The Religious Tract Society, 1900.

Philips, Thomas. *The Syrians in Egypt, 1725-1975.* Stuttgart: Franz Steiner, 1985.

Population Growth and Policies in Megacities. New York: United Nations Department of International Economic and Social Affairs, 1990.

Raafat, Samir. *Maadi 1904-1962: Society and History in a Cairo Suburb.* Cairo: Palm Press, 1994.

Rushdy, Rashad. *The Lure of Egypt for English Writers and Travellers in the Nineteenth Century.* Cairo: Anglo-Egyptian Bookshop, 1950.

Russell Pasha, Sir Thomas. *Egyptian Service 1902-46.* London: John Murray, 1949.

Sabet, Adel. *A King Betrayed: The Ill-Fated Reign of King Farouk.* London: Quartet, 1989.

Safran, Nadav. *Egypt in Search of Political Continuity (1804-1952).* Cambridge: Harvard University Press, 1981.

Sattin, Anthony. *Lifting the Veil: British Society in Egypt, 1768-1956.* London: Dent, 1988.

Scharabi, Mohamed. *Kairo: Stadt und Architektur im Zeitalter des Europäischen Kolonialismus*. Tubingen: Ernest Wassmuth Verlag, 1989.

Searight, Sarah. *The British in the Middle East*. London: Weidenfeld & Nicolson, 1969.

Sessions, Stuart, et al. *Comparing Environmental Health Risks in Cairo, Egypt*. Washington, D.C.: Agency for International Development, 1994.

Shaarawi, Huda. *Harem Years: The Memoirs of an Egyptian Feminist*, trans. Margot Badran. London: Virago, 1986.

Singerman, Diane. *Avenues of Participation: Family, Politics, and Networks in Urban Quarters of Cairo*. Princeton, N.J.: Princeton University Press, 1995.

al-Siwi, Adel, ed. *'Ayn: Funūn Tashkīliyya*. Cairo: Adel al-Siwi, 1996.

Sladen, Douglas. *Oriental Cairo: City of the Arabian Nights*, London: Hurst & Blacken, 1911.

Société Khédiviale de Géographie *Bulletin*, III, 5 (1890); VII, 4 (1909).

Soliman, Ahmed. "Housing the Urban Poor in Egypt: A Critique of Present Policies." *International Journal of Urban and Regional Research* XII, I (1988).

Stadiem, William. *Too Rich: The High Life and Tragic Death of King Farouk*. London: Robson Books, 1991.

Steegmuller, Francis. *Flaubert in Egypt*. Chicago: Academy, 1979.

Storrs, Ronald. *Orientations*. London: Nicholson & Watson, 1943.

Tekce, B.; L. Oldham; and F. Shorter. *A Place to Live: Families and Child Health in a Cairo Neighborhood*. Cairo: American University in Cairo Press, 1994.

Thompson, Jason. "Of the Osmanlees, or Turks": an unpublished chapter from E. W. Lane's *Manners and Customs of the Modern Egyptians, Turkish Studies Association Bulletin* XIX (1995).

Tignor, Robert L. *Egyptian Textiles and British Capital 1930-56*. Cairo: American University in Cairo Press, 1989.

Toledano, Ehud. *State and Society in Mid-Nineteenth-Century Egypt*. Cambridge: Cambridge University Press, 1990.

Van Nieuwkerk, Karin. *A Trade Like Any Other: Female Singers and Dancers in Egypt*, Austin: University of Texas Press, 1995.

Vatikiotis, P. J. *The History of Egypt from Muhammad Ali to Sadat*. London: Weidenfeld & Nicolson, 1980.

Vercoutter, Jean. *The Search for Ancient Egypt*. London: Thames & Hudson, 1992.

Volait, Mercedes. "Architecture de la décennie pharaonique en Égypte (1922-32) in *Images de l'Égypte*. Cairo: Centre d'Études et de Documentation Économiques, Juridiques, et Sociales, 1991.

———. *L'Architecture Moderne en Égypte et la revue al-Imara (1939–59)*. Cairo: Centre d'Études et de Documentation Économiques, Juridiques, et Sociales, 1988.

Wahba, Magdi. "Cairo Memories," *Studies in Arab History*, ed. Derek Hopwood. London: I. B. Tauris, 1990.

Wall, Geoffrey, trans. "Letter from Gustave Flaubert to Dr. Jules Cloquet, a Family Friend, Cairo, January 15, 1850," *New York Review of Books*, August 10, 1995.

Waterbury, John. *The Egypt of Nasser and Sadat*. Princeton, N.J.: Princeton University Press, 1983.

Watson, Helen. *Women in the City of the Dead*. London: Hurst & Co., 1992.

Waugh, Earle H. *The Munshideen of Egypt: Their World and Their Song*. Columbia: University of South Carolina Press, 1988.

Wendell, Charles. *The Evolution of the Egyptian National Image*. Berkeley: University of California Press, 1972.

Wikan, Unni. *Life Among the Poor in Cairo*. London: Tavistock Publications, 1980.

Wilkinson, Sir Gardner. *Modern Egypt and Thebes*. London: John Murray, 1843.

World Health Organization and United Nations Environment Program. *Urban Air Pollution in the Megacities of the World*. Oxford: Blackwell, 1992.

Wright, Arnold, ed. *Twentieth-Century Impressions of Egypt*. London: Lloyds Greater Britain Publishing Co., 1909.

Zanaty, F., et al. *Egypt Demographic and Health Survey 1995*. Cairo: National Population Council, 1996.

Ziadeh, Farhat J. *Lawyers, the Rule of Law, and Liberalism in Egypt*. Stanford, Calif.: Stanford University Press, 1968.

Cairo: The City Victorious

Copyright © 1998, Max Rodenbeck

Simplified Chinese edition © 2023 by China Renmin University Press

All Rights Reserved.

图书在版编目（CIP）数据

浴火凤凰：开罗的辉煌与不朽 /（美）马克斯·罗登贝克（Max Rodenbeck）著；葛爽译. -- 北京：中国人民大学出版社，2023.5
（列城志）
书名原文：Cairo：The City Victorious
ISBN 978-7-300-31477-8

Ⅰ.①浴… Ⅱ.①马… ②葛… Ⅲ.①城市史－开罗 Ⅳ.①K411.9

中国国家版本馆 CIP 数据核字（2023）第 044794 号

列城志
浴火凤凰：开罗的辉煌与不朽
［美］马克斯·罗登贝克（Max Rodenbeck） 著
葛　爽　译
Yuhuo Fenghuang

出版发行	中国人民大学出版社		
社　　址	北京中关村大街 31 号	邮政编码	100080
电　　话	010-62511242（总编室）	010-62511770（质管部）	
	010-82501766（邮购部）	010-62514148（门市部）	
	010-62515195（发行公司）	010-62515275（盗版举报）	
网　　址	http://www.crup.com.cn		
经　　销	新华书店		
印　　刷	涿州市星河印刷有限公司		
规　　格	148 mm×210 mm　32 开本	版　次	2023 年 5 月第 1 版
印　　张	13.25 插页 4	印　次	2023 年 5 月第 1 次印刷
字　　数	279 000	定　价	89.00 元

版权所有　侵权必究　　印装差错　负责调换